08.10.08

Managementwissen
für Studium und Praxis

Herausgegeben von
Professor Dr. Dietmar Dorn und
Professor Dr. Rainer Fischbach

Bisher erschienene Werke:

Arrenberg · Kiy · Knobloch · Lange, Vorkurs in Mathematik
Behrens · Kirspel, Grundlagen der Volkswirtschaftslehre
Behrens, Makroökonomie – Wirtschaftspolitik
Bichler · Dörr, Personalwirtschaft – Einführung mit Beispielen aus SAP® R/3® HR®
Blum, Grundzüge anwendungsorientierter Organisationslehre
Bontrup, Volkswirtschaftslehre
Bontrup, Lohn und Gewinn
Bradtke, Mathematische Grundlagen für Ökonomen
Bradtke, Übungen und Klausuren in Mathematik für Ökonomen
Bradtke, Statistische Grundlagen für Ökonomen
Busse, Betriebliche Finanzwirtschaft, 4. Auflage
Clausius, Betriebswirtschaftslehre I
Clausius, Betriebswirtschaftslehre II
Dorn · Fischbach, Volkswirtschaftslehre II, 3. Auflage
Drees-Behrens · Schmidt, Aufgaben und Fälle zur Kostenrechnung
Ellinghaus, Werbewirkung und Markterfolg
Fank, Informationsmanagement
Fank · Schildhauer · Klotz, Informationsmanagement: Umfeld – Fallbeispiele
Fiedler, Einführung in das Controlling
Fischbach, Volkswirtschaftslehre I, 11. Auflage
Fischer, Vom Wissenschaftler zum Unternehmer
Frodl, Dienstleistungslogistik
Götze, Techniken des Business-Forecasting
Gohout, Operations Research
Haas, Kosten, Investition, Finanzierung – Planung und Kontrolle, 3. Auflage
Haas, Marketing mit EXCEL, 2. Auflage
Hardt, Kostenmanagement
Heine · Herr, Volkswirtschaftslehre, 2. Auflage
Hildebrand · Rebstock, Betriebswirtschaftliche Einführung in SAP® R/3®
Hofmann, Globale Informationswirtschaft
Hoppen, Vertriebsmanagement
Koch, Marketing
Koch, Marktforschung, 2. Auflage
Koch, Gesundheitsökonomie: Kosten- und Leistungsrechnung
Krech, Grundriß der strategischen Unternehmensplanung
Kreis, Betriebswirtschaftslehre, Band I, 5. Auflage
Kreis, Betriebswirtschaftslehre, Band II, 5. Auflage
Kreis, Betriebswirtschaftslehre, Band III, 5. Auflage
Laser, Basiswissen Volkswirtschaftslehre
Lebefromm, Controlling – Einführung mit Beispielen aus SAP® R/3®, 2. Auflage
Lebefromm, Produktionsmanagement – Einführung mit Beispielen aus SAP® R/3®, 4. Auflage
Martens, Statistische Datenanalyse mit SPSS für Windows
Mensch, Kosten-Controlling
Olivier, Windows-C – Betriebswirtschaftliche Programmierung für Windows
Peto, Einführung in das volkswirtschaftliche Rechnungswesen, 5. Auflage
Piontek, Controlling
Piontek, Beschaffungscontrolling, 2. Auflage
Piontek, Global Sourcing
Posluschny, Kostenrechnung für die Gastronomie
Posluschny · von Schorlemer, Erfolgreiche Existenzgründungen in der Praxis
Reiter · Matthäus, Marktforschung und Datenanalyse mit EXCEL, 2. Auflage
Reiter · Matthäus, Marketing-Management mit EXCEL
Rudolph, Tourismus-Betriebswirtschaftslehre
Rüth, Kostenrechnung, Band I
Sauerbier, Statistik für Wirtschaftswissenschaftler
Schaal, Geldtheorie und Geldpolitik, 4. Auflage
Scharnbacher · Kiefer, Kundenzufriedenheit, 2. Auflage
Schuchmann · Sanns, Datenmanagement mit MS ACCESS
Schuster, Kommunale Kosten- und Leistungsrechnung
Specht · Schmitt, Betriebswirtschaft für Ingenieure und Informatiker, 5. Auflage
Stahl, Internationaler Einsatz von Führungskräften
Steger, Kosten- und Leistungsrechnung, 2. Auflage
Stock, Informationswirtschaft
Weindl · Woyke, Europäische Union, 4. Auflage
Zwerenz, Statistik

Betriebswirtschaftliche Einführung in SAP® R/3®

Herausgegeben von
Prof. Dr. Knut Hildebrand
und
Prof. Dr. Michael Rebstock

R. Oldenbourg Verlag München Wien

Die Wiedergabe von Gebrauchsnamen, Handelsnamen, Warenbezeichnungen usw. in diesem Werk berechtigt auch ohne besondere Kennzeichnung nicht zu der Annahme, daß solche Namen im Sinne der Warenzeichen- und Markenschutz-Gesetzgebung als frei zu betrachten wären und daher von jedermann benutzt werden dürften.

„SAP" und „R/3" sind eingetragene Warenzeichen der SAP Aktiengesellschaft Systeme, Anwendungen, Produkte in der Datenverarbeitung, Neurottstr. 16, D-69190 Walldorf. Der Verlag bedankt sich für die freundliche Genehmigung der SAP AG, die Warenzeichen im Namen des vorliegenden Titels zu verwenden. Die SAP AG ist jedoch nicht die Herausgeberin des vorliegenden Titels oder sonst dafür presserechtlich verantwortlich.

Sämtliche in diesem Buch abgebildete Bildschirmabzüge unterliegen dem Urheberrecht © der SAP AG.

SAP, SAPtronic, Inter SAP, ABAP/4 SAPoffice, SAPscript, SAPfind, SAPfile, SAPtime, SAPmail, SAPaccess, SAP-EDI, SAP ArchiveLink, SAP Early Warch, ALE/WEB, RIVA, R/2, R/3, R/3 Retail, mySAP.com und SAP Business Workflow sind eingetragene Warenzeichen der SAP AG, Walldorf.

Die Deutsche Bibliothek - CIP-Einheitsaufnahme

Betriebswirtschaftliche Einführung in SAP® R/3® / hrsg. von Knut Hildebrand und Michael Rebstock. – München ; Wien : Oldenbourg, 2000
  (Managementwissen für Studium und Praxis)
  ISBN 3-486-25548-7

© 2000 Oldenbourg Wissenschaftsverlag GmbH
Rosenheimer Straße 145, D-81671 München
Telefon: (089) 45051-0
www.oldenbourg-verlag.de

Das Werk einschließlich aller Abbildungen ist urheberrechtlich geschützt. Jede Verwertung außerhalb der Grenzen des Urheberrechtsgesetzes ist ohne Zustimmung des Verlages unzulässig und strafbar. Das gilt insbesondere für Vervielfältigungen, Übersetzungen, Mikroverfilmungen und die Einspeicherung und Bearbeitung in elektronischen Systemen.

Gedruckt auf säure- und chlorfreiem Papier
Druck: Grafik + Druck, München
Bindung: R. Oldenbourg Graphische Betriebe Binderei GmbH

ISBN 3-486-25548-7

Inhalt

Vorwort 11

Teil 1 Konzeption und Planung der R/3-Einführung

Management-Herausforderungen und der Einsatz von SAP R/3 13

    1.1   Produktionsfaktor Information 13

    1.2   Nutzerorientierung im Management und in der Sachbearbeitung 13

    1.3   Orientierung an Geschäftsprozessen 14

    1.4   Kostenorientierung und Investitionssicherheit 15

    1.5   Ubiquitäre Information durch Nutzung der Internet-Technologien ... 16

    1.6   Informationstechnologische Integration der Wertschöpfungskette 17

    1.7   Resümee 18

    1.8   Literatur 19

Prozessorientierung und der Einsatz von SAP R/3 21

    2.1   Betriebswirtschaftlicher Hintergrund: Unternehmen und Geschäftsprozesse ... 21

    2.2   Informationstechnologie und Prozessoptimierung 23

    2.3   SAP R/3 und Prozessoptimierung 24

    2.4   Geschäftsprozesse und die Einführung von SAP R/3 25

    2.5   Resümee 29

    2.6   Literatur 29

Planung der Einführung von SAP R/3 31

    3.1   Überblick 31

3.2   Kernanforderungen internationaler SAP R/3 Projekte 32

3.3   Ausgewählte Lösungsansätze 36

3.4   Resümee 52

Teil 2 Aufbau und Funktionsweise

SAP R/3: Module und ihre Integration im Überblick 53

4.1   R/3-Module 53

4.2   Branchenlösungen 62

4.3   Veröffentlichungen 62

Finanzwesen (FI) 63

5.1   Anforderungen an die Finanzbuchhaltung multinationaler Konzerne 63

5.2   Realisierung der Anforderungen im Modul FI von SAP R/3 64

5.3   Ausgewählte Schnittstellen des Moduls FI 72

5.4   Resümee 74

Verkauf und Versand (SD) 77

6.1   Grundsätzliche Anforderungen an ein Vertriebsmodul 77

6.3   Schnittstellen und Interdependenzen des Moduls SD 90

6.4   Erweiterungen in Release 4.0, 4.5 und 4.6 93

6.5   Resümee 94

6.6   Veröffentlichungen 94

Materialwirtschaft und Einkauf (MM) 97

7.1   Anforderungen an die Materialwirtschaft 97

7.2   Realisierungsmöglichkeiten im Modul MM von SAP R/3 98

7.3   Schnittstellen und Interdependenzen des Moduls MM 114

7.4	Erweiterungen in Release 4.0, 4.5 und 4.6	116
7.5	Resümee	117
7.6	Veröffentlichungen	118

Produktionsplanung und -steuerung (PP) 119

8.1	Anforderungen an die Produktionsplanung und -steuerung	119
8.2	Realisierungsmöglichkeiten im Modul PP von SAP R/3	120
8.3	Schnittstellen und Interdependenzen des Moduls PP	136
8.4	Erweiterungen in Release 4.0, 4.5 und 4.6	139
8.5	Resümee	140
8.6	Veröffentlichungen	140

Personalwirtschaft (HR-PA, HR-PD) 141

9.1	Generelle Anforderungen an ein DV-gestütztes Personalwirtschaftssystem	141
9.2	Das Modul HR	142
9.3	Einsatzmöglichkeiten des Personalinformationssystems	155
9.4	Schnittstellen zu anderen SAP-Modulen	157
9.5	Erweiterungen in Release 4.0, 4.5 und 4.6	158
9.6	Resümee	159

ALE – Verteilung von R/3-Anwendungen 161

10.1	Von der Integration zur Verteilung	161
10.2	Entwicklungsgeschichte	161
10.3	Verteilungsszenarien und Verteilungsmodell	163
10.4	Logische und technische Sicht der Kommunikation	165
10.5	Ablauf der Verteilung	166
10.6	Fehlerbehandlung und Sicherheitsmechanismen	168

Teil 3 Neue Produkte um SAP R/3

Der Einsatz von SAP R/3 im Rahmen von E-Business und E-Market Places 171

11.1 Betriebswirtschaftlicher Hintergrund 171

11.2 Elektronische Geschäftsmodelle 172

11.3 SAP R/3 und Internet-Technologien 174

11.4 SAP E-Business im Überblick 176

11.5 Betriebswirtschaftliche Beurteilung der Internet-Anbindung 178

11.7 Resümee 179

11.8 Literatur 180

Das Business Information Warehouse (BW) für den Aufbau von Management-Informationssystemen (MIS) 181

12.1 Data Warehousing – eine neue Chance für MIS? 181

12.2 Komponenten des BW 183

12.3 Funktionen des BW im Data-Warehouse-System 184

12.4 Kosten und Nutzen von Data-Warehousing mit dem BW 189

12.5 Resümee 190

12.6 Literatur 191

Teil 4 Anhang

Glossar 193

Index 213

Autorenverzeichnis 225

Vorwort

Michael Rebstock und Knut Hildebrand

Dieses Buch führt in das komplexe Thema SAP R/3 aus betriebswirtschaftlicher Sicht ein. Es versetzt die Leserinnen und Leser in die Lage, SAP R/3 und dessen Auswirkungen auf Unternehmen beurteilen zu können. Es gibt einen Einblick in das komplexe Thema, ohne sich in technischen Details zu verlieren. Es ist nicht die Zielsetzung dieses Buches, in die letzten Tiefen der Software einzutauchen – hier kann getrost auf die umfangreiche Dokumentation des Systems verwiesen werden, die von der SAP AG laufend erweitert und verbessert wird. Vielmehr geht es in diesem Werk darum, die betriebswirtschaftlich relevanten Aspekte zum System R/3 zusammenzufassen und in bewusst knapper, aber sachlich fundierter Form darzubieten. Im Mittelpunkt steht der *betriebswirtschaftliche Anwendungsfall*, von dem aus die entsprechenden Systemfunktionen beurteilt werden.

Neben *Wissenschaftler* und *Studierenden* aus den Bereichen Management, Wirtschaftsinformatik und Unternehmensberatung profitieren *Entscheider* und *Berater* von diesem Buch, wenn sie sich einen Einblick in das Thema SAP R/3 verschaffen wollen. Aufgrund der besonderen Bedeutung der *Internationalisierung* – und zwar für Unternehmen aller Größenklassen – wird dem internationalen Einsatz der Software in diesem Werk ein besonderer Stellenwert zuteil. Die Bedeutung des *Internet* und der darauf basierenden Konzepte wie *Electronic Business* für den Einsatz betriebswirtschaftlicher Standardsoftware wird ebenfalls untersucht.

Teil 1 des Buches befasst sich mit Fragen der *Konzeption und Planung der R/3-Einführung*. Im ersten Kapitel befasst sich *Michael Rebstock* mit aktuellen Management-Herausforderungen und zeigt den Beitrag auf, den Systeme wie SAP R/3 zur Bewältigung dieser Herausforderungen leisten können.

Michael Rebstock untersucht anschließend den Beitrag des Systems SAP R/3 zur Umsetzung des Konzepts der Prozessorientierung in Unternehmen. *Gerhard Bikar* und *Susanne Rein* beschreiben im dritten Kapitel die Planung der Einführung von SAP R/3, besonders auch im internationalen Umfeld. Beide Beiträge behandeln wichtige Fragen des Projektmanagements.

Teil 2 beschreibt *Aufbau und Funktionsweise* der wichtigsten Module des R/3-Systems. *Knut Hildebrand* gibt zunächst einen Überblick über die Module des Systems SAP R/3 und zeigt ihr Zusammenspiel auf.

Thomas Ludewig beschreibt den Einsatz des Moduls FI (Rechnungswesen), unter besonderer Berücksichtigung des Controllings und der Anlagenbuchhaltung. *Knut Hilde-*

brand befasst sich mit dem Logistik-Modul SD, das den Verkauf und Versand abdeckt, sowie anschließend mit dem Modul MM, Materialwirtschaft und Einkauf. *Rüdiger Lohmann* erläutert die Einsatzmöglichkeiten des Moduls PP, das die Produktionsplanung und -steuerung abbildet. *Sabine Jachow* untersucht das Modul HR, das zur Abwicklung von Personalplanung und Personaladministration dient. *Thomas Respondek* gibt in seinem Beitrag Auskunft über die Verteilung von R/3-Anwendungen auf mehrere Standorte mittels ALE-Technik.

Teil 3 beschreibt neue Anwendungen um das System SAP R/3. *Michael Rebstock* beschreibt die Umsetzung von E-Business-Konzepten mit SAP R/3, d.h. die Anbindung des Systems an Internet, Intranet, Extranet oder elektronische Marktplätze. *Joachim Tako* untersucht die Umsetzung von Data Warehouse-Konzepten mit dem Business Information Warehouse der SAP.

Teil 4 schließlich enthält einen *Anhang* mit Glossar, Index und Autorenverzeichnis.

Wir bedanken uns bei allen, die dieses Buch möglich gemacht haben: bei den Autoren natürlich, die einen Beitrag dazu geliefert haben, aber auch bei all den anderen Personen, die uns Unterstützung und Hilfe haben zuteil werden lassen.

Anregungen und Feedback sind uns jederzeit willkommen.

Viel Freude beim Lesen und viel Erfolg mit SAP R/3!

Knut Hildebrand *Michael Rebstock*
(knut.hildebrand@t-online.de) *(rebstock@fh-darmstadt.de)*

1 Management-Herausforderungen und der Einsatz von SAP R/3

Michael Rebstock

1.1 Produktionsfaktor Information

Warum setzen Unternehmen integrierte betriebswirtschaftliche Standardsoftware (*Enterprise Resource Planning*-Software, *ERP*-Software) wie SAP R/3 ein? Nicht technische Kriterien geben den dazu Ausschlag, sondern betriebswirtschaftliche. Die Software wird eingesetzt, um die wirtschaftliche Situation des Unternehmens nachhaltig zu verbessern. Dies gelingt in vielen Branchen nur noch mit steigendem Aufwand, denn wirtschaftliche, organisatorische und technische Rahmenbedingungen für Unternehmen verändern sich rapide.

In diesem Zusammenhang ist Information ein Produktionsfaktor, der im Mittelpunkt des Unternehmensinteresses steht. Das betriebliche Informationsmanagement wird heute als eine der Kernfunktionen für die strategische Sicherung von Unternehmen angesehen. Maßnahmen des Informationsmanagements werden notwendig, um Herausforderungen zu begegnen, denen sich das Unternehmen gegenüber sieht. Der Einsatz integrierter betriebswirtschaftlicher Standardsoftware ist eine dieser Maßnahmen.

Im folgenden werden fünf Herausforderungen herausgearbeitet, auf die das Informationsmanagement in vielen Unternehmen mit dem Einsatz von betriebswirtschaftlicher Standardsoftware wie SAP R/3 antwortet: die Orientierung an den Bedürfnissen der Nutzer, die Prozessorientierung, die Kostenorientierung, die Bereitstellung ubiquitärer Information und die informationstechnologische Integration der Wertschöpfungskette. Der Beitrag von SAP R/3 zur Bewältigung dieser Herausforderungen wird jeweils aufgezeigt.

1.2 Nutzerorientierung im Management und in der Sachbearbeitung

Zunehmende Marktdynamik und größerer Wettbewerbsdruck erfordern schnellere und präzisere Reaktionen in und von Unternehmen. Die Folge ist ein sowohl quantitativ als auch qualitativ gestiegener Informationsbedarf des Managements. In den Jahren der Großrechner-EDV wurde versucht, den Informationsbedarf des Managements durch ausgedruckte Auswertungen (DV-Listen) zu befriedigen. Es hat sich jedoch gezeigt, dass diese Maßnahmen heute nicht mehr adäquat sind. Im Gegenteil: Durch den schieren Umfang und die Unübersichtlichkeit der Listen sinkt die Informationsqualität eher, als dass sie steigt.

Reporting-Funktionen sollen daher online verfügbar sein und eine Auswertung nach flexiblen Kriterien zulassen. Gleichzeitig soll die Systembedienung einfach sein. Informationen hoher Aggregationsstufe sollen einen Überblick geben, gleichzeitig sollen aber auch Detailinformationen zur Überprüfung in Einzelfällen zur Verfügung stehen (*Drill-down*). Ausnahmesituationen sollen möglichst vom System selbständig erkannt und angezeigt werden (*Exception reporting*). Heute werden zu diesen Zwecken analytische Informationssysteme (auch *Data Warehouse*-, Online Analytical Processing- (*OLAP*) oder *Data Mining*-Systeme) eingesetzt. Diese Systeme erlauben die flexible Analyse der Daten des Unternehmens nach unterschiedlichen Kriterien und auf unterschiedlichen Aggregationsstufen. Erst diese Flexibilität erlaubt die Befriedigung von betrieblichen Informationsbedürfnissen in einer sich ständig verändernden Umwelt.

Die SAP bietet mit dem *Business Information Warehouse (BW)* ein Produkt mit OLAP-Funktionalität an. In Kapitel 12 werden die Möglichkeiten des Aufbaus von Informationssystemen für das Management mit dem Business Information Warehouse erläutert.

Aber nicht nur die Anforderungen des Managements sind gestiegen. Von allen Benutzergruppen, ob Management oder Sachbearbeitung, wird heute ein hoher Bedienungskomfort eingefordert. Graphische Benutzeroberflächen (*Graphical User Interface, GUI*) wie Microsoft Windows haben einen – wenn auch nicht unumstrittenen – *De-facto*-Standard gesetzt, an dem Softwaresysteme gemessen werden. Eine zeichenorientierte Benutzeroberfläche und eine fehlende Mausunterstützung sind in der Zwischenzeit Merkmale geworden, an denen die Entscheidung zugunsten eines Systems scheitert, selbst wenn es Konkurrenzprodukten ansonsten funktional überlegen ist.

SAP R/3 ist mit einer graphischen Benutzeroberfläche ausgestattet. Es wurde von Anwendern jedoch häufig kritisiert, dass diese Oberfläche noch zu sehr an die Großrechner-Bildschirmmasken des Vorgängersystems SAP R/2 angelehnt sei. Die Oberfläche des Systems R/3 wurde daher für das *SAP Enjoy R/3 Release (Release 4.6)* grundlegend überarbeitet. Das Resultat ist eine verbesserte und vereinfachte Benutzerschnittstelle des Systems, wenngleich auch nicht alle Spuren der Großrechner-Vergangenheit des Systems getilgt werden konnten.

Die Bedienung verschiedener Systeme unter der einheitlichen Oberfläche eines *Internet-Browsers* entwickelt sich zu einer weiteren Anforderung an unternehmensweit eingesetzte Software. Für das SAP R/3-System ist (seit Release 4.6B) neben dem herkömmlichen *SAP GUI für Windows* auch ein *SAP GUI für HTML* verfügbar, das dieser Anforderung genügt. Auf diese Weise wird der Zugang zum System R/3 aus Intranet, Extranet oder Internet möglich. In Kapitel 11 wird hierauf näher eingegangen.

1.3 Orientierung an Geschäftsprozessen

Geschäftsprozesse und ihre Optimierung spielen eine große Rolle bei der Frage, wie wettbewerbsfähig – und damit wie überlebensfähig – Unternehmen heute sind. Es ist zwar bekannt, dass nicht alle Projekte zur Prozessoptimierung erfolgreich sind und dass häufig an der falschen Stelle optimiert wird. Die *kluge* Optimierung von Geschäftsprozessen allerdings, unterstützt durch eine Software, die im Idealfall selbst prozessorientiert strukturiert ist, schafft deutliche Vorteile in der operativen Effizienz und damit der Wirtschaftlichkeit von Unternehmen. Projekterfahrungen zeigen, in welch großem Maße betriebswirtschaftliche Software *notwendige* – allerdings nicht hinreichende – *Bedingung* für die erfolgreiche Gestaltung der Geschäftsprozesse eines Unternehmens geworden ist. In Kapitel 2 wird SAP R/3 als Werkzeug zur Gestaltung von Geschäftsprozessen näher untersucht.

Die Komplexität der Prozesse und der zugrunde liegenden Organisationsstrukturen nimmt dabei zu. Insbesondere zwei Trends tragen hierzu bei: die Konzentrationstendenzen, die in der Zwischenzeit nahezu alle Branchen erfasst haben, sowie die Internationalisierung von Unternehmensstrukturen.

Die Zahl der Unternehmensübernahmen und Fusionen pro Jahr nimmt seit Mitte der achtziger Jahre zu. Megafusionen machen von sich Rede. Das Resultat sind Organisationsstrukturen, die sich permanent verändern, die komplexer werden, die aber andererseits auf Flexibilität angewiesen sind. Holding-Strukturen mit zahlreichen Tochterunternehmen werden gebildet, um Unternehmen steuerbar zu erhalten oder erst flexibel und schlagkräftig zu machen. Betriebswirtschaftliche Software wie SAP R/3 wird dazu eingesetzt, Unternehmen solcher Art abzubilden, zu verwalten und zu steuern. Nur wenn die Software es erlaubt, sie mit relativ geringem Aufwand an geänderte Strukturen anzupassen, ist sie ein Hilfsmittel und kein Hindernis. Das System R/3 erfüllt diese Anforderung weitestgehend.

Unternehmensstrukturen, selbst im Mittelstand, sind außerdem zunehmend globaler Natur. DV-Strukturen, insbesondere Softwarelösungen, müssen in der Lage sein, damit umzugehen. Mehrsprachigkeit, Mehrwährungsfähigkeit, Verarbeitbarkeit nach unterschiedlichen nationalen rechtlichen Regeln sind nur einige der wichtigeren Anforderungen an ein System, das in mehreren Ländern gleichermaßen eingesetzt wird. Von besonderer Bedeutung ist dabei im Rahmen der internationalen Einführung des Systems die Möglichkeit, *landesspezifische Geschäftsprozesse* zu modellieren und zu implementieren (vgl. Kapitel 2). Auch hier erfüllt das System R/3 die Anforderungen weitestgehend – lediglich einige der "exotischeren" Länder werden noch nicht durch eine eigene Landesversion des Systems unterstützt.

1.4 Kostenorientierung und Investitionssicherheit

Seit Rechner mit der Leistungsfähigkeit von Maschinen, die früher in klimatisierten Räumen mit kontrolliertem Zugang betrieben wurden, unter jeden Schreibtisch gestellt werden können, ist ein erheblicher Rechtfertigungsdruck in die DV-Welt eingekehrt. Das kostenorientierte Management der betrieblichen Informationsverarbeitung ist ein Muss geworden.

Der Wechsel von der Großrechnerwelt in die Welt der PC- und Client-Server-Architekturen setzt auf den ersten Blick große Einsparungspotenziale frei. Die modernen Systeme unterbieten die Anschaffungskosten der Großrechner sowie deren Kosten für Wartungs- und Mietverträge meist sehr deutlich. Auch Client-Server-Architekturen sind jedoch nicht ohne weiteres kostengünstig. Die Einführungs- und insbesondere die Wartungskosten der verteilten Systeme, so hat sich herausgestellt, sind nicht zu unterschätzen. In der Zwischenzeit wird daher eine Kostenvergleichsrechnung üblicherweise auf die gesamte Lebensdauer einer Systemlösung bezogen und schließt sämtliche Nebenkosten wie etwa Wartung und Betrieb, Weiterentwicklung und Schulungsbedarf mit ein. Erst die auf diese Weise ermittelten Gesamtkosten, die *Total Cost of Ownership (TCO)*, lassen einen vollständigen Wirtschaftlichkeitsvergleich zu.

»*Make or Buy*« sind dabei allerdings nur noch selten echte Alternativen. Wenngleich Argumente sowohl für als auch gegen den Einsatz von Standardsoftware sprechen: die Entscheidung für eine neue betriebswirtschaftliche Software bedeutet in aller Regel die Entscheidung für Standardsoftware, denn die individuelle Entwicklung von Software ist heute nur noch für spezielle Anforderungen eine wirtschaftlich sinnvolle Alternative. Für eine überwiegende Zahl von Anwendungsfällen in nahezu allen Branchen bietet betriebswirtschaftliche Standardsoftware wie SAP R/3 heute Leistungsfähigkeit und Flexibilität zu Kosten an, mit denen eine individuell erstellte Software nicht mehr konkurrieren kann. Aus diesem Grunde werden auch die in die Jahre gekommenen, individuell realisierten oder proprietären Altsysteme *(Legacy systems)* nach und nach ersetzt, sofern dies nicht bereits im Zuge des Jahrtausendwechsels und der Euro-Umstellung erfolgt ist. Hohe Kosten verursachen diese Systeme, sobald Änderungen notwendig werden. Die Gründe hierfür liegen in starren Daten- und Programmstrukturen, insbesondere aber auch im verlorengegangenen Know-how hinsichtlich der Programmstrukturen, ihrer Schnittstellen, der verwendeten Programmiersprachen und Entwicklungsumgebungen.

Aufgrund der großen Dynamik in der Unternehmensentwicklung werden besondere Anforderungen an die Investitionssicherheit einer neuen Systemlandschaft gestellt. Hard- und Software muss *skalierbar* sein, also mitwachsen können, wenn sich das Unternehmen verändert. Durch die Client-Server-Architektur, auf der SAP R/3 (wie seine Konkurrenzprodukte) beruht, wird diese Skalierbarkeit ausreichend gewährleistet - wenngleich für SAP R/3 eine *völlig* wahlfreie Verteilung von Anwendungen und Daten nicht ohne weiteres möglich ist.

Systeme müssen schließlich möglichst *offen* sein, also mit anderen (Teil-) Systemen kommunizieren können, damit Unternehmensteile, aber auch externe Geschäftspartner ohne größeren Aufwand und strukturelle Änderungen in die Kommunikation des Unternehmens einbezogen werden können. Das System SAP R/3 hat – wie Konkurrenzprodukte auch – eine Reihe von Schnittstellen aufzuweisen, die eine Kommunikation mit anderen Systemen ermöglichen. Durch die Integration von Internet-Technologien ist diese Offenheit in den neueren Release-Ständen des Systems weiter ausgebaut worden (vgl. Kapitel 11).

1.5 Ubiquitäre Information durch Nutzung der Internet-Technologien

Electronic Commerce und *Electronic Business* bezeichnen Einsatzmöglichkeiten neuer elektronischer Kommunikationsmedien zur Unterstützung von Kommunikations- und Geschäftsprozessen in und von Unternehmen. Der Einsatz dieser Medien hat bereits begonnen, den Charakter und die Qualität zahlreicher Beziehungen von Unternehmen zu ihrer Umwelt sowie zwischen Mitarbeitern entscheidend zu verändern. Die neuen elektronischen Kommunikationsmedien, die als Plattform für Electronic Commerce oder Electronic Business dienen, sind die auf dem Internet-Standard basierenden Netzwerke (Internet, Intranet oder Extranet; vgl. Kapitel 11).

Durch den Einsatz von Internet-Technologien wird die klassische Palette an Kommunikationskanälen um einen Kanal ergänzt, der von zeitlichen und räumlichen Beschränkungen weitgehend befreit ist. In vielen Bereichen kann durch die Nutzung dieser Technologien ein *Information push* durch einen *Information pull* ersetzt werden. Statt einer angebotsorientierten, fremdbestimmten Informationsversorgung wird eine nachfrageorientierte, selbstbestimmte Informationsbeschaffung möglich. Der neue Kanal führt bei zahlreichen Kommunikationsbeziehungen zu einer drastischen Reduktion der Kommunikationszeiten, der Kommunikationskosten sowie der mit der Kommunikation verbundenen Kosten des Dokumentenhandlings (beispielsweise E-Mail gegenüber klassischer Briefpost). Auf diese Weise werden in vielen Bereichen *Transaktionskosten* gesenkt. Informationsbeschaffung und Informationsauswahl werden deutlich vereinfacht.

Es ist zu erwarten, dass ein Großteil der Massenkommunikation insbesondere zwischen Unternehmen (*Business-to-Business*) künftig über das Medium Internet abgewickelt werden wird. Aber auch die Kommunikation zwischen Unternehmen und Endverbraucher (*Business-to-Consumer*) sowie zwischen Unternehmen und Behörden (*Business-to-Authorities*) verändert sich durch dieses Medium.

Die Geräte, die für den Zugriff auf Unternehmensinformationen genutzt werden, ändern sich. Zukünftig werden persönliche Rechner nicht mehr nur auf oder unter dem Schreibtisch stehen, sondern allgegenwärtig sein. *Ubiquitous Computing* wird Realität. Laptop-Computer, Palmtop-Computer, Handheld-Computer oder *PDA* (Personal Digital Assistant) ermöglichen einen mobilen Informationszugriff. Die Mobiltelefone der dritten Generation *(UMTS)* lassen diesen mobilen Zugriff selbstverständlich werden. Unter Nutzung der zur Verfügung stehenden Bandbreite, die die Kapazität eines ISDN-Anschlusses um ein Mehrfaches übertrifft, entstehen integrierte Geräte, die sowohl mobiles Telefon als auch Informationsterminal sind.

Die SAP AG hat in jüngerer Zeit große Anstrengungen unternommen, um größere Teile der Funktionalität des Systems R/3 über das Internet verfügbar zu machen. Zu diesem Zweck wurde auch das bereits erwähnte, seit dem Release 4.6B verfügbare *SAP GUI für HTML* entwickelt. Daneben wurde auch ein *SAP GUI für Java* entwickelt.

1.6 Informationstechnologische Integration der Wertschöpfungskette

Forschungsergebnisse aus der Hochtechnologie-Branche zeigen, dass diejenigen Unternehmen, die auf diesem Markt erfolgreich sind, besonders effiziente und schnelle Informationsflüsse etabliert haben. Dies macht sie auf einem Markt, der selbst von großer Schnelligkeit und von wachsendem Konkurrenzdruck geprägt ist, überlebensfähig. Vieles spricht dafür, dass diese Unternehmen ein Modell für Unternehmensstrukturen sind, die auf kurz oder lang auch in vielen anderen Wirtschaftsbereichen zu erwarten sind. Erfolgreiche Unternehmen integrieren jedoch nicht nur Funktionsbereiche und Teams innerhalb der eigenen Organisation, sondern binden in großem Umfang Kunden und Lieferanten in ihre Informationsflüsse ein. *Supply Chain Management (SCM)*, die elektronisch gestützte Integration der gesamten Wertschöpfungskette (im Idealfall von der Rohmaterialgewinnung bis zum Endverbraucher), ist das zugrunde liegende Konzept.

Der Schwerpunkt von SAP R/3 (wie auch von Wettbewerbsprodukten) liegt auf der Abwicklung unternehmensinterner Prozesse. Das Konzept des Supply Chain Management geht also, da es eine ganze Kette von Unternehmen betrachtet, über ein einzelnes System R/3, dessen Einsatz auf ein Unternehmen bezogen ist, hinaus. Zur Integration eines Unternehmens in eine elektronische Wertschöpfungskette sind allerdings die bereits angesprochenen offenen elektronischen Schnittstellen, die das System bietet, notwendig. *EDI (Electronic Data Interchange)* wird in diesem Zusammenhang bereits seit langem von Unternehmen praktiziert und vom System R/3 unterstützt. Darüber hinaus hat die SAP AG das System *APO (Advanced Planner and Optimizer)* als zusätzliches, neben R/3 eigenständiges Produkt entwickelt. Die Aufgabe dieses Systems ist es, betriebs- und unternehmensübergreifend Produktions-, Transport- und Lagerprozesse abzubilden und zu optimieren.

Kundenorientierung spielt in diesem Zusammenhang eine große Rolle. Geschäftsprozesse und Informationsflüsse müssen auf das Ergebnis hin zugeschnitten sein, das für einen Kunden von Wert ist. Die Zielsetzung des *Customer Relationship Management (CRM)* ist es, Kundenbeziehungen nachhaltig zu entwickeln und auf diese Weise eine hohe Kundenbindung zu erreichen. Zu diesem Zweck werden sämtliche Informationen zu einem Kunden, die innerhalb des Unternehmens anfallen, elektronisch zusammengeführt und nutzbar gemacht. Die Anstrengungen der SAP AG, auch im Bereich des CRM ein leistungsfähiges Modul zu schaffen, sind bisher nur von wechselndem Erfolg gekrönt. Über Schnittstellen können jedoch auch Fremdprodukte angeschlossen werden.

Die Integration der Wertschöpfungskette findet in zunehmendem Maße über *elektronische Marktplätze* statt. Effiziente Austauschprozesse entstehen, sofern die internen Systeme an die jeweiligen elektronischen Marktplatzsysteme direkt angekoppelt sind. Ist dies nicht der Fall, so entstehen Doppelerfassungsaufwand, Zeitverzug und Fehlerquellen. Diese Folgen neutralisieren teilweise die Effizienzgewinne und Kostenvorteile, die durch die Teilnahme am elektronischen Markplatz gewonnen wurden. Mit der Anbindung des Systems R/3 an das Marktplatz-System der SAP - *mySAP Marketplace* - ist eine solche Kopplung realisiert worden (vgl. Kapitel 11).

Durch die direkte (EDI, APO) oder indirekte (elektronische Marktplätze) Integration der Systeme mehrerer Unternehmen lassen sich schließlich auch Konzepte wie das des *virtuellen Unternehmens* realisieren.

1.7 Resümee

SAP R/3 stellt eine integrierte betriebswirtschaftliche Standardsoftware dar, die nach weitverbreiteter Einschätzung in Analysten- und Beraterkreisen den aufgezeigten Anforderungen in großem Umfang genügt. Das System weist allerdings auch Schwächen auf. Dies betrifft zunächst die bereits angeführte Großrechner-Vergangenheit, die das System nicht an allen Stellen verleugnen kann. So ist die Bedienung, obwohl in eine graphische Benutzeroberfläche integriert, auf zahlreichen Bildschirmmasken grundsätzlich und im Detail noch verbesserungsfähig. Auch die genannten Projekte *SAP Enjoy R/3* und *SAP GUI für HTML* haben dies nicht gänzlich geändert. Auch die *Modularisierung* des Systems ist nicht abgeschlossen: die Kernfunktionen der Finanzbuchhaltung und der Kostenrechnung, der Materialwirtschaft und des Vertriebs hängen noch sehr viel enger zusammen, als dies gerne suggeriert wird.

Die Einführung des Systems wird häufig als komplex, aufwändig und zeitraubend empfunden. Aus der Projekterfahrung lässt sich entgegnen, dass ein Teil der Komplexität bei der Einführung und des daraus resultierenden Bedarfs an Zeit, Personal und Geld allerdings oft durch Wünsche der Fachabteilungen des Anwenderunternehmens statt durch das System selbst verursacht wird. Gleichwohl ist die vollständige und zweckmäßige Abbildung der Prozesse eines Unternehmens durch eine integrierte Software nicht trivial. Die SAP AG versucht, durch die Entwicklung des *Business Engineer*, dem Konfigurations- und Implementationswerkzeug des R/3-Systems, sowie durch die Einführungsmethodik *Accelerated SAP (ASAP)*, einem Programm für die beschleunigte Implementierung des Systems R/3, den Einführungsaufwand kontrollierbarer zu machen.

Integrierte betriebswirtschaftliche Standardsoftware wie SAP R/3 mit breitem funktionalen Umfang und Merkmalen wie Offenheit und Skalierbarkeit ist ein strategisch bedeutendes informationstechnisches Werkzeug geworden. Die aktuelle Herausforderung besteht darin, diese Systeme in unternehmensübergreifende E-Business-Strategien einzubinden.

1.8 Literatur

Alt, Rainer/ Schmid, Beat (2000): Logistik und Electronic Commerce - Perspektiven durch zwei sich wechselseitig ergänzende Konzepte. In: Zeitschrift für Betriebswirtschaft, 70. Jg., Nr. 1, S. 75-99.

Bothe, Matthias (1999): Supply Chain Management mit SAP APO - Erste Projekterfahrungen. In: Handbuch der modernen Datenverarbeitung, 36. Jg., Nr. 207, S. 70-77.

Brown, Shona L./ Eisenhardt, Kathleen M. (1998): Competing on the Edge: Strategy as Structured Chaos. Boston, MA.

Chamoni, P./ Gluchowski, P. (1998): Analytische Informationssysteme. Data Warehouse, On-Line Analytical Processing, Data Mining. Berlin u. a.

Krcmar, Helmut (1997): Informationsmanagement. Berlin/ Heidelberg/ New York etc.

Mertens, Peter/ Bodendorf, F./ König, W. et al. (1998): Grundzüge der Wirtschaftsinformatik, 5. Aufl. Berlin/ Heidelberg/ New York etc.

Mertens, Peter/ Griese, J./ Ehrenberg, D. (1998): Virtuelle Unternehmen und Informationsverarbeitung. Berlin/ Heidelberg/ New York etc.

Picot, Arnold/ Reichwald, Ralf/ Wigand, Rolf T. (1996): Die grenzenlose Unternehmung: Information, Organisation und Management, 2. Aufl. Wiesbaden.

Prahalad, C. K./ Ramaswamy, V. (2000): Co-opting Customer Competence. In: Harvard Business Review, 78. Jg., Nr. 1, S. 79-81.

Rebstock, Michael/ Hildebrand, Knut (Hrsg.) (1999): E-Business für Manager. Bonn.

Römer, Marc (1997): Strategisches IT-Management in internationalen Unternehmungen. Wiesbaden.

SAP AG (2000a): AcceleratedSAP, http://www.sap.com/asap/.

SAP AG (2000b): SAP Enjoy R/3 Release, http://www.sap.com/enjoysap/.

SAP AG (2000c): SAP Business Information Warehouse, http://www.sap.com/bw/.

Schulze, Jens/ Bach, Volker/ Österle, Hubert (2000): Customer Relationship Management. In: HMD Praxis der Wirtschaftsinformatik, 37. Jg., Nr. 212, S. 113-129.

Stahlknecht, Peter/ Hasenkamp, Ulrich (1997): Einführung in die Wirtschaftsinformatik, 8. Aufl. Berlin/ Heidelberg/ New York etc.

Tapscott, Don (1996): Die digitale Revolution. Wiesbaden.

Weber, Jürgen/ Dehler, M./ Wertz, B. (2000): Supply Chain Management und Logistik. In: WiSt Wirtschaftswissenschaftliches Studium, 29. Jg., Nr. 5, S. 264-269.

2

Prozessorientierung und der Einsatz von SAP R/3

Michael Rebstock

2.1 Betriebswirtschaftlicher Hintergrund: Unternehmen und Geschäftsprozesse

Unternehmen, die eine längere Zeit am Markt bestanden haben, kämpfen regelmäßig gegen historisch gewachsene, unübersichtliche und unproduktive Organisationseinheiten. Auch heute beruht deren Gliederung oft auf funktionaler Orientierung und tayloristischer Arbeitsteilung. Redundanzen und Brüche in der Abwicklung von Geschäftsvorfällen, genauso wie kulturell und formell begründete kommunikative Barrieren, hohe Reibungsverluste, lange Durchlaufzeiten und steigende Abwicklungskosten sind die Folgen.

Die (Re-)Orientierung von Unternehmensstrukturen an Geschäftsprozessen verspricht in dieser Situation Abhilfe. Zwei der Kernthesen des Konzepts der Prozessorientierung, das auf Hammer und Champy (1995) zurückgeht, lauten dazu:

- Nicht einzelne Funktionen sollen im Vordergrund organisatorischer Gestaltung stehen, sondern Abläufe.
- Aufgaben sollen nicht mehr nach dem Prinzip größtmöglicher Arbeitsteilung und Spezialisierung geteilt werden, sondern sich zu einer möglichst effizienten Prozessstruktur zusammenfügen.

Der zentrale Begriff in diesem Zusammenhang ist der *Geschäftsprozess* (*Business process*). Ein Geschäftsprozess ist eine Kette von Einzelaktivitäten, die in der Summe eine bewertbare Leistung für einen Kunden erbringen. Der Kunde kann dabei ein Kunde am Markt, er kann aber auch ein »interner Kunde« sein.

Ein solcher Geschäftsprozess verläuft oft über die Grenzen mehrerer funktional orientierter Organisationseinheiten (und ggf. über die Grenzen mehrerer Organisationen) hinweg. Ziel dabei ist es, nicht die isolierten betrieblichen Einzelfunktionen zu optimieren, sondern den gesamten leistungserbringenden Prozess. Ein wesentlicher Aspekt ist in diesem Zusammenhang die Vereinfachung und Vereinheitlichung von Abläufen. Das bedeutet wiederum eine Abkehr vom tayloristischen Ideal, nach dem einzelne Tätigkeiten möglichst einfach strukturiert sein sollen. Ein optimaler Geschäftsprozess ist vielmehr in seiner Gesamtheit möglichst einfach.

Wenngleich sie in ihrer konkreten Ausprägung natürlich Unterschiede aufweisen, so zeigen die *Wertschöpfungsketten* von Unternehmen – die Summen all ihrer Geschäftsprozesse – doch grundsätzliche Übereinstimmungen. *Porter* versteht eine Wertschöpfungskette als die Gesamtheit betrieblicher Prozesse, wie in Abbildung 2.1 dargestellt.

UNTERNEHMENSINFRASTRUKTUR				
PERSONALWIRTSCHAFT				
TECHNOLOGIEENTWICKLUNG				
BESCHAFFUNG				
EINGANGS-LOGISTIK	OPERA-TIONEN	AUSGANGS-LOGISTIK	MARKETING & VERTRIEB	KUNDEN-SERVICE

Abb. 2.1: Wertschöpfungskette (Porter 1996, S. 74)

Eine prozessorientierte Aufgabengestaltung über die gesamte Wertschöpfungskette hinweg verändert die Arbeitsteilung und damit die Anforderungen an die Mitarbeiter und die Gesamtorganisation in verschiedener Hinsicht:

- *Aufgabenintegration* und *Entscheidungsdezentralisierung*: Das Ziel der Prozessoptimierung ist ein möglichst einfacher Prozess. Diese Einfachheit von Prozessen wird in der Regel durch ein Reduzieren der Arbeitsteilung, d. h. durch eine Re-Integration von Arbeitsaufgaben, erreicht. Die Anzahl der Stellen, die an einem Prozess beteiligt sind, sinkt; die notwendige Mitarbeiterqualifikation für diese Stellen steigt dagegen an. Wenn Arbeitsteilung im tayloristischen Sinn auch eine Trennung von Ausführung und Entscheidung bedeutet, so wird in prozessorientierten Organisationen eine Rückverlagerung von Entscheidungsbefugnissen in die Ausführungsebene notwendig.

- *Umverteilung von Arbeitsteilung* über Unternehmensgrenzen hinweg: Die Reorganisation der Arbeitsteilung macht in diesem Falle vor Organisationsgrenzen nicht halt. Die Übernahme von bisher innerhalb des Unternehmens durchgeführten Tätigkeiten durch Lieferanten oder Kunden kann völlig neue Möglichkeiten der Prozessoptimierung eröffnen.

- *Minimierung von Schnittstellen*: Ein weiteres Merkmal des prozessorientierten Managements ist die möglichst geringe Zahl von Prozessschnittstellen, da diese die *Prozessbearbeitungszeit* in der Regel um ein Vielfaches erhöhen und Abstimmungskosten verursachen. Die Arbeitsteilung wird so organisiert, dass zur Vollendung einer Aufgabe möglichst wenig Abstimmung und Rückversicherung gegenüber anderen Stellen notwendig ist. Der Idealfall ist eine vorgangsabschließende Bearbeitung durch eine einzige Stelle.

Wenngleich Grenzen für die prozessorientierte Gestaltung von Unternehmenseinheiten bestehen, so führt diese doch besonders in den operativen Bereichen des Unternehmens oft zu einer deutlich günstigeren Erbringung der jeweiligen Leistung.

2.2 Informationstechnologie und Prozessoptimierung

Die genannten Veränderungen in der Arbeitsteilung und der Gestaltung der Aufgaben für einzelne Stellen sind ohne den adäquaten Einsatz von Informationstechnologie nicht mehr denkbar. Der Einsatz moderner Informations- und Kommunikationstechnologie schafft vielmehr erst einen Großteil der Möglichkeiten zu prozessorientierter Gestaltung. Die durchgängige Gestaltung von Abläufen, die gemeinsame Bearbeitung von Vorgängen durch mehrere Personen ohne großen Zeitverzug und die unternehmensweite Nutzung von Informationen wird erst durch *integrierte Systeme* wie SAP R/3 möglich.

Eine der Hauptvoraussetzungen dafür, dass die Tätigkeitsspektren von Sachbearbeitern hin zu einer möglichst prozessorientierten Bearbeitung erweitert werden können, ist es, dass diesen Mitarbeitern alle notwendigen *Informationen online* zur Verfügung stehen. Soll etwa ein Vertriebsmitarbeiter einem Kunden gegenüber jederzeit auskunftsfähig sein, so braucht er ein Informationssystem, das die Verfolgung eines Auftrags durch alle betrieblichen Stationen ermöglicht. Erst die DV-technische Erfassung *aller* relevanten betrieblichen Aktionen in einem System und der Zugang zu diesen Informationen von *allen* betroffenen Arbeitsplätzen aus ermöglicht den durchgängigen Geschäftsprozess. Nur ein System, das alle betrieblichen Funktionen umfasst und informationstechnisch in *einer* integrierten Datenbasis abbildet, ist in der Lage, auch eine integrierte Prozessbearbeitung zu unterstützen. Der Einsatz integrierter Systeme bietet außerdem die Möglichkeit, eine relative Autonomie der prozessbearbeitenden Stellen zu wahren und trotzdem *Koordinations- und Steuerungsmechanismen* vorzugeben: indem diese nämlich in die verwendeten DV-Systeme eingebaut werden. SAP R/3 bietet, wie andere ERP-Systeme auch, durch seinen integrierten Aufbau diese Möglichkeiten.

Der Einsatz von Informationstechnologie ist mithin in vielerlei Hinsicht *notwendige*, er ist allerdings niemals *hinreichende* Bedingung für eine Optimierung der Geschäftsprozesse. Die Einführung auch eines sehr leistungsfähigen DV-Systems allein gewährleistet noch keine effiziente prozessorientierte Ablauforganisation. Die Projekterfahrung zeigt, dass häufig der Wunsch und die Tendenz bestehen, vorhandene Strukturen durch das System abzubilden und zu unterstützen. Selbst wenn dadurch in manchen Fällen eine *lokale* Effizienzsteigerung erreicht werden *könnte*, so ist mit einer solchen strukturkonservativen Vorgehensweise in aller Regel kein *globales*, unternehmensweites Optimum zu erzielen. Mehr noch: Wenn ineffiziente Prozessstrukturen durch Informationstechnologie abgebildet und unterstützt werden, werden sie erst recht zementiert. Dagegen kann eine konsequente *Überprüfung* und ggf. *Reorganisation* von Prozessstrukturen vor dem Hintergrund neuer informationstechnischer Möglichkeiten zu völlig neuartigen, vorher nicht realisierbaren Arbeitsabläufen führen.

2.3 SAP R/3 und Prozessoptimierung

Mehrere Merkmale des Systems SAP R/3 erleichtern die Abbildung und Unterstützung prozessorientierter Organisationen. Das System schafft eine Grundlage für solche Unternehmen, indem es Informationen und Informationsflüsse integriert und betriebswirtschaftliche Funktionalität prozessorientiert abbildet.

2.3.1 Integration von Geschäftsprozessen in die Funktionsstruktur des Systems R/3

SAP R/3 selbst ist prozessorientiert gestaltet. Durch die konzeptionelle Abbildung von betriebswirtschaftlichen Prozessen in der *Struktur* des DV-Systems, aber auch durch eine integrierte *Datenbasis* sowie nicht zuletzt durch die implementierten *Workflow-Komponenten* müssen Geschäftsprozesse im R/3-System meist nicht mehr von Grund auf implementiert, sondern nur noch an das konkrete Unternehmen angepasst werden.

Durch verschiedene offene *Schnittstellen* für *IDoc*, *ALE*, *EDI* oder *Internet* ist die Anbindung von entfernten Organisationseinheiten oder Geschäftspartnern möglich. Dadurch wird eine Integration von Geschäftsprozessen auch über räumliche Distanzen und Unternehmensgrenzen hinweg möglich.

2.3.2 Werkzeuge zur Unterstützung prozessorientierter Implementierung

Mit den *Business-Engineering*-Werkzeugen des Systems R/3 schafft die SAP AG die Möglichkeit, Organisations- und DV-Projekte in einer integrierten Umgebung abzuwickeln und so das volle Potenzial der Prozessoptimierung bei möglichst geringen Kommunikationsverlusten auszuschöpfen. Die Navigations- und Modellierungskomponente des Systems R/3 stellt die im System implementierten Geschäftsprozesse in grafischen Modellen dar und erleichtert auf diese Weise das Verstehen und das eventuell notwendige Anpassen dieser Prozesse.

2.3.3 Betriebswirtschaftliches Know-how

Die langjährige Auseinandersetzung der SAP AG mit den Wünschen und Bedürfnissen von Kunden aus den verschiedensten Branchen hat zu Prozess-, Funktions- und Informationsstrukturen im R/3-System geführt, die an vielen Stellen komprimiertes *betriebswirtschaftliches Know-how* darstellen. Dieses Know-how kann von Anwenderunternehmen nutzbringend eingesetzt werden. Voraussetzung hierfür ist natürlich, dass an gewohnten Prozessen nicht um ihrer selbst willen festgehalten wird. Die Bereitschaft zur Veränderung darf nicht fehlen. Die »*Best business practices*«, die bereits in den Strukturen des Systems enthalten sind, können dann als Blaupause für optimierte Prozesse im eigenen Unternehmen genutzt werden.

2.3.4 Entdecken betrieblichen Anpassungsbedarfs

Ein in vielen Projekten durchaus erwünschter Nebeneffekt der Einführung von SAP R/3 ist das Hinterfragen bestehender Abläufe.

Die Analyse von Geschäftsprozessen schafft die Möglichkeit, eingefahrene Abläufe in Frage zu stellen (»*Auftauen*«) und – gegebenenfalls unter Hinweis auf die Vorgaben des Systems – zu verändern. Voraussetzung für eine erfolgreiche Umsetzung dieser Art ist allerdings - sowohl nach entsprechenden Untersuchungen als auch aus der Projekterfahrung –, dass betroffene Mitarbeiter an der Analyse beteiligt sind, den Veränderungsbedarf selbst erkennen und den Veränderungsprozess mittragen. Entsprechende Vorgehensweisen und Methoden im Projekt (etwa die Durchführung von *moderierten Workshops*) sind daher einzuplanen.

Die Einführung des Systems zwingt zu einer gewissen Disziplin und Präzisierung der Geschäftsprozesse. Dies allein bedeutet oft bereits eine Steigerung der Abwicklungsqualität. Die Gefahr der Überformalisierung darf dabei allerdings nicht übersehen werden. Analyse und Modellierung von Geschäftsprozessen um ihrer selbst willen erzeugen noch keinen wirtschaftlichen Nutzen. Es sollte daher für jedes Ergebnisdokument einer Prozessanalyse ein konkreter Bedarfsfall benannt werden können.

Die unternehmens-, oder mehr noch, konzernweite Einführung des Systems führt häufig zu einer *Harmonisierung* und *Standardisierung* von Geschäftsprozessen. Hierin wird seitens betroffener Organisationseinheiten oft ein Problem gesehen, da die eigenen »Besonderheiten« als nicht standardisierbar eingeschätzt werden. Bei genauerer und unvoreingenommener Betrachtung offenbaren sich allerdings häufig eine Reihe von *Lernchancen*, die betroffene Mitarbeiter erkennen lassen, wie Prozesse weiter zu verbessern sind.

2.4 Geschäftsprozesse und die Einführung von SAP R/3

Wie ist in Einführungsprojekten vorzugehen, um das oben beschriebene Optimierungspotenzial von SAP R/3 nutzbringend einzusetzen? Einführungsprojekte bedürfen nicht nur inhaltlich, sondern besonders hinsichtlich der Projektbesetzung (*Staffing*) sowie des Umgangs mit den spezifischen Anforderungen einzelner Unternehmenseinheiten einer fundierten und sensiblen Planung.

Eine besondere Herausforderung besteht in der Implementierung des Systems in multinationalen Unternehmen. Aufgrund der hohen Komplexität erfordert die Verbesserung von Geschäftsprozessen in diesem Umfeld besondere Vorgehensweisen. Da längst nicht mehr allein große, sondern eine steigende Zahl auch kleinerer und mittelgroßer Unternehmen international tätig sind, gewinnen diese Fragen zunehmend an Bedeutung.

Im folgenden sei daher besonders auf die Problematik multinationaler Unternehmen eingegangen. In reduzierter Form sind diese Überlegungen aber genauso auf Projekte zu übertragen, die zwar mehrere Organisationseinheiten betreffen, aber nicht multinational angelegt sind.

2.4.1 Einflussfaktoren auf die Struktur von Geschäftsprozessen

Die Struktur von Geschäftsprozessen wird durch mehrere Faktorenbündel beeinflusst, die sich hinsichtlich ihres Einflusses auf konkrete Geschäftsprozesse überschneiden. Je nach Größe und regionaler Präsenz eines Unternehmens variiert die Relevanz dieser Faktoren für die Ausgestaltung konkreter Geschäftsprozesse. Im Zuge der fortschreitenden Konzentration in nahezu allen Branchen sowie der Internationalisierungstendenzen auch bei kleineren Unternehmen werden Organisationen fast jeder Größenklasse von diesen Faktorenbündeln beeinflusst. Die Faktorenbündel (Dimensionen) reichen von Weltwirtschaft über Konzern und Branche bis hin zu einem spezifischen Land (zum folgenden Rebstock/Selig 1999a, 1999b).

Die Dimension »Weltwirtschaft« meint hierbei globale Rahmenbedingungen, innerhalb derer Unternehmen agieren. Die Dimension »Konzern« umfasst die für das Gesamtunternehmen vorgegebenen, für alle Landesgesellschaften relevanten Rahmenbedingungen innerhalb eines Konzerns. Die Dimension »Branche« meint Bedingungen, die auf den spezifischen Gegebenheiten der jeweiligen Branche beruhen, in denen ein Unternehmen aktiv ist. Ein globales Unternehmen ist dabei häufig in mehreren Branchen tätig. Die Dimension »Land« umfasst Bedingungen, die auf den nationalen Gegebenheiten des jeweiligen Landes beruhen, in dem eine Landesgesellschaft des globalen Unternehmens aktiv ist. Hierzu zählen Bedingungen wie natürliche, geographische sowie infrastrukturelle Besonderheiten, wirtschaftliche und wirtschaftspolitische Bedingungen, landesrechtliche Vorgaben, aber auch landesspezifische Markt- und Organisationsformen sowie Geschäftspraktiken (Business practices) und andere kulturell gefärbte Faktoren.

Die Organisations- und Prozessstrukturen eines Unternehmens sind durch diese vier Dimensionen nicht determiniert. Eine letzte Dimension stellt das einzelne Unternehmen selbst dar, d. h. eine einzelne Landesgesellschaft innerhalb eines globalen Konzerns mit den ihr eigenen, spezifischen Bedingungen. Durch die Kombination der Einflüsse dieser landesspezifischen Rahmenbedingungen entsteht für jedes Unternehmen in einem konkreten Land ein – zumindest auf den ersten Blick – einzigartiges Set an Prozessstrukturen.

2.4.2 Strategien des Umgangs mit landesspezifischen Geschäftsprozessen

In praktisch allen Projekten zur internationalen Einführung der Standardsoftware SAP R/3 ist mit landesspezifischen Anforderungen an Geschäftsprozesse umzugehen. Ohne Frage kann dieser Umstand großen finanziellen und zeitlichen Projektaufwand verursachen, ohne Frage erhöhen eine vollständige Analyse, Modellierung und die anschließende Berücksichtigung landesspezifischer Geschäftsprozesse die Projektkomplexität erheblich. Es ist verständlich, dass globale Unternehmen versuchen, bei Analyse und Modellierung der Geschäftsprozesse im Rahmen der Standardsoftwareeinführung diesen Aufwand möglichst niedrig zu halten. Landesspezifische Anforderungen werden vor diesem Hintergrund oft als kostentreibendes Übel angesehen.

Welche Alternativen bieten sich Unternehmen, um auf landesspezifische Anforderungen zu reagieren? Drei Arten internationaler Einführungsstrategien können unterschieden werden:

- Dezentrale Gestaltung landesspezifischer Geschäftsprozesse (Strategie 1)
- Zentrale Gestaltung global gültiger Geschäftsprozesse (Strategie 2)
- Koordinierte Gestaltung landesspezifischer und globaler Geschäftsprozesse (Strategie 3)

Die dezentrale Vorgehensweise nach Strategie 1 bedeutet, dass das globale Unternehmen keine weltweite Koordination und Harmonisierung der Geschäftsprozesse seiner Landesgesellschaften anstrebt. Die Einführung des Systems R/3 und die damit zusammenhängende Gestaltung der Geschäftsprozesse wird in diesem Fall durch die einzelnen Landesgesellschaften gesteuert. Ein globales Projektteam beschränkt sich, falls es überhaupt existiert, allein auf die technische Einführungsberatung. Diese Strategie vermeidet prima facie globalen Koordinierungs- und Harmonisierungsaufwand und hält somit den Projektaufwand niedrig. Dabei wird jedoch übersehen, dass diese Strategie in der Regel zu höherem Folgeaufwand führt, dann nämlich, wenn nach der Einführung von R/3 die fehlende Koordination der Geschäftsprozesse und Systemstrukturen zu Reibungsverlusten innerhalb des Gesamtunternehmens führt. Effizienz und Effektivität von Informations- und gegebenenfalls auch Güterflüssen werden mit größerer Wahrscheinlichkeit durch inkompatible Informations- und Prozessstrukturen beeinträchtigt. Außerdem verschenkt diese Strategie Lernchancen und damit potentielle Wettbewerbsvorteile für das Gesamtunternehmen.

Die zweite Strategie schlägt eine gegenteilige Vorgehensweise vor. Um den Projektaufwand niedrig zu halten, versucht das Unternehmen in diesem Fall, jeweils nur eine Version je Geschäftsprozess zu entwickeln, die dann, so die Idee, in allen Landesgesellschaften in gleicher Form implementiert wird. Diese Strategie umfasst zwar in der Regel bereits eine minimale Anpassung des Systems R/3 an die jeweiligen Länder durch *technische Parametrisierung* im Rahmen des *Customizing*, da ohne diese Maßnahmen das System für die jeweilige Landesgesellschaft praktisch nicht nutzbar ist. Sie beabsichtigt aber eben keine landesspezifische Anpassung von Geschäftsprozessen, sondern verfolgt das Ziel, jeweils nur eine Version je Geschäftsprozess (*Master Process*) zu entwerfen und im System R/3 zu implementieren. Dieser Prozess soll in allen Landesgesellschaften zum Einsatz kommen. Die Prozesse der einzelnen Landesgesellschaften, so die Erwartung, sollten sich standardisieren lassen. Der zeitliche, personelle und finanzielle Projektaufwand soll auf diese Weise überschaubar bleiben. Hierbei wird jedoch übersehen, dass die oben beschriebenen landesspezifischen Geschäftsprozesse teilweise bereits durch gesetzliche oder ähnliche imperative Rahmenbedingungen vorgegeben sind und sich daher auch bei gutem Willen der jeweiligen Landesgesellschaft nicht standardisieren lassen. Spezifische Anforderungen führen dann dazu, dass von einem globalen Standard abgewichen werden muss – womit wiederum ein größerer Folgeaufwand aufgrund von Reibungsverlusten oder notwendiger Koordinierung *ex post* verursacht wird.

Obwohl zu Beginn mit höherem Aufwand verbunden, ist Strategie 3 daher letztlich am erfolgversprechendsten. Dabei werden Geschäftsprozesse landesspezifisch analysiert. Im Unterschied zu Strategie 1 wird in diesem Fall allerdings ein *Abgleich* und ggf. eine *Harmonisierung* der Geschäftsprozesse aller Landesgesellschaften angestrebt. Nur auf diese Weise können landesspezifische Erfordernisse vor der Einführung der Standardsoftware erkannt und bei der Implementierung berücksichtigt werden. Zweifellos erhöht dieser Umstand den zeitlichen und finanziellen Projektumfang in der Planungs- und Analysephase. Projekterfahrungen bestätigen jedoch die Vermutung, dass eine Berücksichtigung der landesspezifischen Erfordernisse bereits in der Analyse- und Designphase zu einem geringeren Gesamtaufwand führt.

Untersuchung und *Modellierung* der landesspezifischen Geschäftsprozesse sind aber nicht nur aus Aufwandsgründen geboten, sondern können – bei entsprechender Durchführung – auch mit einem *Nutzen* für die Gesamtorganisation verbunden sein, der über die reine Einführung des Systems hinausgeht. Die Analyse der Geschäftsprozesse aller Bereiche und Landesgesellschaften bietet in großem Umfang *Lernchancen*, deren erfolgsrelevantes Potenzial bisher von globalen Einführungsprojekten meist vernachlässigt wurde.

Jede Landesgesellschaft vereint ein einzigartiges *Set* an Prozessen und Praktiken, die auf den verschiedenen landesspezifischen Einflussfaktoren beruhen oder durch diese mitverursacht sind. Bei näherer Betrachtung zeigt sich, dass einige dieser spezifischen Prozessvarianten im globalen Vergleich erfolgreicher sind als andere, weil sie zu schnelleren, kostengünstigeren oder qualitativ hochwertigeren Ergebnissen führen. In der Zusammenschau über das Gesamtunternehmen ergibt sich damit eine Auswahl an unterschiedlich erfolgreichen Geschäftsprozessen für einzelne Aufgabenstellungen. Es gilt für globale Unternehmen, die Lernchancen, die in diesen Unterschieden liegen, zur Optimierung ihrer Geschäftsprozesse weltweit zu nutzen und so Wettbewerbsvorteile zu gewinnen.

Die Idee, das Erfahrungspotenzial landesspezifischer Geschäftsprozesse zur Prozessoptimierung einzusetzen, ist nicht neu. Konzepte wie *Kaizen* und *TQM* (Total Quality Management), *Lean Management* und *Kanban*, *Target Costing* oder *Activity Based Costing* demonstrieren, wie die in einem Land erfolgreich ausgeübten Praktiken durch Untersuchung und Strukturierung weltweit nutzbar gemacht wurden. So wie diese Praktiken von Forschern und Beratern für globale Unternehmen auf einem allgemeinen Niveau verfügbar gemacht wurden, können auch erfolgreiche Geschäftspraktiken einer Landesgesellschaft innerhalb eines globalen Unternehmens für andere Landesgesellschaften verfügbar gemacht werden.

Zur Nutzbarmachung dieses international vorhandenen Erfahrungsschatzes empfiehlt sich eine *semi-flexible Zusammensetzung* der jeweiligen Projektteams. Ein *Kernteam* von wenigen Mitarbeitern betreut dabei das Projekt über die gesamte Projektdauer. Dieses Kernteam kann sich aus unternehmenseigenen und externen Mitarbeitern zusammensetzen. Es sollte möglichst international besetzt sein, um eine erhöhte Sensibilität für landesspezifische Anforderungen zu gewährleisten. Zur Erhebung dieser Anforderungen wird das Kernteam durch Mitarbeiter der jeweils betroffenen Landesgesellschaft oder externe Berater mit Firmensitz im betreffenden Land ergänzt. Diese Personen übernehmen später die Aufgabe der Implementierung und Betreuung vor Ort. Je Land ändert das Projektteam somit teilweise seine Zusammensetzung. Das Kernteam hat die Funktion, die oben beschriebenen Lernchancen wahrzunehmen und dadurch einen übernationalen Transfer von Know-how innerhalb des Gesamtunternehmens zu gewährleisten.

2.5 Resümee

Das System SAP R/3 schafft nicht nur durch seine integrierte Datenbasis und seinen prozessorientierten Aufbau Möglichkeiten zur Optimierung von Geschäftsprozessen. Durch die vorhandenen Werkzeuge zur Prozessmodellierung im System wird auch die Implementierung dieser Prozesse unterstützt.

Zusätzlich zur Nutzung der Analyse- und Modellierungswerkzeuge des Systems R/3 ist allerdings eine geeignete Vorgehensweise bei Analyse, Realisierung und Implementierung notwendig, um Einführungsprojekte konzernweit erfolgreich abzuschließen. Dies gilt besonders für Einführungsprojekte mit multinationalem Hintergrund.

2.6 Literatur

Hammer, Michael (1997): Das prozesszentrierte Unternehmen. Die Arbeitswelt nach dem Reengineering. Frankfurt a. M./New York.

Hammer, Michael/ Champy, James (1995): Business Reengineering. Die Radikalkur für das Unternehmen, 5. Aufl. Frankfurt a. M./ New York.

Keller, Gerhard (1999): SAP/ R3 prozeßorientiert anwenden. Iteratives Prozeß-Prototyping mit Ereignisgesteuerten Prozeßketten und Knowledge Maps, München.

Krcmar, Helmut (1997): Informationsmanagement. Berlin/ Heidelberg/ New York etc.

Mertens, Peter/ Bodendorf, F./ König, W. et al. (1998): Grundzüge der Wirtschaftsinformatik, 5. Aufl. Berlin/ Heidelberg/ New York etc.

Porter, Michael E. (1996): Wettbewerbsvorteile. Frankfurt a. M./New York.

Rebstock, Michael (1997): Grenzen der Prozeßorientierung, in: zfo Zeitschrift Führung + Organisation, 66. Jg., Heft 5, S. 272–278.

Rebstock, Michael/ Selig, Johannes G. (1999a): Landesspezifische Geschäftsprozesse bei der Einführung von SAP R/3 in globalen Unternehmen. In: Wenzel, Paul (Hrsg.): Business Computing mit SAP R/3, Braunschweig/ Wiesbaden, S. 475-494.

Rebstock, Michael/ Selig, Johannes G. (1999b): Optimierung von Projektkosten durch landesübergreifende Harmonisierung von Geschäftsprozessen bei der Einführung von SAP R/3 in globalen Unternehmen. In: Oberweis, Andreas/ Sneed, H. (Hrsg.): Software-Management '99. Fachtagung der Gesellschaft für Informatik e.V. (GI), Oktober 1999 in München, Leipzig/ Stuttgart, S. 274-280.

SAP AG (2000): R/3 Online Bibliothek (CD-ROM), Walldorf.

Stahlknecht, Peter/ Hasenkamp, Ulrich (1997): Einführung in die Wirtschaftsinformatik, 8. Aufl. Berlin/ Heidelberg/ New York etc.

3

Planung der Einführung von SAP R/3

Gerhard Bikar und Susanne Rein

3.1 Überblick

Für die Mehrzahl der Unternehmen stellt die Globalisierung der Märkte und die damit einhergehende Intensivierung des Wettbewerbs eine Herausforderung dar, deren Bewältigung über den künftigen Unternehmenserfolg entscheiden wird. Eine veränderte Positionierung am Markt zwingt häufig zu Umstrukturierungen und einer strategischen Neuorientierung der Informationstechnologie.

Als direkte Folge dieses Wandels, verstärkt durch äußere Auslöser wie Jahr 2000 und Euro, war in der Vergangenheit eine sehr starke Zunahme von internationalen SAP R/3 Projekten zu verzeichnen, die die bis dahin bekannte Komplexität von Projekten weit in den Schatten stellten.

Das professionelle Management derartiger Projekte ist eine herausfordernde und komplexe Aufgabenstellung. Besonders internationale SAP R/3 Projekte bergen auf Grund ihrer Struktur im Vergleich zu nationalen Projekten teilweise völlig andere und zusätzliche Risiko- und Konfliktpotentiale, die vom Projektmanagement klar erkannt und in ihren Auswirkungen verstanden werden müssen, damit rechtzeitig steuernd eingegriffen werden kann. Internationale SAP R/3 Projekte bewegen sich im Spannungsfeld zwischen der strategischen Denkweise eines Konzerns und den nationalen Interessen und Egoismen von Landesgesellschaften. Schon dieser Punkt birgt reichlich Konfliktpotential.

Erfahrungen der Autoren aus internationalen SAP R/3 Projekten lassen den Schluss zu, dass ein wesentlicher Erfolgsfaktor in der Art und Weise liegt, wie ein derartiges Vorhaben vorbereitet und durchgeführt wird. Dieser Artikel konkretisiert die speziellen Anforderungen und Risiken eines internationalen SAP R/3 Implementierungsprojekts und beschreibt Lösungsansätze für eine erfolgreiche Bewältigung dieser Aufgabe, damit ein solches Projekt zum Chancenmanagement und nicht zum Krisenmanagement führt.

3.2 Kernanforderungen internationaler SAP R/3 Projekte

3.2.1 Unternehmensspezifische Aspekte

Internationale SAP R/3 Projekte verbinden sich sehr häufig mit einem tiefgreifenden Veränderungsprozess innerhalb einer Unternehmensgruppe. Oft ist eine Neuorientierung in der Unternehmensstrategie der Anlass, Aufgaben, Beziehungen (Informations-, Mengen- und Werteflüsse) und die Rollen der einzelnen Unternehmenseinheiten neu zu gestalten und dieses Wirkungsgeflecht in SAP R/3 abzubilden. Abbildung 3.1 zeigt beispielhaft als mögliches Ausgangsszenario die europäischen Standorte einer Unternehmensgruppe.

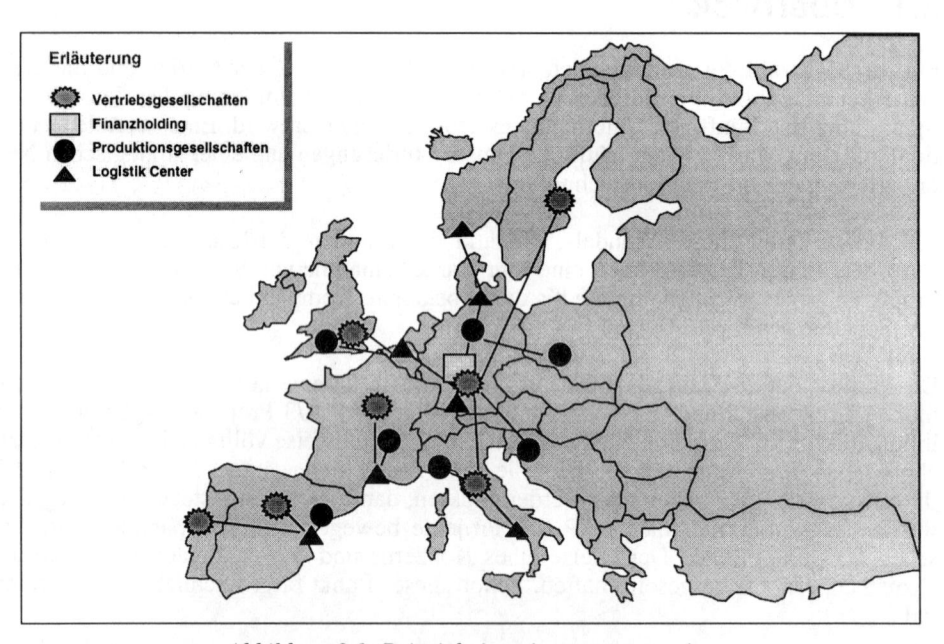

Abbildung 3.1: Beispiel eines Ausgangsszenarios

Die Auswirkungen derartiger Veränderungsprozesse haben unterschiedliche Dimensionen:

Organisation:

Nichts ist beständiger als der Wandel. Diese Aussage gilt in zunehmenden Maße für die Organisationsstrukturen innerhalb eines Unternehmens. Die Zeiten starrer Organisationsstrukturen sind überholt. Strikte Marktorientierung und flexible Ausrichtung an sich verändernder Marktanforderungen haben zur Folge, dass auch die Strukturen innerhalb eines Unternehmens einem ständigen Wandel unterzogen sind. Das Unternehmen lebt: Es kommt zum Verkauf von Unternehmensteilen, Kauf und Integration von neuen Unternehmen, zur Dezentralisierung und Zentralisierung, zu Fertigungsverlagerungen und

Umstrukturierungen, um nur einige Beispiele zu nennen. Hieraus resultieren hohe Anforderungen an die Flexibilität der neuen Standardsoftware, die möglichst aufwandsarm diesem Wandel folgen muss -ein Punkt, der sich in der Praxis von SAP R/3 Implementationen nicht immer ganz einfach bewerkstelligen lässt.

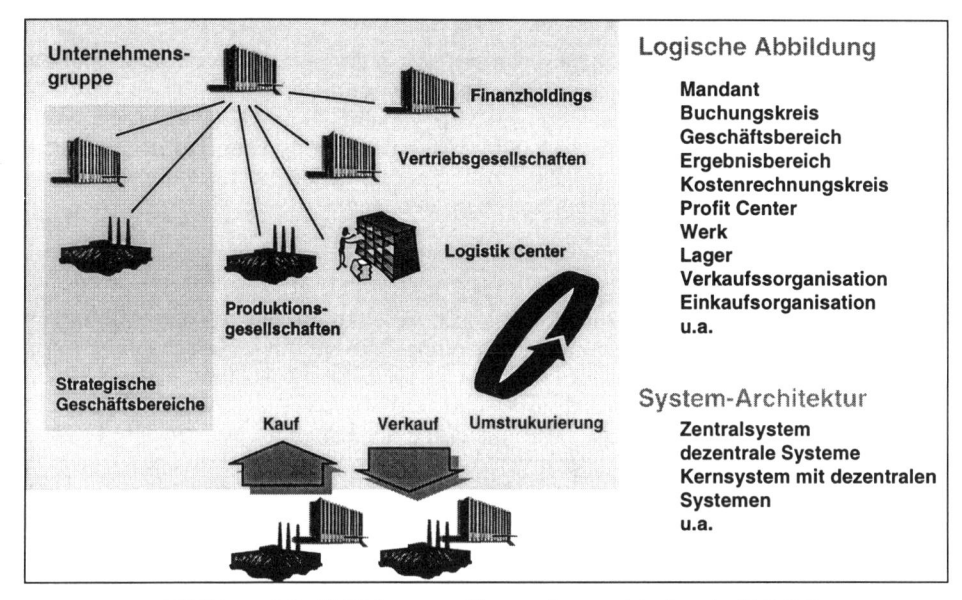

Abbildung 3.2: Abbildung von Unternehmenseinheiten in SAP R/3

Eine fundamentale Entscheidung in jedem SAP R/3 Projekt ist deshalb die Abbildung der Unternehmensstruktur (z.B. bilanzierende, disponierende Einheiten, strategische Geschäftsbereiche, Einkaufsorganisation; siehe Abbildung 3.2) und die Ausprägung der Geschäftsbeziehungen innerhalb der Unternehmensgruppe (z.B. Markt-, Transferpreise oder Verrechnung von Leistungen zu Herstellkosten). Damit beeinflusst die aktuelle und zukünftige Unternehmensstrategie in einem ganz erheblichen Ausmaß die Art der Nutzung der SAP-Organisationselemente. Die Unternehmensstrategie muss deshalb zu Projektbeginn allen Beteiligten transparent sein.

Geschäftsprozesse:

Internationale SAP R/3 Projekte bieten die einmalige Chance, standortübergreifende Prozesse zu harmonisieren und damit Synergiepotential zu nutzen. Vor allem im Bereich des Rechnungswesens, aber auch im Bereich der Prozesse Kundenauftragsabwicklung und Beschaffung bietet sich üblicherweise ein hohes Harmonisierungspotential an. Der Harmonisierungsbedarf ist direkt von der Intensität und Ausprägung der Geschäftsbeziehungen zwischen den einzelnen Unternehmenseinheiten abhängig (z.B. mehrfachgenutzte Halbfabrikate und Rohmaterialien, Produktion von gleichen Enderzeugnissen an unterschiedlichen Standorten, standortübergreifende Kundenaufträge und Projekte).

Der Harmonisierungsaufwand bei internationalen Projekten ist wegen der Berücksichtigung der unterschiedlichen internationalen Standorte oder Gesellschaften mit zum Teil abweichenden Produktspektren, Prozessen und gesetzlichen Regelwerken weit höher als in nationalen Projekten. Gleichzeitig schwindet damit aber auch die Chance, die Harmonisierung in einem überschaubaren Zeitrahmen mit vertretbarem Aufwand durchzusetzen. Das besondere Geschick liegt darin, das realisierbare Harmonisierungspotential zu erkennen und durchzusetzen.

Daten:

Eine Harmonisierung von Geschäftsprozessen sowie ein unternehmensweites Data Warehousing führen sinnvollerweise zu einer Harmonisierung der Stammdaten (z.B. Materialnummern und Materialbezeichnungen von verkaufsfähigen Erzeugnissen, Warengruppen, Debitoren, Kreditoren, etc.). Diese Harmonisierung kann bei der weltweiten, sukzessiven Ablösung der Altverfahren zu temporären Problemen führen, da eventuell neue Schlüsselsysteme mit den alten kollidieren können.

Systemarchitektur:

Mehr noch als in nationalen Projekten gewinnt die zukunftssichere Ausgestaltung einer tragfähigen Systemarchitektur zentrale Bedeutung. Hierbei gilt es verschiedene Aspekte wie Verfügbarkeit, Performance, Flexibilität in der Systemgestaltung und bei Releasewechsel, Kommunikations-, Investitions- und Betriebskosten abzuwägen. Viele Unternehmen nutzen das Projekt zur Rezentralisierung der Rechenzentren, andere setzen auf verteilte SAP R/3 Systeme gekoppelt per ALE (Application Link Enabling). So werden beispielsweise zentrale Daten wie Sachkonten, Debitoren, Kreditoren, Materialstämme an die dezentralen Systeme und Wertbewegungen an das zentrale System verteilt. Auch die Nutzung neuer Technologien wie Inter-/Intranet eröffnet für die Unternehmen neue Absatzchancen über neue Vertriebswege und eine neue Qualität der Anbindung von Kunden, Lieferanten und verbundenen Unternehmen.

Lokationen:

Häufig zeichnen sich internationale Unternehmen durch eine sehr große Bandbreite bei der Größe der Landesgesellschaften aus. So sind z.B. Produktionsstandorte mit mehreren tausend Mitarbeitern und demgegenüber Vertriebsgesellschaften mit zehn bis zwanzig Mitarbeitern im gleichen Konzern , keine Seltenheit. Bei einer derartigen Konstellation muss eine Überdimensionierung der Software dringend vermieden werden, da kleine Vertriebsgesellschaften häufig aus Kapazitätsgründen nicht den Aufwand erbringen können und wollen, um alle notwendigen Daten in das System einzupflegen und vor allem auch das notwendige System-Know-how nicht im notwendigen Umfang vor Ort halten können. In einem solchen Fall muss vom Projektteam ein geeignetes Konzept zur Lösung dieses Problems gefunden werden.

3.2.2 Projektspezifische Aspekte

Internationale SAP R/3 Projekte durchzuführen bedeutet nicht einfach, die Vorgehensweise und Aktivitäten nationaler Projekte auf internationale Standorte auszuweiten. Internationale Projekte bergen auf Grund ihrer Struktur teilweise völlig andere und zusätzliche Risiko- und Konfliktpotentiale, die vom Unternehmens- und Projektmanagement in ihren Zusammenhängen und Konsequenzen erkannt und gelöst werden müssen.

Faktor Mensch:

Internationale Projekte stehen und fallen mit der fachlichen und menschlichen Qualität derjenigen, die ein derartiges Vorhaben ausführen sollen. Gerade im internationalen Umfeld sind diese Mitarbeiter einem vielschichtigen Spannungsgeflecht ausgesetzt, da sie projektbedingt mit politischen, menschlichen und organisatorischen Widerständen konfrontiert werden. Das rasche Etablieren von schlagkräftigen Projektteams erfordert das Gemisch unterschiedlicher Mentalitäten, Denk- und Arbeitsweisen sowie unterschiedlicher Rollen (externe Berater, Fachbereichsmitarbeiter, DV-Mitarbeiter). Nicht zu unterschätzen ist auch die Quantität der benötigten Mitarbeiter im Rahmen des Projekt-Staffings.

Daneben stoßen zentral geplante und getriebene Projekte sehr häufig auf einen gewissen Widerstand der jeweiligen Landesgesellschaften, die eine Einschränkung ihrer Freiheitsgrade befürchten. Es bedarf daher bei der Steuerung und Durchführung von diesen Projekten neben der fachlichen Kompetenz der eingesetzten Projektmitarbeiter eines professionellen Change- und Akzeptanz-Managements, um die Risiken, die sich bei diesen Veränderungsprozessen insbesondere aus dem Faktor "Mensch" ergeben, transparent zu machen und aufzulösen.

Zusätzlich zu den oben genannten emotionalen Faktoren kommen in diesem Umfeld sehr häufig Sprachbarrieren hinzu. Viele Missverständnisse und nachträgliche Korrekturen liegen allein darin begründet, dass Begriffe und Aussagen von den Gesprächspartnern unterschiedlich interpretiert werden. Um zumindest die sprachlichen Schwierigkeiten möglichst niedrig zu halten empfiehlt es sich dringend als eine der ersten Aktionen bei der Projektvorbereitung, eine einheitliche Projektsprache festzulegen, die von allen Projektmitarbeitern mit internationalen Kontakten beherrscht wird.

Kommunikations- und Reiseaufwand:

Ungeachtet einer noch so geschickten Auswahl des Projektstandortes bringen internationale SAP R/3 Projekte einen erhöhten Kommunikations- und Reiseaufwand innerhalb der Projektarbeit mit sich. Diesem kann in gewissen Grenzen mit dem Einsatz moderner Kommunikationstechnologien (Lotus Notes/ Videokonferenzen etc.) begegnet werden.

Projektanlauf:

Durch die Komplexität der organisatorischen Maßnahmen, die für den Projektanlauf notwendig sind (Projektsprache, Projektstandort, Integration der Projektteams, etc.), kann sich die Anlaufphase als wesentlich langwieriger erweisen als bei nationalen Projekten. Dies birgt die Gefahr einer wenig effektiven Projektarbeit und der Frustration von Projektmitgliedern. In dieser Phase ist es die vordringlichste Aufgabe des Projektmanagements, einen zügigen Projektanlauf zu gewährleisten, um zu vermeiden, dass das Projekt durch Selbstadministration handlungsunfähig bzw. gar nicht erst handlungsfähig wird. Um eine schnelle und effiziente Anlaufphase zu erreichen, sollte Projektmanagement- und Qualitätssicherungskonzepte, die auf Erfahrungen mit SAP R/3-Projekten basieren und erprobt sind, in das Projekt als "Startvermögen" eingebracht werden.

Projektablauf:

In internationalen Projekten ergeben sich, stärker noch als in nationalen, Redundanzen in der operativen Projektarbeit, die das Projektmanagement erkennen und handhaben muss. Diese Redundanzen, d.h. mehrere lokale Projektteams arbeiten an gleichen oder ähnlichen Problemstellungen, können nicht vollständig vermieden werden. Wichtig ist aber, diese Redundanzen zu erkennen und dort, wo es sinnvoll ist, eine einheitliche Lösung zu erarbeiten.

3.3 Ausgewählte Lösungsansätze

3.3.1 Einführungsstrategie

Eine wesentliche Voraussetzung für die erfolgreiche Einführung von SAP R/3 in einer internationalen Unternehmensgruppe ist eine von der Unternehmensstrategie und –situation abgeleitete Einführungsstrategie. Um in internationalen SAP Projekten besonders effizient zum Ziel zu gelangen, sollte sich die Einführung von SAP R/3 im wesentlichen in die folgenden Phasen gliedern:

- Vision und Strategie
- ggf. Reengineering
- Projektinitialisierung/-vorbereitung
- Harmonisierung
- Erstellen eines rolloutfähigen Piloten
- Rollout in die einzelnen Länder
- Produktivbetrieb und Optimierung

Vision und Strategie:

Die Basis für jedes SAP R/3 Projekt muss die Unternehmensstrategie sein. Daraus abgeleitet erfolgt eine Identifikation der zentralen und dezentralen Geschäftsprozesse auf Topebene, das Ableiten der Projektziele, eine Diskussion und Bewertung möglicher Systemszenarien (Zentralsystem, verteilte Systemarchitektur, Koexistenzkonzept SAP R/2 und R/3, etc.), die Bestimmung eines gemeinsamen Systemkerns und damit die Identifikation des Harmonisierungsbedarfs, die Ausarbeitung der Einführungsstrategie (Big Bang, sukzessive Einführung, Rollout, etc.), die Auswahl von repräsentativen Lokationen für den Piloten sowie die Identifikation der wesentlichen Integrationsprozesse und Schnittstellen.

Reengineering:

Eine der entscheidenden Fragen eines internationalen SAP R/3 Projekts ist die Kombination dieses Projekts mit einem möglichen Reengineering-Ansatz. Konkret: Soll der Reengineering-Prozess vor dem SAP R/3 Projekt, parallel oder nachgelagert als Optimierungsschritt durchgeführt werden? Eine Antwort auf diese Frage kann nur unternehmensspezifisch getroffen werden, da häufig Rahmenbedingungen wie Produktivsetzungstermine (z.B. getrieben durch Jahr 2000 und Euro) den Entscheidungsspielraum einengen.

Projektinitalisierung/-vorbereitung:

Dieser Schritt fasst alle Maßnahmen zusammen, die erforderlich sind, um das Projekt effektiv zu starten: Definition und Abgrenzung des Projekts oder einer Bündelung von Einzelprojekten (Programm), Etablieren der Projektorgane, Festlegung des Projektmanagement- und Qualitätssicherungskonzepts, Planung der Projektaktivitäten, Installation der Projektinfrastruktur, Training der Projektmitarbeiter, etc.. Das Projektteam ist um sog. "Key-Player" aus anderen Einheiten zu erweitern, die jeweils eine Region repräsentieren. Die Aufgabe der Key-Player ist es, den anschließenden Rollout für die jeweilige Region zu steuern.

Harmonisierung:

In einem so zusammengesetzten Projektteam wird anhand einer Matrix, auf der die berücksichtigten Standorte und die sog. "Harmonisierungsobjekte" aufgetragen sind, festgehalten, für welche Daten oder Prozesse in welchen Unternehmenseinheiten Harmonisierungsbedarf besteht. Unter einem Harmonisierungsobjekt sind somit Daten und Prozesse zu verstehen, die in den Harmonisierungsprozess mit einbezogen werden.

Erstellen eines rolloutfähigen Piloten:

Anhand eines produktiven Piloten muss die Machbarkeit und der Nutzen des erarbeiteten Harmonisierungs- und Systemkonzeptes nachgewiesen werden. Die Ergebnisse aus dem Piloten müssen durch den Vorstand abgesichert sein und im Bedarfsfall von ihm durchgesetzt werden. Abbildung 3.3 zeigt in einer groben Darstellung die einzelnen Phasen bei der Erstellung eines rolloutfähigen Piloten.

Rollout:

Ausgehend von dem Piloten erfolgt dann in mehreren Phasen/Stufen (abhängig von der Größe des Gesamt-Projektes), die Einführung in den dezentralen Unternehmenseinheiten. Abbildung 3.4 zeigt schematisch das Ergebnis einer Rollout-Planung. Der Rollout wird, gesteuert von den Key-Playern, in den Regionen durchgeführt. Die Key-Player dienen als "Kristallisationskerne" für die lokalen Projektteams.

Bei der Rollout-Planung spielt der Aspekt des Know-how-Transfers eine besonders wichtige Rolle. Bereits in der Pilot-Phase muss darauf geachtet werden, dass die dezentralen Unternehmenseinheiten so stark eingebunden sind, dass ein Rollout nicht auf Grund mangelnden Know-hows vor Ort gefährdet wird. Eine Möglichkeit besteht darin, Rollout-Teams zu bilden, die nach Regionen gegliedert sind und für ihre Region verantwortlich zeichnen. Teams, welche die erste Phase verantworten, sollten am Piloten beteiligt sein, da dadurch ein optimaler Know-how-Transfer gewährleistet ist.

Planung der Einführung von SAP R/3

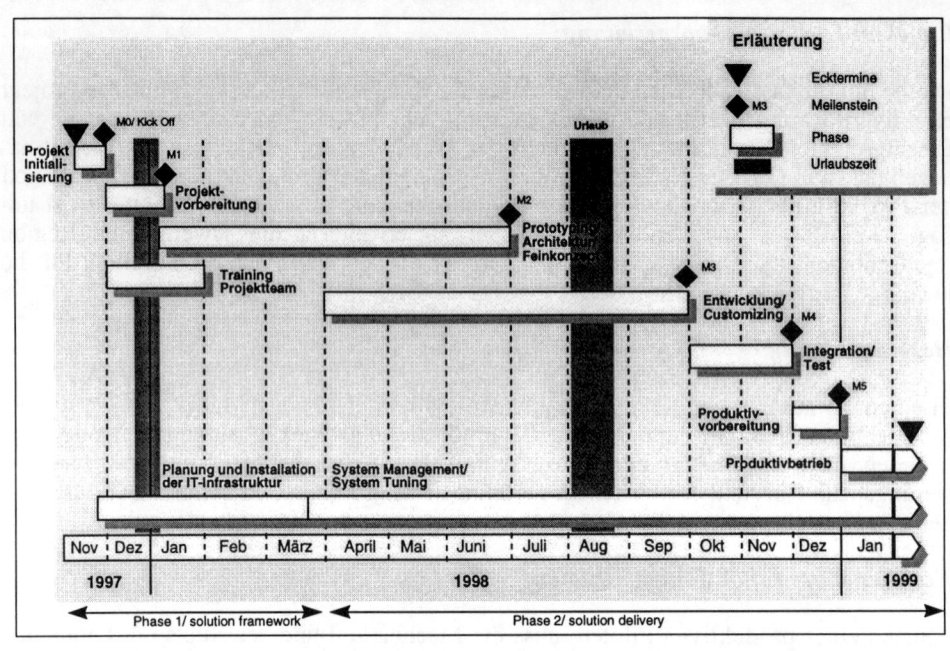

Abbildung 3.3: Grobplan für das Erstellen eines rolloutfähigen Piloten

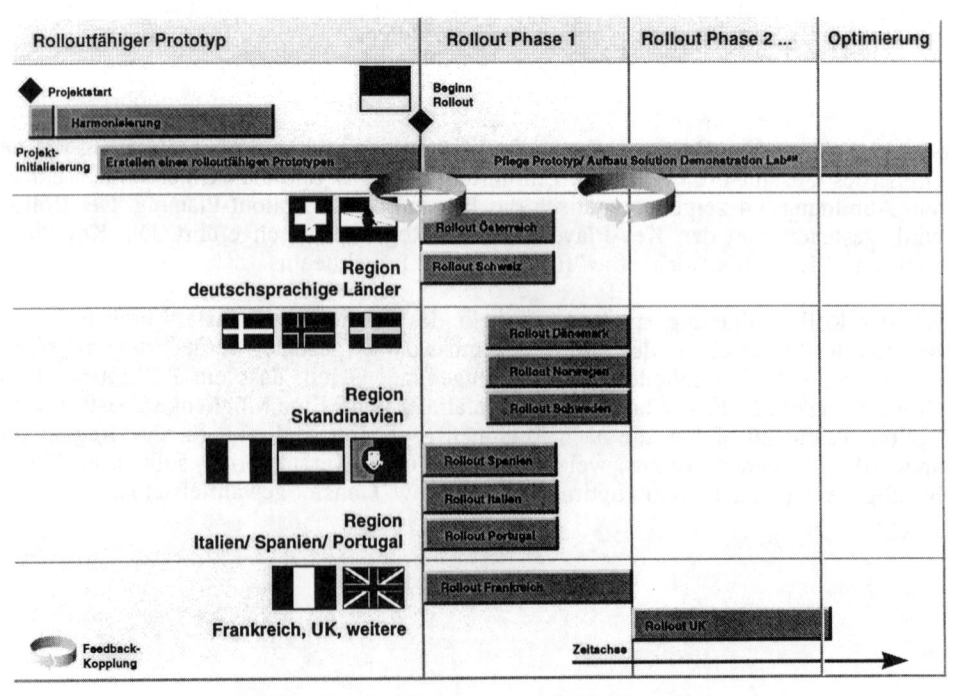

Abbildung 3.4: Einführungsstrategie/ Rollout-Planung

Neben dem Know-how-Transfer in die Landesgesellschaften, erweist sich in internationalen Projekten der Rollout auf Landesgesellschaften, die nicht aktiv am Harmonisierungsprozess beteiligt waren, als weiterer kritischer Punkt. Falls Differenzen zwischen dem harmonisierten Prozess und einem spezifischem Prozess der Landesgesellschaft auftreten, ergibt sich ein hohes Konfliktpotential. Gerade in diesen Fällen ist die Akzeptanzsicherung durch das Projektmanagement eine besonders wichtige Aufgabe. Das Projektmanagement muss diese Konfliktpotentiale erkennen und frühzeitig steuernd eingreifen, damit potentielle Widerstände nicht den Projekterfolg gefährden. In internationalen Projekten ist dies um so wichtiger, als dass Konflikte wegen vermeintlich nicht passender Prozesse oder nicht berücksichtigter Anforderungen auch noch durch unterschiedliche Kultur (auch Arbeitskultur) und Mentalität verstärkt werden können.

Schließlich ist die Auswahl des entsprechenden Rollout-Szenarios auch von Branche, Betriebstypologie und vom Produktportfolio der Unternehmenseinheiten abhängig.

Systembetrieb und Optimierung: Nach dem Produktivstart der einzelnen Projekte schließt sich eine Phase der Stabilisierung und Optimierung an. Häufig wird allerdings der Aufwand für diese Phase weit unterschätzt, da aus terminlichen Gründen im Rahmen von sogenannten "Stufenkonzepten" ursprünglich für das Hauptprojekt geplante Aktivitäten in die Optimierungsphase geschoben werden.

3.3.2 Systemarchitektur

Die Möglichkeiten der heute verfügbaren Kommunikationstechnologien ermöglichen völlig neue Architekturen von R/3-Implementierungen. Neben großen, konzernweiten Implementierungen auf einem oder wenigen Systemen, ist über ALE (Application Link Enabling) auch der Aufbau einer verteilten Systemlandschaft realisierbar.

Im Groben lassen sich drei Szenarien unterscheiden (s. Abbildung 3.5).

Szenario 1 stellt die Einführung eines einzigen Systems für die Gesamtgruppe dar. Alle Unternehmenseinheiten nutzen dasselbe System mit einer einzigen, zentralen Datenbank. Es besteht sehr großer Harmonisierungsbedarf, da Spezifika einzelner Einheiten nur bedingt abgebildet werden können.

Szenario 2 stellt im Vergleich mit Szenario 1 die flexibelste Lösung dar. Jede Einheit im Unternehmen verfügt über ein eigenes R/3 System, das stark auf die Anforderungen der jeweiligen Einheit zugeschnitten ist. Die Systeme tauschen die wichtigsten Informationen über Schnittstellen oder über ALE aus. Jedoch wird auch aus der Nutzung von ALE ein erhöhter Harmonisierungsbedarf entstehen.

Szenario 3 präsentiert sich als eine Mischung der beiden zuvor angesprochenen Möglichkeiten. Es wird ein zentrales Planungs- und Informationssystem mit unternehmensweit standardisierten Funktionen (z.B. Rechnungswesen, Auftragsbearbeitung u.ä.) aufgebaut und zusätzlich verschiedene operative Systeme vor Ort, in denen für die jeweilige Einheit spezifische Prozesse und Informationen abgebildet sind (z.B. Produktionsplanung u.ä.).

Die unterschiedlichen Szenarien bieten Vor- und Nachteile, die in der konkreten Einführungssituation abgewogen werden müssen. Szenario 1 hat den Vorteil, dass die Landesgesellschaften stark in die Definition der gruppen-übergreifenden Prozesse integriert sind, dass es keine Schnittstellenproblematik zwischen Einzelsystemen gibt, dass ein Auseinanderdriften von verschiedenen Systemen über die Zeit nicht möglich ist und dass es nur ein einziges Team gibt, das für die Systembetreuung zuständig ist.

Szenario 1: zentrales System

ein weltweites System

Ein weltweites System für die Unternehmensgruppe
eine Lösung mit allen Funktionen, zentrale Datenbasis

Szenario 2: dezentrale Systeme

Stuttgart — Dover — Paris — Barcelona

eigenständige lokale Systeme an jedem Produktionsstandort
jedes System mit der vollen Funktionalität

Szenario 3: gemischte Architektur

weltweites Kernsystem

Stuttgart, Dover, Paris, Barcelona

Ein zentrales Planungs- und Informationssystem mit harmonisierten Funktionen
z.B. externes Rechnungswesen, zentrale Auftragsabwicklung, Lagerinformationen für Endprodukte und Ersatzteile
+
verschiedene lokale, operative Systeme
mit Materialwirtschaft, Produktionsplanung und -steuerung, interne Auftragsabwicklung, etc.

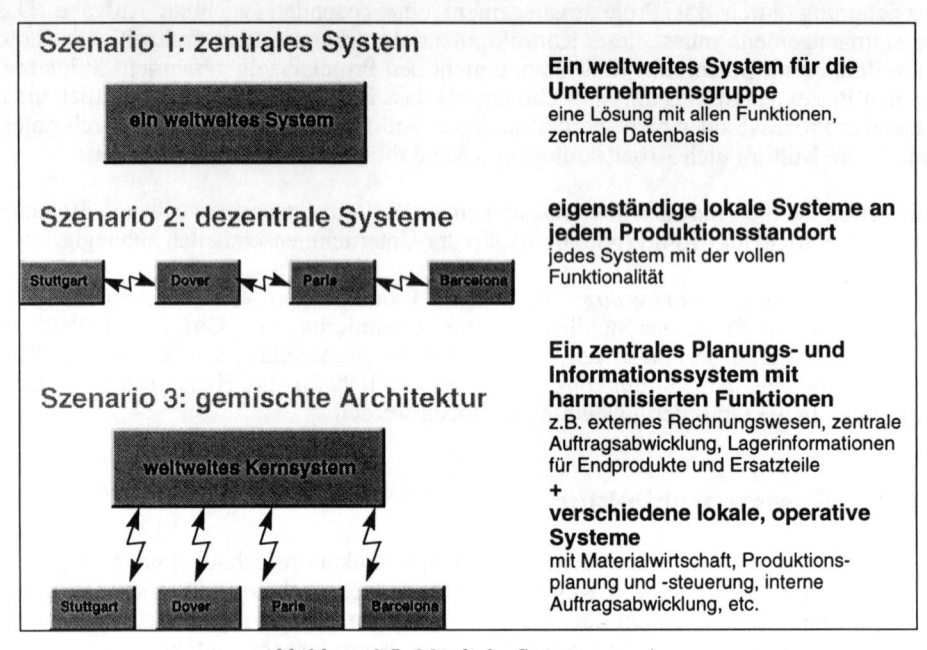

Abbildung 3.5: Mögliche Systemszenarien

An diesem Systemansatz ist allerdings nachteilig, dass das System auf Grund seiner Größe sehr schwer zu managen ist. Es muss 24 Stunden verfügbar sein. Damit stehen Zeiten für Systempflege und Updates fast nicht mehr zur Verfügung, und bei einem Ausfall des Systems sind alle angeschlossenen Unternehmen der Gesamtgruppe betroffen.

Szenario 2 bietet den größten Freiraum für die einzelnen Unternehmen und Niederlassungen der Gruppe. Somit kann optimal auf die individuellen Anforderungen eingegangen werden. Dies bedingt aber auch, dass die Einhaltung von Gruppenstandards nur durch organisatorische Maßnahmen erreicht werden kann. Auch im Systembetrieb verfügen die Organisationseinheiten über mehr Spielraum, da die Verantwortung für den Systembetrieb dezentral organisiert ist. Dies birgt dann aber wieder den Nachteil in sich, dass vor Ort genügend Know-how für den Systembetrieb vorhanden sein muss. Um dieses Szenario technisch zu verwirklichen, ist die Verwendung von ALE nahezu zwingend notwendig.

Szenario 3 bietet dann die größten Vorteile, wenn trotz Einhaltung gemeinsamer Gruppenstandards, den lokalen Organisationseinheiten möglichst viel Freiraum für individuelle Anforderungen gelassen werden soll. Der Systembetrieb ist gemäß der Systemarchitektur eine Mischform aus zentralem und dezentralem Betrieb. Hier bietet sich allerdings der Vorteil, dass der dezentrale Systembetrieb von der zentralen Informationsverarbeitung unterstützt werden kann und der Know-how-Bedarf vor Ort nicht ganz so hoch ist wie in Szenario 2.

3.3.3 Harmonisierung

Einer der zentralen Fragen eines internationalen SAP R/3 Projekts ist Inhalt und Umfang der Harmonisierung..

Zunächst müssen die Bereiche identifiziert werden, für die ein Harmonisierungsbedarf besteht. Darauf aufbauend kann das Harmonisierungskonzept festgelegt werden, das die Basis für ein harmonisiertes System darstellt. Bei der Harmonisierung lassen sich verschiedene organisatorische Ebenen ausmachen, die betrachtet werden können.

Dies ist zum einen das Gesamtunternehmen, darunter angesiedelt die Geschäftsbereiche und schließlich die einzelnen Unternehmenseinheiten. Aufbauend auf dieser hierarchischen Struktur kann auch ein hierarchisches Harmonisierungskonzept entworfen werden, das ein Optimum zwischen Vereinheitlichung und individueller Freiheit der einzelnen Einheiten gewährleisten soll. Der Prozess der Harmonisierung gestaltet sich in der Regel als sehr schwierig, da ständig entschieden werden muss, wie weit eine Harmonisierung im konkreten Einzelfall sinnvoll bzw. realistisch ist. Andererseits besteht aber auch eine direkte Abhängigkeit zwischen dem Harmonisierungserfolg und dem Projektaufwand bzw. Rolloutaufwand.

Abbildung 3.6 zeigt beispielhaft den Harmonisierungsbedarf auf den unterschiedlichen Domänen im "Hexagon of Change". Nach CSC Catalyst^{SM} [*] verursachen IT-Projekte Veränderungen in den Domänen:

- Anwendungen,
- Geschäftsprozesse,
- Organisation,
- Standort,
- Daten und
- Technologie.

In Abbildung 3.7 sind zu jeder Domäne des Wandels beispielhaft einige Punkte aufgeführt, für die sich in vielen Fällen Harmonisierungsbedarf ergibt.

Durch die Harmonisierung ergibt sich im Unternehmen die Chance, konzernübergreifend Prozesse zu vereinheitlichen und dadurch Komplexität und Aufwand zu reduzieren.

---

[*] CSC Catalyst^{SM} ist ein Methodenwerk der Computer Sciencec Corporation (CSC), das eine gleichgerichtete Vorgehensweise über alle Phasen eines Kundenprogramms sowie in regional und fachlich heterogenen Projektphasen sichert

Im allgemeinen sind während der Harmonisierungsphase sehr häufig strategische und organisatorische Entscheidungen zu treffen. Diese Entscheidungen müssen vom Management zügig getroffen und durchgesetzt werden.

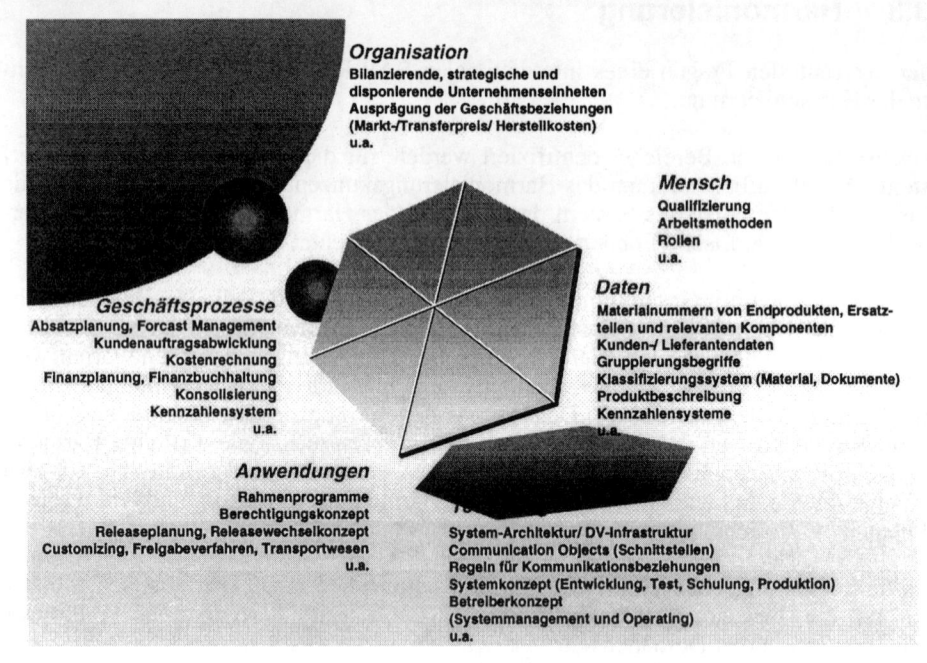

Abbildung 3.6: Harmonisierungsbedarf in internationalen R/3 Projekten nach CSC Catalyst^SM

Das Projektmanagement muss nun dafür Sorge tragen, dass die Ziele aus der Harmonisierung in die Projektarbeit eingebunden und dort umgesetzt werden. Diese Ziele können die weltweite Transparenz der Lagerbestände, das Global Sourcing (globale Beschaffung), beinhalten. Ein Ziel kann auch sein, Kosten, Umsätze, Produktkosten und Absatzdaten für das Gesamtunternehmen einheitlich vorliegen zu haben, um dadurch eine bessere Vergleichbarkeit der einzelnen Einheiten zu schaffen. Gerade für die letztgenannten Punkte ist es offensichtlich, dass derartige Entscheidungen nur vom Konzernmanagement getroffen und durchgesetzt werden können.

Bisher wurde der Begriff "Harmonisierung" stets unter dem Gesichtspunkt gesehen, dass Informationen und Prozesse, die das Unternehmensgeschäft unterstützen, einander anzunähern sind. Diese Sichtweise ist nicht vollständig. Vielmehr fällt auch bei der Abwicklung eines internationalen R/3-Projekts selbst Harmonisierungsbedarf an:

- Es müssen Projektstandards definiert werden, die Dokumentationsstandards für Konzepte, Customizing und für die Prozessdarstellung enthalten,
- eine übergreifende Einführungsstrategie muss festgelegt werden,
- das Customizing im System/ in den Systemen muss geregelt werden,
- die Rollen im Projekt sind zu definieren (siehe Abschnitt Projektorganisation),

- Verfahren für Release-, Putlevel-Wechsel und Patches (Korrekturen) - vor allem während parallel laufender Projekte mit unterschiedlichen Einführungszeitpunkten - müssen festgelegt werden.

3.3.4 Projektorganisation

Programm-Management

Ein internationales, konzernweites SAP R/3-Projekt ist üblicherweise in ein Gesamtprogramm eingegliedert, das die Umsetzung von strategischen Unternehmenszielen durch mehrere Projekte zur Aufgabe hat. Auch die SAP R/3 Einführung selbst splittet sich in aller Regel in eine Vielzahl einzelner, parallel oder zeitlich sich überlappender oder aufeinanderfolgenden Projekte auf. Unternehmen, die flächendeckend SAP R/3 einführen, merken sehr schnell, dass die Koordination dieser Projekte (z.B. Ausrichten auf die Unternehmensziele, Definition von Projektstandards, Planung von Produktivstarts und Release-Wechseln, Einbindung von Sublieferanten, Aufbau von Entwicklungs-, Test- und Integrationssystemen etc.) eine ganz neue Dimension erreicht hat und die Projektleiter der Einzelprojekte überfordert sind, da diese ihr Engagement auf ihre jeweilgen Einzelprojekte fokussieren.

Ein in der Praxis bewährter Lösungsansatz ist das Etablieren eines Programm Managements in Form einer Einzelperson oder eines Gremiums.

Programm-Management ist das Management von verschiedenen Projekten als eine Gruppe. Die Projekte eines Programms müssen nicht zwangsläufig voneinander abhängen. Das Management eines Programms ähnelt dem Management eines Projekts. Ziel des Programm-Managements ist das Ausrichten der Einzelprojekte an den gemeinsamen Unternehmenszielen. Das Programm-Management koordiniert die Einzelprojekte und richtet diese so aus, dass Synergieeffekte genutzt werden können und sie sich nicht gegenseitig blockieren.

Der Programm-Manager arbeitet auf strategischer Ebene sehr nahe an der Geschäftsführung. Er muss u.a.:

- die Unternehmensstrategie und daraus abgeleitet die Projektziele in der Projektarbeit durchsetzen,
- Kompromisse zwischen Konzernzielen und nationalen Interessen schaffen,
- Harmonisierungpotentiale identifizieren und ausschöpfen,
- Konzernprojekte definieren und beantragen,
- internationale Projektteams definieren und etablieren,
- Empfehlungen für die Entscheidungsträger des Konzernmanagements vorbereiten und Entscheidungen herbeiführen und
- unternehmensweit gültige Standards definieren.

Abbildung 3.7 stellt schematisch das Zusammenwirken von Programm-Management und Projekt-Management und eine beispielhafte Projektstruktur für internationale R/3-Projekte dar.

Planung der Einführung von SAP R/3

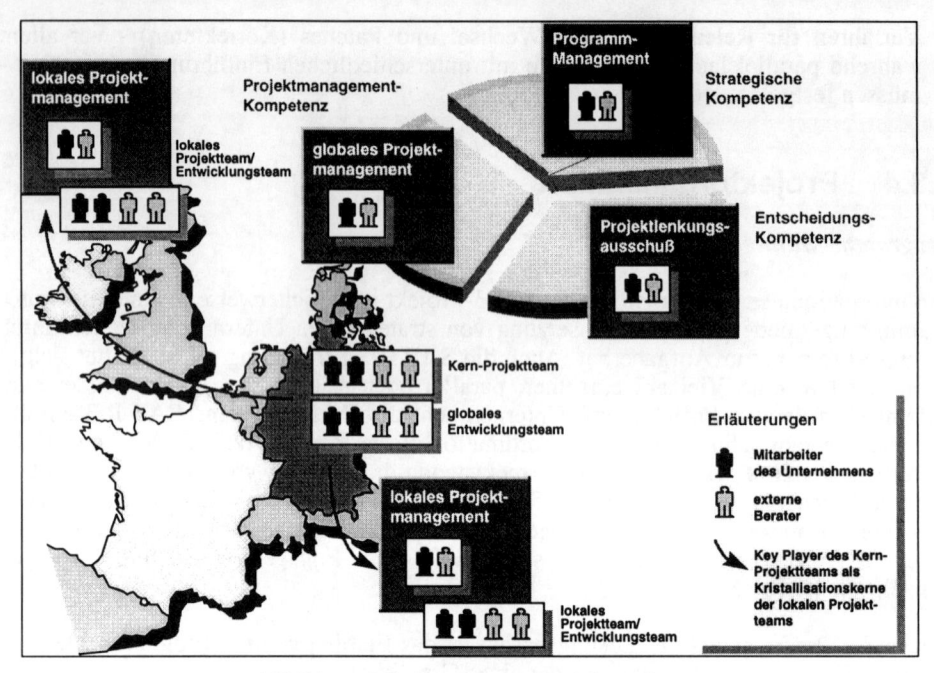

Abbildung 3.7: Programm-/Projektstruktur

Projektmanagement

Das Projektmanagement soll im Rahmen eines Projektes, das selbst wiederum Teil eines Programms sein kann, das Projekt betreffende, übergreifende Konzernziele durchsetzen, Aufgaben und Ziele der betroffenen Einheiten priorisieren und gemäß dieser Prioritäten ggf. Konzernziele gegen nationale Interessen durchsetzen, wenn dies für den Projekterfolg sinnvoll ist. Hierbei muss das Projektmanagement allerdings auf Grund der angesprochenen Konfliktpotentiale äußerst vorsichtig agieren. Es muss die Verbindung zwischen der Konzernleitung und dem lokalen Projektmanagement schaffen. Wird das Projekt im Rahmen eines Programms durchgeführt, ist eine sehr enge Abstimmung mit dem Programm-Management notwendig, um im Rahmen des Projekt-/Programmcontrollings stets den Überblick zu haben, inwieweit das Projekt noch mit den Programmzielen harmoniert.

Das globale Projektmanagement trägt die Gesamtverantwortung für das Projekt. Es ist auch für die Implementierung und Etablierung einer weltweiten Projektorganisation verantwortlich. Auch die Koordination und Kommunikation mit dem Konzern- bzw. Programm-Management oder dem globalen Projektlenkungsausschuss ebenso wie mit dem lokalen Projektmanagement ist Aufgabe des globalen Projektmanagements. Das globale Projektmanagement ist für die Umsetzung der strategischen Projektziele aus dem Programm-Management verantwortlich.

Das globale Projektmanagement erarbeitet den weltweiten Rollout-Plan und betreibt das Controlling für das Gesamtprojekts, in dessen Rahmen es unter anderem für die Sicherstellung der Harmonisierung zuständig ist. Es definiert Projekt- und Dokumentationsstandards, überwacht die Einhaltung der Change-Request- und Abnahme-Standards, verantwortet das Staffing und unterstützt die lokalen Einheiten bei der Definition der lokalen Projektpläne. Schließlich ist es für den Know-how-Transfer in die lokalen Einheiten und für die Erarbeitung eines Trainingskonzeptes zuständig.

Das lokale Projektmanagement ist für die Koordination und Kommunikation mit dem globalen Projektmanagement zuständig und hat die lokale Verantwortung für das Projekt. Es führt somit das Staffing des lokalen Projektteams durch und berichtet mit Hilfe von Status Reports an den lokalen Projektlenkungsausschuss. Es erstellt einen lokalen Implementierungsplan und führt das lokale Projektcontrolling und Reporting an das globale Projektmanagement durch.

Das *Projektmanagement für die Applikationsentwicklung* koordiniert für das Gesamtprojekt den Datentransfer, die Schnittstellen, das Berechtigungskonzept und das weltweite Customizing.

Integrationskreise

Harmonisierungsüberlegungen und das Zusammenführen und Lösen von standortübergreifenden Anforderungen werden von temporär existierenden oder permanenten Integrationskreisen mit Vertretern der betroffenen Einzelprojekte durchgeführt. So bietet es sich an, die Bearbeitung von bestimmten Aufgaben in die Verantwortung von Integrationskreisen zu legen, wie

- die Definition von Projektstandards,
- die Konzeption der Systemarchitektur,
- die Konzeption der ALE-Verteilungsszenarien,
- fachliche Konzepte wie Kontenfindung, Kalkulationsschemata, Kostenstellenplanung etc.,
- die standortübergreifende Definition von Schlüsselsystemen und Gruppierungsbegriffen,
- das Betreiber- und Betreuungskonzept,
- die Planung und den Aufbau des Mandanten- und Systemkonzepts, der Entwicklungs-, Test-, Integrations- und Produktivsystem,
- u.a.m.

Integrationskreise bergen allerdings die Gefahr, den Bezug zu den Projekten vor Ort zu verlieren, in Selbstadministration zu versinken und in endlosen Diskussionen und Abstimmrunden notwendige Entscheidungen zu verzögern. Hier ist es absolut notwendig, diese Integrationskreise straff und mit klaren Zielen zu führen, den Prozess der Entscheidungsfindung klar zu definieren und erforderliche Entscheidungen vom Unternehmensmanagement zügig einzufordern.

Prozessorientierung in der Projektarbeit

Ein wesentlicher Erfolgsfaktor ist die Integration des Prozessgedankens in die Projektarbeit. Als pragmatischer Ansatz hat es sich bewährt, für die Projektarbeit sogenannte Prozessverantwortliche zu definieren und ein Integrationsteam (nicht zu verwechseln mit den Integrationskreisen) zu etablieren (siehe Abbildung 3.8). Prozessverantwortliche sind Mitarbeiter aus dem Projektteam, die für einen bestimmten Kern- oder Teilprozess verantwortlich sind. Diese Mitarbeiter haben dafür Sorge zu tragen, dass dieser Prozess im Rahmen der Projektarbeit von den betroffenen Projektteams bearbeitet wird, dass der Prozess dokumentiert und getestet und letztendlich von den Fachbereichen abgenommen wird.

Das Integrationsteam hat die Aufgabe teamübergreifende Aufgabenstellungen (z.B. Ablauf des Produktivanlaufs, Nutzung der SAP-Organisationselemente) zu lösen und für eine Integration der Projektergebnisse der Teams zu sorgen. Dieses Integrationsteam tritt nur bei Bedarf zusammen und setzt sich aus Mitarbeitern der Projektteams zusammen.

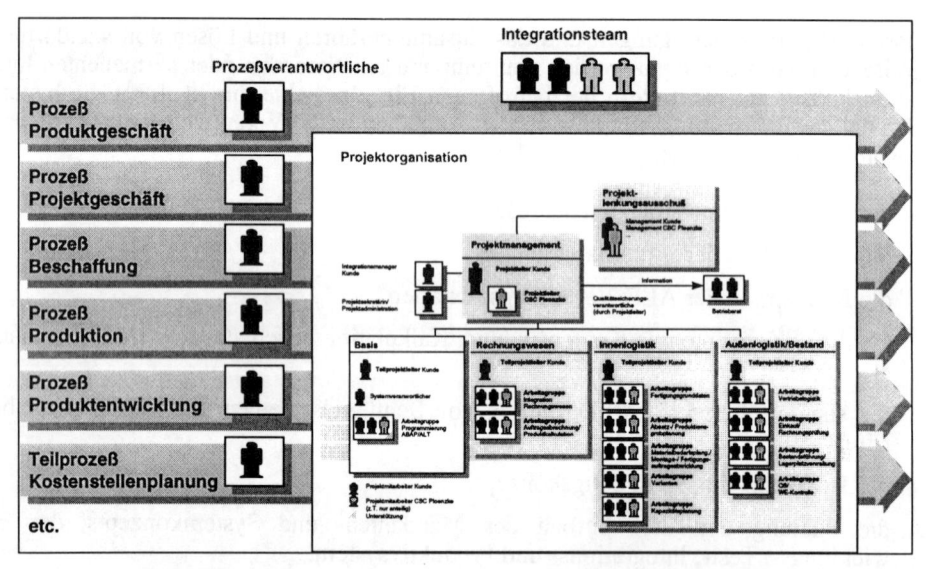

Abbildung 3.8: Prozessorientierung in der Projektorganisation

Staffing/ Personaleinsatz

Mit der raschen Zunahme von SAP R/3 Projekten in den letzten Jahren ist der Bedarf an qualifizierten SAP-Integrations- und SAP-Modulberatern rasant gewachsen. Gerade bei Konzernprojekten im internationalen Umfeld wird es zunehmend schwieriger, die einzelnen Projektrollen in Quantität und Qualität durch geeignete Mitarbeiter - intern und extern – zu besetzen. Dies gilt nicht nur für die fachliche und operative Beratung, sondern auch für das Projektmanagement.

Erfahrungsgemäß wird Staffing auch dadurch erschwert, dass der Projektfortschritt nur an sehr wenigen Mitarbeitern hängt, die ein Projekt aktiv vorantreiben. Der Projekterfolg hängt im wesentlichen von diesen Leuten ab. Zusätzlich zu der ohnehin schon schwierigen Situation, Mitarbeiter mit SAP-Wissen und -Erfahrung zu finden, müssen noch weitere Rahmenbedingungen beim Staffing beachtet werden. So sollte, wenn irgend möglich, das Staffing vor Ort geschehen, um möglichst wenig Reibungsverluste auf Grund von Mentalität, Arbeitsweise oder mangelnder Beherrschung der Projektsprache zu verursachen. Diese Maßnahme dient der Akzeptanzsicherung des Projektteams in den dezentralen Unternehmenseinheiten.

SAP R/3 Projekte zielen häufig auf unternehmensweite Veränderungen. Um die entsprechenden Verhaltensweisen, Prozesse und Anwendungen flächendeckend einzuführen, bedarf es interner Multiplikatoren: Diese sogenannten Key-Player sind allerdings häufig nur sehr schwer aus dem Tagesgeschäft für die Projektarbeit abzuziehen.

In Abbildung 3.9 sind schematisch die wesentlichen Anforderungen dargestellt, die Key-Player in einem erfolgreichen Projekt erfüllen sollten.

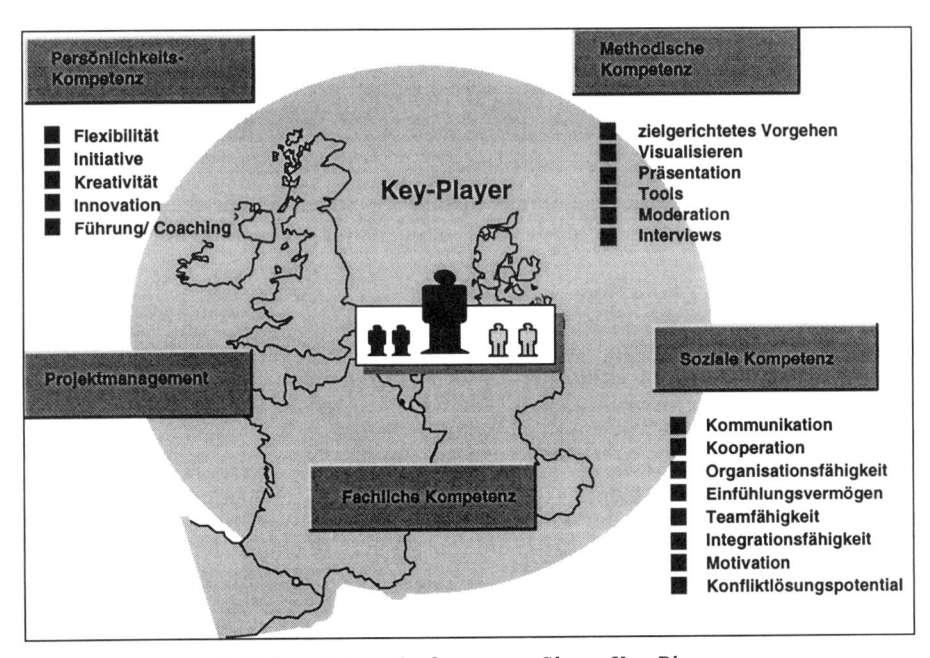

Abbildung 3.9: Anforderungsprofil von Key-Playern

Innerhalb der Regionen können Key-Player nach Bedarf eingesetzt werden. Sie übernehmen die Rolle eines "Coachs", der Team-Mitglieder dazu befähigt, Routinearbeiten zu übernehmen. Er führt aber selbst keine Routinearbeiten durch. Durch den regionsbezogenen Einsatz von Key-Playern verfügen diese über breites Umsetzungs-Know-how für alle betroffenen Einheiten der Region. Key-Player haben somit stets einen Überblick über den Stand der Harmonisierung und vor allem über die jeweilige Umsetzung der Konzepte in den lokalen Unternehmenseinheiten. Durch dieses Wissen und ihre breitere Akzeptanz in der Region verfügen sie über die Position, aktiv Meinungsbildung zu betreiben und somit gezielt, den Projekterfolg zu steuern. Damit kommt ihnen im Projekt eine sehr wichtige und auch mächtige Position zu. Für Key-Player muss damit ein

Entwicklungskonzept erarbeitet werden, damit sich für sie eine interessante Perspektive für die Zeit nach dem Projekt bietet und der Anreiz gegeben ist, im Unternehmen bleiben, denn die Versuchung, auf Grund lukrativer externer Angebote das Unternehmen zu wechseln, darf bei Menschen mit diesem Ausbildungsprofil, Wissens- und Erfahrungsschatz nicht unterschätzt werden.

3.3.5 Projektkommunikation

Im Vergleich zu nationalen Projekten ist der Kommunikations- und Reiseaufwand in internationalen Projekten ausgesprochen hoch. Aus Kostengesichtspunkten, aber auch aus Gründen eines zügigen und systematischen Projektfortschritts muss deshalb die Projektkommunikation möglichst effizient gestaltet werden.

Die Projektkommunikation muss unter einem logischen und einem technischen Aspekt gesehen werden. Unter dem logischen Aspekt ist zu verstehen:

- Welche Information muss zu welchem Zeitpunkt kommuniziert werden?
- Wie detailliert muss diese Information jeweils vorliegen?
- Wie soll die Information verbreitet werden (ist die Informationsbeschaffung eine "Bring- oder Holschuld")?
- Zur Unterstützung der Kommunikation müssen Standards für die Präsentation der Information (Formulare, Richtlinien,...) definiert und auf deren Einhaltung geachtet werden.

Die Definition der logischen Aspekte der Kommunikation hängt sehr eng mit den technischen Aspekten zusammen, die Voraussetzung für die Informationsverteilung sind. Die erarbeiteten logischen Konzepte lassen sich nur unter Verwendung der richtigen technischen Hilfsmittel verwirklichen. Technische Aspekte der Kommunikation beinhalten beispielsweise die Auswahl und Nutzung moderner Kommunikationsmedien wie Workgroup-Technology (z.B. Lotus Notes, Internet bzw. Intranet, beispielsweise "Sap-Net®") und Video-Conferencing. Diese Systeme bedingen zum einen zusätzlichen Administrationsaufwand in der Strukturierung der Daten- und Informationsablagen, eröffnen aber zum anderen die Chance, Lösungsbausteine, Projektfortschritte und -standards, Erfahrungswerte usw. allen Projektbeteiligten zeitnah zugänglich zu machen.

3.3.6 Projektcontrolling

Controlling ist der Prozess der Beschaffung, der Darstellung und der Bewertung von Informationen über den Programmstatus und den Projektstatus der Einzelprojekte, über aktuelle Probleme oder potentielle Risiken, die den Projektfortschritt behindern können. Das Controlling initiiert und überwacht die Durchführung geeigneter Steuerungsmaßnahmen.

Gerade in internationalen Projekten mit komplexen Projektstrukturen und verteilten Projektstandorten ist das Etablieren eines straffen und aussagekräftigen Projektcontrollings eine herausragende Bedeutung. Nur wenn es gelingt, das Projekt nach allen Seiten hin transparent zu gestalten, wird eine aktive und vorausschauende Projektsteuerung möglich werden.

Was im einzelnen und in welcher Form berichtet wird, variiert je nach Anforderung des Projekts. Es ist die Aufgabe des Projektmanagers, die benötigten Informationen zu selektieren und das entsprechende Reportmedium zu bestimmen.

Jede der am Projekt beteiligten Hauptgruppen - das Unternehmensmanagement, das Programm- und Projektmanagement, das Projektteam und gegebenenfalls das Management des Beratungsunternehmens - benötigen verschiedene Informationen, Detaillierungsebenen und Darstellungsformate.

Ein aussagekräftiges Reporting des Projektfortschritts setzt voraus, dass die Ist- und Restaufwände einzelner Projektaktivitäten periodisch erfasst, Kontierungsobjekten zugeordnet und dem Plan gegenübergestellt werden. Als pragmatischer Ansatz hat es sich erwiesen, das komplette Projekt in einzelne Projektaktivitäten zu strukturieren und diese mit einem eindeutigen, sprechenden Schlüssel zu identifizieren (s. Abbildung 3.10).

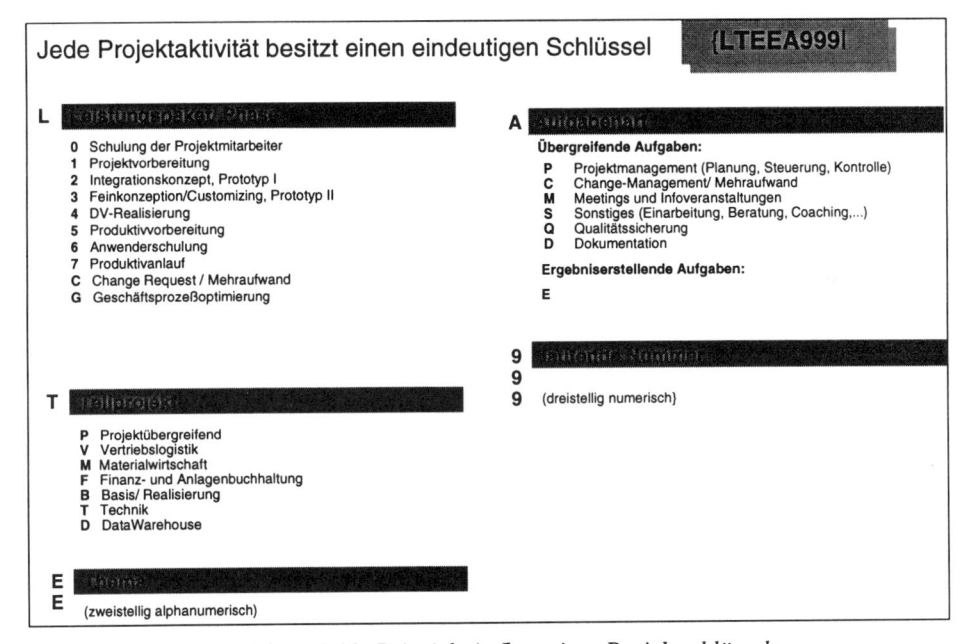

```
Jede Projektaktivität besitzt einen eindeutigen Schlüssel        [LTEEA999]

L   Leistungspaket/ Phase                        A   Aufgabenart
    0  Schulung der Projektmitarbeiter               Übergreifende Aufgaben:
    1  Projektvorbereitung                       P   Projektmanagement (Planung, Steuerung, Kontrolle)
    2  Integrationskonzept, Prototyp I           C   Change-Management/ Mehraufwand
    3  Feinkonzeption/Customizing, Prototyp II   M   Meetings und Infoveranstaltungen
    4  DV-Realisierung                           S   Sonstiges (Einarbeitung, Beratung, Coaching,...)
    5  Produktivvorbereitung                     Q   Qualitätssicherung
    6  Anwenderschulung                          D   Dokumentation
    7  Produktivanlauf
    C  Change Request / Mehraufwand                  Ergebniserstellende Aufgaben:
    G  Geschäftsprozeßoptimierung                E

                                                 9   Eindeutige Nummer
                                                 9
T   Teilprojekt                                  9   (dreistellig numerisch)
    P  Projektübergreifend
    V  Vertriebslogistik
    M  Materialwirtschaft
    F  Finanz- und Anlagenbuchhaltung
    B  Basis/ Realisierung
    T  Technik
    D  DataWarehouse

E   Thema
E   (zweistellig alphanumerisch)
```

Abbildung 3.10: Beispiel: Aufbau eines Projektschlüssels

Das komplette Projekt wird in seiner Struktur in einem Projektmanagement-Tool abgebildet. Jede Aktivität wird mit ihrem Projektschlüssel erfasst.

Für die einzelnen Projektaktivitäten werden Arbeitsaufträge vorgegeben, die den Projektschlüssel, den Inhalt, das geplante Ergebnis, die beteiligten Projektmitarbeiter sowie Termine und Aufwände beinhalten. Die Projektmitarbeiter melden ihre erbrachten Leistungen sowie die geplanten Restaufwände mit einem Rückmeldeformular, das die zulässigen Aktivitäten enthält, auf diesen Schlüssel zurück (siehe Abbildung 3.11).

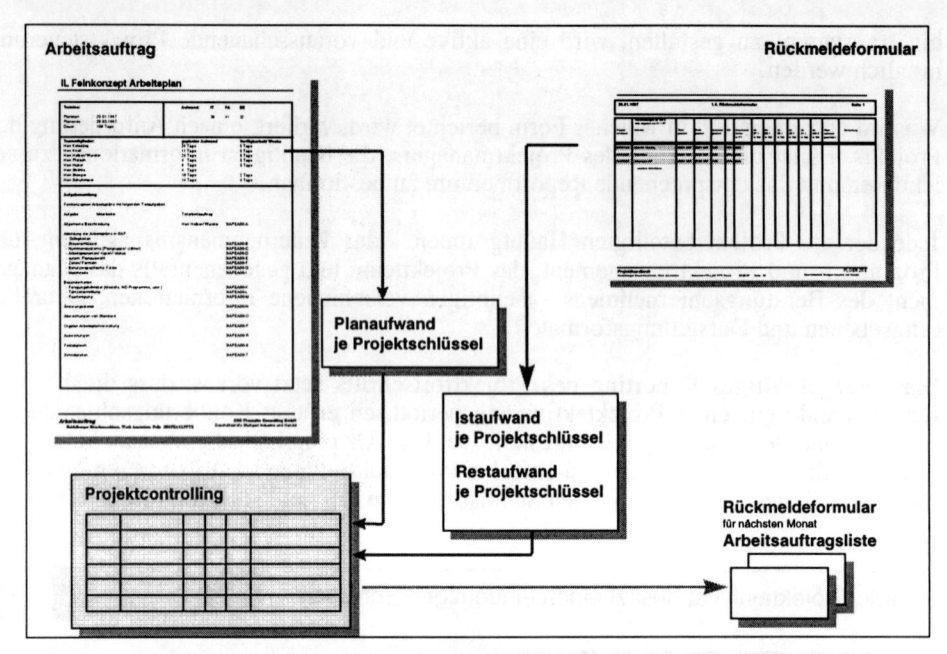

Abbildung 3.11: Vorgaben und Rückmeldungen aus dem Projektteam

Damit wird eine Durchgängigkeit über Planung, Aktivitäten, Kosten und Ergebnisdokumente und ein effektives Controlling des Projektfortschritts erreicht.

3.3.7 Solution Demonstration Lab[SM]

Ein erfolgreicher Ansatz für die beschleunigte Einführung von SAP R/3 im Rahmen eines nicht-sequentiellen, teil-parallelen und integrierten Prozesses stellt der Aufbau eines Solution Demonstration Lab`s[SM] dar (s. Abbildung 3.12).

Ein Lab ist ein in SAP R/3 aufgebauter und gekapselter Prototyp, der die unternehmenstypspezifischen Geschäftsszenarien und Prozesse, die organisatorischen Konsequenzen sowie die relevante SAP R/3 Funktionalität darstellt. Das Lab ermöglicht es den Projektteams, die für den internationalen Rollout harmonisierten Prozesse zu verstehen und darauf aufbauend die landesspezifische Ausprägung des SAP R/3 Systems zu definieren.

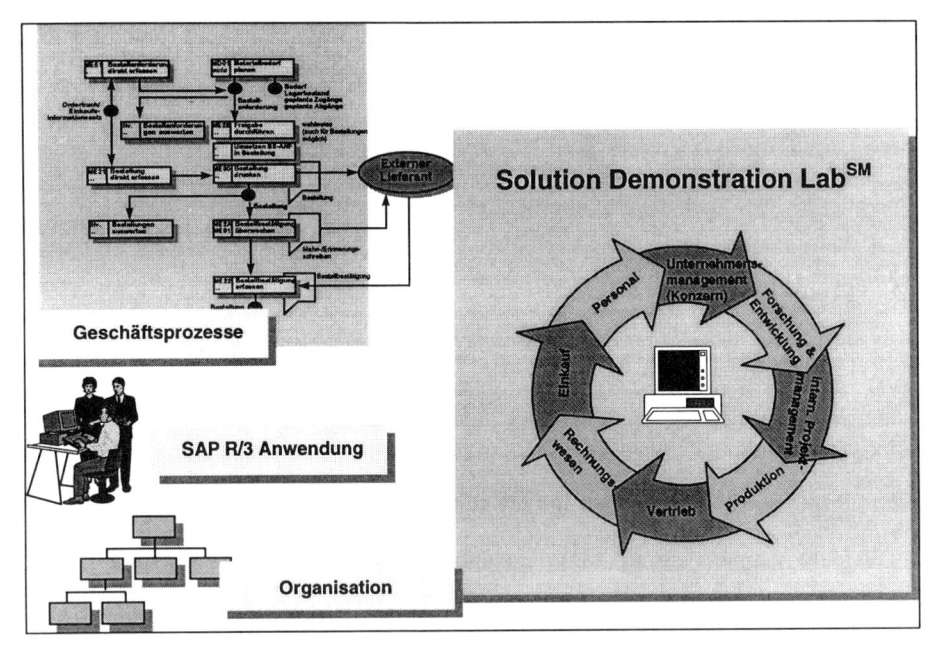

Abbildung 3.12: Solution Demonstration Lab^{SM}

3.3.8 Change Management

Veränderungsprozesse scheitern häufig nicht an fachlichen Barrieren, sondern vor allem an Problemen im Bereich der Unternehmenskultur. Neben der fachlichen Kompetenz erfordern diese Prozesse vor allem auch ein professionelles Change- und Akzeptanz-Management, um die Risiken, die sich bei Veränderungsprozessen insbesondere aus dem Faktor Mensch ergeben, transparent zu machen und aufzulösen. Eine notwendige politische Rückendeckung durch das Unternehmensmanagement auf der einen Seite muss auf der operativen Ebene durch qualifizierte Mitarbeiter (Key-Player) ergänzt werden, die den betroffenen Lokationen und Fachbereichen den Nutzen sowie die Vor- und Nachteile des Projekts umfassend und zeitgerecht erläutern. Change Management ist keine Nebenaufgabe, sondern kristallisiert sich als eine der zentralen Aufgaben eines internationalen Projekts heraus. Daher ist es erforderlich, klare Verantwortlichkeiten für das Change-Management im Projekt zu definieren und diesen Leuten das Instrumentarium zu vermitteln, um diese Aufgabe erfolgreich erledigen zu können.

3.3.9 Lösungsbausteine

Eine Professionalisierung der Projektarbeit und eine Nutzung von Synergieeffekten kann über die Nutzung von Lösungsbausteinen erreicht werden.

Lösungsbausteine sind Projektergebnisse, die in gleicher oder leicht abgewandelter Form in ähnlichen Aktivitäten im Projekt an unterschiedlichen Standorten eingesetzt werden können (Projektstandards, Dokumentationsvorlagen, Standards für das Projektreporting, Checklisten, Projektformulare, Programmrahmen für die ABAP-Entwicklung, fachliche Lösungskonzepte, Schnittstellenbausteine, u.v.m.). Hierbei besteht die Aufgabe des Projektmanagements darin, potentielle Lösungsbausteine zu erkennen und dafür Sorge zu tragen, dass sie zum einen für eine Wiederverwendung bereitgestellt (z.B. über Lotus Notes) und zum anderen auch von den Projektteams eingesetzt werden. Auch ein gegebenenfalls. in das Projekt involviertes Beratungsunternehmen sollte als "Startvermögen" bereits Lösungsbausteine einbringen, die vor allem die Anlaufphase des Projektes verkürzen, aber auch die Projektarbeit effektiver gestalten.

3.4 Resümee

Zusammenfassend lassen sich 10 Erfolgsfaktoren definieren:

1. Das Projekt muss Bestandteil der Unternehmensstrategie sein und dies muss allen Beteiligten transparent sein.

2. Die Projektziele müssen quantifiziert und messbar definiert werden.

3. Die Unternehmensleitung muss *aktiv* als Sponsor für das Projekt auftreten.

4. Die Wahl der richtigen Einführungsstrategie ist der Grundstein für den Projekterfolg.

5. Schon zu Beginn ist eine zukunftssichere Systemarchitektur auszuwählen.

6. In internationalen Projekten ist ein Konsens zwischen Harmonisierung und regionaler Eigenständigkeit zu finden.

7. Der Umfang der Harmonisierung der Daten und Prozesse ist unternehmensspezifisch festzulegen und mit hoher Priorität zu verfolgen.

8. Programm- Projekt-, und Change-Management sind wesentliche Schlüssel zum Erfolg. Fast jeder Aufwand hierfür ist gerechtfertigt und muss im Budget entsprechend berücksichtigt werden.

9. Der Bedarf an Zeit und Aufwand der Optimierungsphase darf nicht unterschätzt werden.

10. Bei der Projektbesetzung müssen die Fachbereiche besonders berücksichtigt werden. Für die Zeit danach benötigen alle Projektmitarbeiter eine sinnvolle Perspektive.

4

SAP® R/3®: Module und ihre Integration im Überblick

Knut Hildebrand

4.1 R/3®-Module

Das Ziel dieses Kapitels ist es, die wichtigsten R/3®-Module kurz zu skizzieren und ihr Zusammenspiel aufzuzeigen. Dadurch wird nicht nur verdeutlicht, welche betrieblichen Funktionen mit SAP R/3 abgedeckt werden können, sondern auch, welche Synergien durch die Integration entstehen.

4.1.1 BC (Basis)

Unter der Bezeichnung »BC« werden die Basiskomponenten des R/3-Systems zusammengefasst. Dazu gehört u. a. die SAP-Systemverwaltung, die folgende Aufgaben abdeckt:

- *Computing Center Management System* (CCMS) zur Überwachung des R/3-Systems durch Performance- und Frühwarn-Monitore.
- Vielfältige *Systemdienste*, z. B. zur Systemüberwachung hinsichtlich der angemeldeten Benutzer, von Datenbanksperreinträgen, des Verbuchers (Datenbankfortschreibung), der Systemprotokolldatei (Syslog) oder der Tabellenpflege.
- *Benutzerverwaltung* und *Berechtigungskonzept*.
- *Druckerverwaltung* und *Ausgabesteuerung* (Spool).
- *Transportsystem* bzw. *Korrektur- und Transportwesen* (KTW).
- *Mandantenverwaltung* (Kopie, Transport).
- *Archivierung* von nicht mehr im Online-Betrieb benötigten Daten.

Ferner fällt darunter die *ABAP/4® Development Workbench*, die als integrierte Programmierumgebung alle Werkzeuge (Object Browser, ABAP/4-Dictionary, ABAP/4-Editor, Funktionsbibliothek, Screen und Menu Painter) zur Programmentwicklung enthält. Dazu gehören ausserdem: Reporting, Programmierschnittstellen und Kommunikation, SAP-Grafik, ABAP/4-Repository, Workbench Organizer, Data Modeler, ABAP/4-

Query, Computer Aided Test Tool (CATT), Test Workbench, XXL-Listenexport, Trace und Debugger.

In der *Business Engineering Workbench* sind enthalten: das phasenbasierte *R/3-Vorgehensmodell* zur Einführung von R/3 im Unternehmen, das *Customizing-Handbuch* mit detaillierten Informationen zur Einrichtung des Systems, der Mandantenstruktur und des Einführungsleitfadens (IMG), das *R/3-Referenzmodell* und der *SAP Business Workflow*®.

Schließlich gehören noch dazu: die *Datenbankverwaltung* (ADABAS, Oracle, Informix u. a.) für die Einrichtung, Verwaltung, Sicherung und Reorganisation der Datenbank sowie die *Basis-Services SAPscript* für Textverarbeitung und Formulare, *SAP Archivelink*® und *SAPoffice* (Electronic mail und Ablage im Büro).

4.1.2 FI (Finanzwesen)

Das Modul FI (Financial Accounting) ist das zentrale Modul des SAP R/3-Systems, denn hier befindet sich die *Finanzbuchhaltung* (externes Rechungswesen) mit ihren Sachkonten, auf denen die betrieblichen Geschäftsvorfälle der anderen Module ihre buchhalterische Berücksichtigung erfahren, um letztendlich in die *Bilanz/GuV* einzugehen. Da ein genauer Überblick über das Modul in einem eigenen Kapitel (Kap. 5) gegeben wird, werden hier nur die wichtigsten Punkte erwähnt. Folgende Gebiete gehören hierzu:

- *Hauptbuchhaltung*:

  Sachkontenstämme/Kontenplan (GKR, IKR usw.), Buchen von Belegen, Einzelposten- und Saldenanzeige, Bankenstammdaten usw.

- *Kreditorenbuchhaltung*:

  Kreditorenstammdaten, Buchen von Belegen, Einzelposten- und Saldenanzeige, Ausgleichen offener Posten, Zahlungsprogramm usw.

- *Debitorenbuchhaltung*:

  Debitorenstammdaten, Buchen von Belegen, Einzelposten- und Saldenanzeige, Ausgleichen offener Posten, Anzahlungen, Mahnprogramm, Kreditmanagement usw.

- *Anlagenbuchhaltung* (früher Modul AM – Fixed Assets Management):

  Bewertung und Abschreibung des Anlagevermögens.

- *Abschlussarbeiten*:

  Tages-, Monats- und Jahresabschluss, Umsatzsteuervoranmeldung u. a.

- *Finanzinformationssystem (FIS)*:

  Debitoren-, Kreditoren- und Sachkonteninformationssystem.

Ferner enthält FI *automatische Verfahren* (Zahlen, Mahnen, Ausgleichen), den *elektronischen Kontoauszug* für die automatische Verbuchung der Debitorendaten, die *Konsolidierung* im Konzern sowie *spezielle Ledger*.

4.1.3 CO (Controlling)

Im Modul CO (Controlling) wird das *interne Rechnungswesen* abgebildet. Da auch dieser Punkt in einem eigenen Beitrag genauer beleuchtet wird, seien hier nur einige Stichwörter erwähnt:

- *Gemeinkosten-Controlling:*

  Kostenartenrechnung, Erlösartenrechnung, Kostenstellenrechung, Prozesskostenrechnung, Innenaufträge, Kostenumlageverfahren, Gemeinkostenzuschlagsrechnung, Starre Plankostenrechnung, Grenzplankostenrechnung

  Produktkosten-Controlling:
  Produkt-, Erzeugnis- und Bauteilkalkulation, Kostenträgerrechnung

  Ergebnis- und Marktsegmentrechnung:
  Umsatzkostenverfahren

4.1.4 IM (Investitionsmanagement)

Das Modul IM (Investitionsmanagement) unterstützt Investitionsprogramme (Budgets) und Investitionsmaßnahmen (Aufträge, Projekte) im Sachanlagenbereich. Daher bestehen vielfältige Integrationsbeziehungen zu den Modulen FI, CO und PS.

4.1.5 TR (Treasury)

Das Modul TR (Treasury) umfasst das *Cashmanagement*, die *Finanzmittelrechnung* und *-planung* sowie das *Haushaltsmanagement*. Im einzelnen werden damit folgende Themen abgedeckt:

- Das *Cashmanagement* unterstützt die Funktionen der kurzfristigen Finanzdisposition, d. h. im wesentlichen dient es zur Sicherstellung der Liquidität und zur Überwachung der Zahlungsströme. Hierzu werden sowohl die Bankkonten (*Tagesfinanzstatus*) als auch die Personenkonten (*Liquiditätsvorschau*: Debitoren- und Kreditoren-Zahlungsströme) herangezogen.

- Die *Finanzmittelrechnung* und *-planung* kümmert sich um die mittel- bis langfristige *Liquiditätsüberwachung*. Ihre Basis ist die Finanzbuchhaltung mit ihren liquiditätswirksamen Geschäftsvorgängen. Das Organisationselement der Finanzmittelrechnung ist der *Finanzkreis*, dem ein oder mehrere Buchungskreise zugeordnet werden.

- Im *Haushaltsmanagement* werden die Pläne der Finanzmittelrechnung auf die Bereiche des Unternehmens heruntergebrochen und stehen dort als Budget zur Verfügung. Durch Vergleich mit den Ist-Daten können Abweichungen ermittelt werden.

4.1.6 EC (Unternehmenscontrolling)

Das *Unternehmenscontrolling* umfasst zwei Bereiche: das *Führungsinformationssystem* und die *Profit-Center-Rechnung*. Im Führungsinformationssystem bzw. SAP-EIS (Executive Information System) werden entscheidungsrelevante Informationen fachbereichsübergreifend zusammengeführt und zur Verfügung gestellt. Auf der Basis von Merkmalen und Kennzahlen können Datenstrukturen sowohl in Form einer interaktiven Recherche als auch mit vordefinierten Berichtsheften ausgewertet werden (Drill-down, grafische Präsentation).

Während das Führungsinformationssystem im wesentlichen aggregierte Daten des Gesamtunternehmens betrachtet, unterstützt die *Profit-Center-Rechnung* die Erstellung eines internen Betriebsergebnisses. Hierbei kommen das *Umsatzkostenverfahren* und das *Gesamtkostenverfahren* zum Einsatz. Ein Profit-Center ist der organisatorischen Einheit *Kostenrechnungskreis* zugeordnet.

4.1.7 LO (Logistik allgemein)

Im Modul LO (Logistik) befindet sich das Logistikinformationssystem (LIS), welches die betrieblichen Entscheidungsprozesse auf der Basis von Logistik-Kennzahlen mit Plan- und Ist-Daten unterstützt (siehe auch Kapitel 6, SD, und Kapitel 7, MM).

Vom Konzept her gesehen ist das LIS ein Teil des *Open Information Warehouse* (OIW) der SAP, wie etwa das PIS (Personalinformationssystem) oder das FIS (Finanzinformationssystem). Es steht damit zwischen den operativen Systemen (SD, MM, PP usw.), aus denen die Daten geliefert werden, und dem EIS (Executive Information System). Das *Logistics Data Warehouse* mit seinen Informationsstrukturen bildet die Basis für vielfältige Auswertungen von Merkmalen mit ihren Kennzahlen (OLAP – Online Analytical Processing). Folgende Informationssysteme stehen zur Verfügung:

- *Einkaufsinformationssystem*
- *Fertigungsinformationssystem*
- *Bestandscontrolling*
- *Vertriebsinformationssystem*
- *Instandhaltungsinformationssystem*
- *Servicemanagementinformationssystem*
- *Qualitätsmanagementinformationssystem*

Ferner befindet sich in diesem Modul der *Materialstamm*, der zu fast allen Modulen Beziehungen (Sichten) hat (vgl. auch Kapitel 7: MM). Ausserdem gehören dazu: der *Änderungsdienst*, die *Chargenverwaltung*, die *Variantenkonfiguration*, die *Montageabwicklung* und die *Umweltdaten* (Stoffdatenbank).

4.1.8 SD (Vertriebsabwicklung)

Das Modul SD (Sales & Distribution) beinhaltet die Funktionen zur Vertriebsunterstützung, zum Verkauf, Versand (Export) und Transport der Produkte inklusive der Fakturierung, d. h. den gesamten Geschäftsprozess (Abbildung 4.1). Über alle Transaktionen werden entsprechende Statistiken (Infostrukturen) im Vertriebsinformationssystem fortgeschrieben. Verbindungen gibt es u. a. zum Modul MM über die Verfügbarkeitsprüfung der Bestände und den Warenausgang oder zum Modul FI im Rahmen des Kreditmanagements (Kreditlimits) und der Erlöskontenbuchung (siehe auch Kapitel 6, SD).

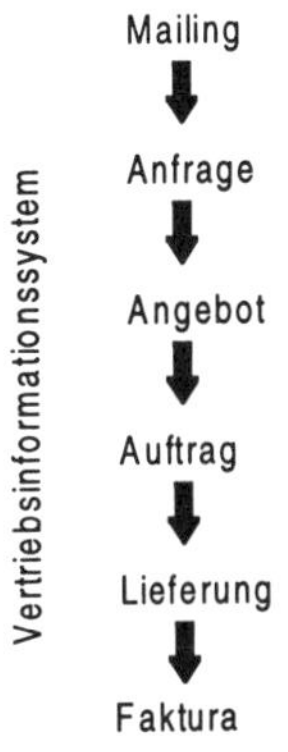

	Beleg	Datum	Menge	Status
Mailing ↓				
Anfrage ↓	..Anfrage 10003113	19.05.2001	12,2 KG	erledigt
	.Angebot 20000324	21.05.2001	12,2 KG	erledigt
Angebot ↓	Auftrag 122129	17.06.2001	12,2 KG	erledigt
	.Lieferung 80001446	22.06.2001	12,2 KG	erledigt
Auftrag ↓	..Kommiauftrag 980612	22.06.2001	12,2 KG	erledigt
	..Warenausl. 49003041	22.06.2001	12,2 KG	erledigt
Lieferung ↓	..Rechnung 90002119	25.06.2001	12,2 KG	erledigt
	...Buchhaltungsbeleg 100005588	30.06.2001	12,2 KG	ausgeziffert
Faktura				

(Vertriebsinformationssystem)

Abb. 4.1: Geschäftsprozess im Vertrieb mit Belegfluss

4.1.9 PP (Produktionsplanung und -steuerung)

Das Modul PP (Production Planning) deckt zum einen die *diskrete Fertigung* ab (siehe auch Kapitel 8, PP), zum anderen die Anforderungen der Produktionsplanung in der *Prozessindustrie* (PP-PI), z. B. Chemie, Pharmazie oder Nahrungsmittelindustrie. Typische Themen im Bereich PP-PI sind: Planungsrezepte, Daten zur Prozesssteuerung, Prozessaufträge und Prozesskoordination.

Die Produktion im allgemeinen umfasst – mit Schnittstellen zu den meisten anderen Modulen – folgende Inhalte:

- *Absatz- und Produktionsgrobplanung* (SOP – Sales & Operations Planning)
- *Langfristplanung*
- *Programmplanung*
- *Bedarfsplanung*
- *Kapazitätsplanung*
- *Fertigungsaufträge*
- *Stücklisten*

- *Arbeitspläne*
- *Arbeitsplätze*
- *KANBAN*
- *Serienfertigung*
- *Produktkalkulation*
- *CAP-Vorgabewerte* (CAP: Computer Aided Planning)
- *Montageabwicklung*

4.1.10 MM (Materialwirtschaft)

Im Zentrum des Moduls MM (Materials Management) stehen die Aufgaben der Materialwirtschaft. Hier sind in erster Linie hervorzuheben (siehe auch Kapitel 7, MM):

- *Einkauf*: Beschaffung der Werkstoffe/Materialien (Abbildung 4.2)
- *Dienstleistung*: Ausschreibung (Leistungsverzeichnis), Vergabe und Abnahme
- *Bestandsführung* und *Inventur*
- *Rechnungsprüfung* und *Materialbewertung*
- *Lagerverwaltung* (WM: Warehouse Management)
- *Verbrauchsgesteuerte Disposition*
- *Lieferantenbeurteilung*

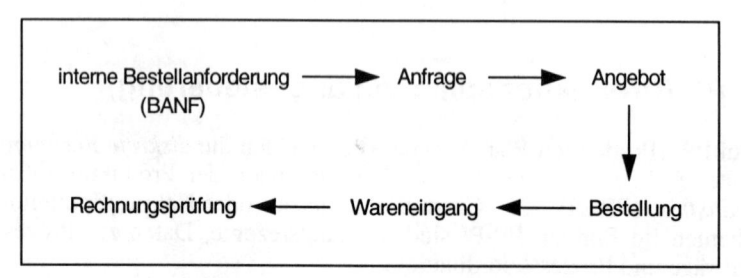

Abb. 4.2: Geschäftsprozess im Einkauf

4.1.11 PM (Instandhaltung)

Im Modul PM (Plant Maintenance) können die Instandhaltungsaktivitäten eines Unternehmens abgebildet werden. Objekte sind dabei nicht nur die eigenen Anlagen, sondern auch die von Kunden, für die Leistungen (Wartung, Reparatur usw.) erbracht werden. Hierzu werden technische Plätze, Equipments, Instandhaltungsstücklisten und -arbeitspläne usw. definiert. Ferner kann im Rahmen der Wartungsplanung die vorbeugende Instandhaltung auf der Basis von Wartungsstrategien implementiert werden. Instandhaltungsmeldungen und -aufträge sind möglich, ebenso die Messwert- und Zählerstandserfassung. Schließlich kann eine Instandhaltungshistorie aufgebaut werden, um zum einen der Nachweispflicht von Wartungsmaßnahmen zu genügen, zum anderen, um umfassende Informationen für Ersatzinvestitionen zu erhalten.

SM (Service Management)

Im *Service Management* ist es möglich, Dienstleistungen – wie Garantie, Wartungs- und Reparaturarbeiten, mit oder ohne Produktbezug – im R/3-System darzustellen. Im Rahmen der Serviceabwicklung werden Servicemeldungen erfasst und anschließend bearbeitet, d. h. daraus entstehen Serviceaufträge (Dienstleistungen) oder Kundenaufträge (Materialien). Nach der Auftragsrückmeldung erfolgt dann die (aufwandsbezogene) Fakturierung. Um die teilweise umfangreichen Sachverhalte in allen Details zu erfassen, hat dieses Modul viele Beziehungen zu anderen R/3-Komponenten, wie etwa SD (Kundenaufträge, Faktura), FI/CO (Kontierungen), MM (Materialien/Dienstleistungen) und PS (Projekte).

4.1.12 PS (Projektsystem)

Die Verwaltung von Projekten erfolgt mit dem Modul PS (Projektsystem). Hier können *Projektstrukturpläne* (PSP), die den Aufbau eines Projektes – die einzelnen Aufgaben/Arbeitspakete bzw. *Projektstrukturplanelemente* (PSP-Elemente) – zeigen, angelegt werden und *Netzpläne*, die den zeitlichen Ablauf der Aktivitäten/Vorgänge darstellen. Innerhalb dieser Objekte können Vorgänge (z. B. Fertigungsaufträge) und Elemente (Material, Stücklisten) eingebunden werden (Abbildung 4.3). Ferner lassen sich Kosten, Termine und Budgets planen, Vorgänge zurückmelden und die erbrachten Leistungen erfassen. Das *Projektinformationssystem* hält dann Reports für vielfältige Auswertungen bereit.

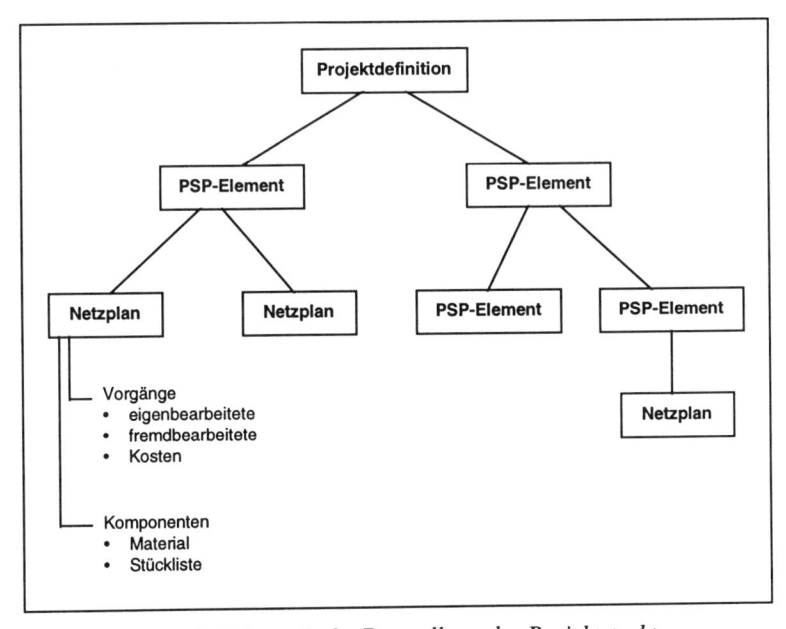

Abb. 4.3: Schematische Darstellung der Projektstruktur

4.1.13 QM (Qualitätsmanagement)

Mit dem Modul QM (Quality Management) werden wesentliche Aufgaben des *Qualitätsmanagements* nach ISO 9000 unterstützt. Hierbei ist die hohe Integration von R/3 – insbesondere in der Logistik (MM, PP, SD) – sehr vorteilhaft. Auf der Grundlage der QM-spezifischen Stammdaten – Prüfmethoden, Stammprüfmerkmale, Prüfkataloge und Dynamisierung (Stichprobenverfahren und Dynamisierungsregeln) – sowie der QM-Daten im Materialstammsatz (Beschaffungs- und Prüfdaten) wird ein komplettes Qualitätsmanagement (Prüfplanung, Prüfabwicklung und Auswertungen) in den Logistikprozessen aufgebaut.

Des weiteren gibt es ein *Qualitätsmeldungssystem* zur kontinuierlichen Verbesserung, in dem Qualitätsmeldungen angelegt und verwaltet werden können. Im Standard sind drei *Qualitätsmeldungsarten* implementiert:

1. *Kundenreklamation* mit den Bezugsobjekten »Kunde«, »Material«, »Charge«, »Auftrag«, »Lieferung«, »Prüflos«, »Verkaufsorganisation«, »Vertriebsweg« und »Sparte«.

2. *Mängelrüge an Lieferant* mit den Bezugsobjekten »Material«, »Charge«, »Prüflos«, »Lieferant«, »Wareneingangsbeleg«, »Bestellung« und »Einkaufsorganisation«.

3. *Interne Problemmeldung* mit den Bezugsobjekten »Material«, »Charge«, »Prüflos«, »Arbeitsplatz«, »interner Partner«, »Fertigungs- oder Serienauftrag«.

Weitere Qualitätsmeldungsarten lassen sich im Customizing definieren.

4.1.14 PD (Personalplanung und -entwicklung)

Die Komponente PD (Personnel Development) von SAP R/3 beschäftigt sich mit dem strategischen Einsatz des Personals (siehe auch Kapitel 9: HR-PD). Dazu sind alle Bereiche und Abteilungen des Unternehmens und ihre organisatorischen Beziehungen untereinander abbildbar, um den aktuellen Ist-Zustand der Unternehmensorganisation darzustellen (*Organisationsmanagement*); auf dieser Basis kann dann die zukünftige Entwicklung (z. B. Reorganisation, Wachstum) geplant werden. Des weiteren ist die *Planung* der *Personalkosten* und des *Personaleinsatzes* möglich. Darüber hinaus ist das *Veranstaltungsmanagement* (Mitarbeiterqualifizierung) in der Funktionalität von PD enthalten.

4.1.15 PA (Personaladministration und -abrechung)

Die Komponente PA (Personnel Administration) hat zum Inhalt (siehe auch Kapitel 9, *HR-PA*):

- die Verwaltung der Mitarbeiterdaten (Personaladministration)
- die Personalbeschaffung (Bewerberverwaltung usw.)

- die Personalzeitwirtschaft (Erfassung und Auswertungen der Personalzeiten, z. B. Gleitzeit, Schicht
- den Leistungslohn (Zeit-, Akkord- und Prämienlohn)
- die Reisekosten
- die Personalabrechnung

4.1.16 CA (Anwendungsübergreifende Funktionen)

Unter dem Begriff CA (Cross Application) werden im R/3-System die anwendungsübergreifenden Funktionen zusammengefasst. Dazu zählen:

- das *Klassensystem* für die Klassifizierung von beliebigen Objekten (z. B. Materialien)
- die *Dokumentenverwaltung* (Grafiken, Texte u. a.)
- der *Terminkalender*
- die *Raumbelegung*
- die *Schnittstellen zu Fremdsystemen*, z. B. zu Archivierungssystemen, der mobilen Datenerfassung oder EDI
- die *CAD-Schnittstelle*
- *Application Programming Interfaces* (APIs) als Programmschnittstellen für die Datenübergabe vom bzw. zum R/3-System
- die *Nachrichtensteuerung* für die Nachrichtenverarbeitung (Druck, Fax, Mail usw.)
- die *Unternehmensmodellierung* (Organisationstrukturen)
- die *IDoc-Schnittstelle* (siehe auch Kapitel 10, *ALE – Verteilung von R/3-Anwendungen*)

Ausserdem finden sich dort die sogenannten Querschnittsthemen:

- *Länderspezifische Entwicklungen* (Steuern, Zahlungsverkehr, Personalabrechnung usw.)
- *Application Link Enabling* (siehe auch Kapitel 10, *ALE – Verteilung von R/3-Anwendungen*)
- *SAP Business Workflow*®-Szenarien
- *SAP ArchiveLink*® für die optische Archivierung
- *SAP@WEB*: R/3-Internet-Anwendungskomponenten (IACs – Internet Application Components)
- *Archivierung* und *Löschen* von Anwendungsdaten
- *BAPIs* (Business Application Programming Interfaces) als standardisierte Schnittstellen zum Zugriff auf *SAP-Business-Objekte* (SAP Business Framework)

4.2 Branchenlösungen

Da die Module im Standard nicht alle Fälle abdecken, beschreitet die SAP AG den Weg, branchenspezifische Erweiterungen zu implementieren. Bei diesen *Branchenlösungen* handelt es sich um zusätzliche spezifische Lösungen (Industrial Solutions – IS), die die bestehenden Funktionsmodule erweitern (s. auch Jacob/Uhink 1998). Aktuell sind folgende Lösungen freigegeben oder in der (Weiter-)Entwicklung:

- *IS-IS Insurance (Versicherungen)*
- *IS-H Health Care (Krankenhäuser)*
- *IS-OIL Oil & Gas (Öl und Gas)*
- *IS-PSD Media (Verlagswesen)*
- *IS-B Banking (Banken)*
- *IS-R Retail (Handel)*
- *IS-PS Public Sector (Öffentliche Hand)*
- *IS-U Utilities (Versorger)*
- *IS-T Telecommunication (Telekommunikation)*

Ferner gibt es Branchenlösungen für: Automotive, Aerospace & Defense, High Tech, Engineering & Construction, Service Provider, Pharmaceuticals sowie Higher Education & Research.

4.3 Veröffentlichungen

Jacob, Olaf; Uhink, Hans-Jürgen (Hrsg.) (1998): SAP R/3 im Mittelstand, Vieweg Verlag, Wiesbaden.

SAP AG (1997): R/3 System Release 3.1H Online Documentation (CD-ROM), Walldorf: SAP AG.

SAP AG (1998): R/3 System Release 4.0B Online Documentation (CD-ROM), Walldorf: SAP AG.

SAP AG (1999): R/3 System Release 4.5B Online Documentation (CD-ROM), Walldorf: SAP AG.

SAP AG (1999): R/3 System Release 4.6B Online Documentation (CD-ROM), Walldorf: SAP AG.

5

Finanzwesen (FI)

Thomas Ludewig

5.1 Anforderungen an die Finanzbuchhaltung multinationaler Konzerne

Im betrieblichen *Rechnungswesen* eines Unternehmens sind sämtliche Vorgänge wertmäßig darzustellen, die im Zuge der Interaktion mit anderen Wirtschaftseinheiten entstehen und Veränderungen der Güter- und Geldbestände im Zeitablauf bewirken.

Untergliedern lässt sich das betriebliche Rechnungswesen in zwei Komponenten: das interne Rechnungswesen zum Zweck der Bestimmung, Verrechnung und Kontrolle sämtlicher angefallener Kosten und Leistungen, sowie das externe Rechnungswesen, das der Dokumentation der Marktbeziehungen eines Unternehmens dient. In der Systemumgebung SAP R/3 werden die Anforderungen des externen Rechnungswesens vom Modul *FI* (Financial Accounting) abgebildet, das interne Rechnungswesen dagegen findet seinen Niederschlag im Modul CO (Controlling).

Neben den Mindestanforderungen, wie beispielsweise Buchführung und Bilanzierung unter Beachtung der Grundsätze ordnungsmäßiger Buchführung, müssen die „Multinationals" zudem Möglichkeiten finden, gewünschte Funktionalitäten im Zusammenhang mit ihrer Internationalität einrichten zu können. Denn die Finanzabteilungen multinationaler Konzerne setzen in der Regel hohe Maßstäbe an das Berichtswesen, mit dem sie die erforderlichen Informationen abschöpfen können, die zur Steuerung des Unternehmens unabdingbar sind.

Für diese interne Aufbereitung von Daten liegt idealerweise ein Informationssystem zugrunde, das dem Anwender jederzeit die Möglichkeit eröffnet, mühelos Auswertungen über einzelne Tochtergesellschaften oder aber auch über den gesamten Konzern abrufen zu können. Beispielsweise soll im Rahmen des Finanzcontrollings analysiert werden, welche Debitoren einzelner Tochtergesellschaften am meisten von bestimmten Kursschwankungen betroffen waren, um die Wirksamkeit von Währungssicherungsgeschäften beurteilen zu können.

Gleichermaßen besteht auf Seite der externen Adressaten ein Informationsbedürfnis, das durch die Erstellung des Jahresabschlusses befriedigt wird. Hierbei ist aus Sicht einer Muttergesellschaft mit Sitz in Deutschland nicht nur der Abschluss nach der Gesetzgebung des HGB zu berücksichtigen, da zahlreiche Tochtergesellschaften in unterschiedlichen Ländern ihre Einzelabschlüsse nach den dortigen Gesetzesrichtlinien ausfertigen müssen. Darüber hinaus können weitere Varianten für die Bilanzierung erforderlich sein, beispielsweise weil für ausländische Investoren aus Gründen der Vergleichbarkeit ein Abschluss nach *US-GAAP* oder *IAS* vorliegen muss.

Aufgrund bilanzpolitischer Spielräume, die sich je nach rechtlicher Grundlage unterschiedlich gestalten, werden für interne Zwecke üblicherweise zusätzlich Jahresabschlüsse angefertigt, die die tatsächlichen wirtschaftlichen Verhältnisse eines Unternehmens widerspiegeln sollen.

Hierbei wird deutlich, dass im gesamten Konzernverbund einerseits vielfältige Unterschiede in der Gesetzgebung (z. B. hinsichtlich Bilanzierung und Steuerrecht) im System zu berücksichtigen sind und andererseits landesspezifische Ausprägungen, wie unterschiedliche Sprachen und Währungen, beachtet und im System abgebildet werden müssen.

SAP R/3 wird dieser Problematik gerecht, da sich die Muttergesellschaft wie auch die Tochtergesellschaften die jeweils für sie passenden Darstellungsmöglichkeiten der gewünschten Berichte auswählen können, sofern die entsprechenden Maßnahmen zur Einrichtung und Pflege des Systems ergriffen wurden.

5.2 Realisierung der Anforderungen im Modul FI von SAP R/3

Nicht selten wird an Standardsoftware kritisiert, sie würde die Einrichtung firmenspezifischer Geschäftsprozesse beschränken, weil die erforderliche Flexibilität bei Abbildung der Prozessketten nicht gewährleistet werden könne. Dieses Argument ist jedoch für R/3 nicht zutreffend, da zahlreiche Möglichkeiten zur Anpassung der Software an die betrieblichen Abläufe bestehen.

Unternehmensspezifische Anpassungen werden in R/3 hauptsächlich durch das sogenannte Customizing vorgenommen. Hinter diesem Begriff verbirgt sich die Konfiguration von Tabellen, die, in Abhängigkeit der betrieblichen Strukturen, mit spezifischen Werten gespeist werden. Folglich gibt es beim Customizing keine Veränderungen des Programmcodes. Durch derartige Tabelleneinstellungen lassen sich im Modul FI vielfältige Einstellungsmöglichkeiten realisieren, die sich beispielsweise von Veränderungen der Eingabemasken (z. B. Eingabefelder ausblenden) bis hin zur Einrichtung unterschiedlicher Kontenpläne oder Buchungskreise (Tochtergesellschaften) erstrecken können.

Auf erwünschte Funktionalitäten, deren Abbildungen im Standard nicht vorgesehen sind und sich somit auch nicht durch Änderungen der Konfiguration (Customizing) umsetzen lassen, muss im übrigen nicht verzichtet werden. Mit der ABAP/4 Development Workbench des Systems R/3 steht den DV-Abteilungen ein Werkzeug zur Verfügung, das nicht nur Veränderungen bzw. Erweiterungen des Standards gestattet, sondern darüber hinaus die Entwicklung völlig neuer Anwendungen unter R/3 ermöglicht. Die Implementierung der Erweiterungen erfolgt hierbei durch Customer Exits, also kundenindividuelle Funktionsbausteine, die an bereits vorbestimmten Stellen im Programmcode einzufügen sind.

ABAP/4-Programme schließlich ermöglichen kundenspezifische Eigenentwicklungen für die Fälle, in denen weder Änderungen der Konfiguration, noch Customer Exits eine Befriedigung der kundenindividuellen Bedürfnisse versprechen.

5.2.1 Organisationsstrukturen

Externe Organisationseinheiten

Die externen Organisationseinheiten sind für das System R/3 im Rahmen der Organisation verpflichtend. Sie haben Relevanz gegenüber externen Adressaten und sind nicht schon allein deshalb von Bedeutung, weil das System ohne deren Einrichtung nicht lauffähig wäre.

Mandant

Ein *Mandant* steht in SAP R/3 als Grundbaustein für die Organisationsstruktur des Unternehmens und verkörpert in der Regel die Ebene des Konzerns. Er repräsentiert demnach die höchste Hierarchieebene, dessen Einstellungen für alle darunter liegenden Stufen (Buchungskreise) gelten und ist organisatorisch wie handelsrechtlich völlig autonom (Abb. 5.1).

Die Koexistenz mehrerer Mandanten ist üblich, denn es wird gewöhnlich nach Customizing-, Test- und Produktivumgebungen unterschieden, wobei sich die Einstellungen des Customizing-Systems zu den anderen Mandanten transportieren lassen.

Buchungskreis

Ein *Buchungskreis* definiert sich als kleinste organisatorische Einheit, die ein vollständiges externes Rechnungswesen darzustellen vermag. Nicht zu verwechseln ist der Buchungskreis in diesem Zusammenhang mit der Gesellschaft, auf deren Basis der *Jahresabschluss* durchgeführt wird. Allerdings wird im Normalfall auf die Einrichtung von Gesellschaften verzichtet, so dass eine Gesellschaft dann genau einem Buchungskreis entspricht. Einem Mandanten können ein oder mehrere Buchungskreise zugeordnet werden, was, betriebswirtschaftlich betrachtet, nicht anderes bedeutet als eine Zuordnung der Tochtergesellschaften zur Muttergesellschaft.

Gesellschaft

Im Gegensatz zum Buchungskreis ist die *Gesellschaft* die kleinste organisatorische Einheit, auf deren Basis ein gesetzlicher Jahresabschluss erstellt werden kann. Dies bedeutet gleichzeitig, dass einer Gesellschaft mehrere Buchungskreise zugeordnet sein können. Die explizite Einrichtung von Gesellschaften stellt in R/3 jedoch eher eine Ausnahme dar.

Kontenplan

Im *Kontenplan* des Konzerns sind sämtliche Konten des Hauptbuchs – idealerweise, wenngleich in der Praxis leider nicht immer, systematisch strukturiert – aufgelistet, die von einem oder mehreren Buchungskreisen verwendet werden. Daneben können die

Tochtergesellschaften über Alternativkontenpläne verfügen, die die Basis für die Einzelabschlüsse nach den gesetzlichen Bestimmungen des Landes bilden.

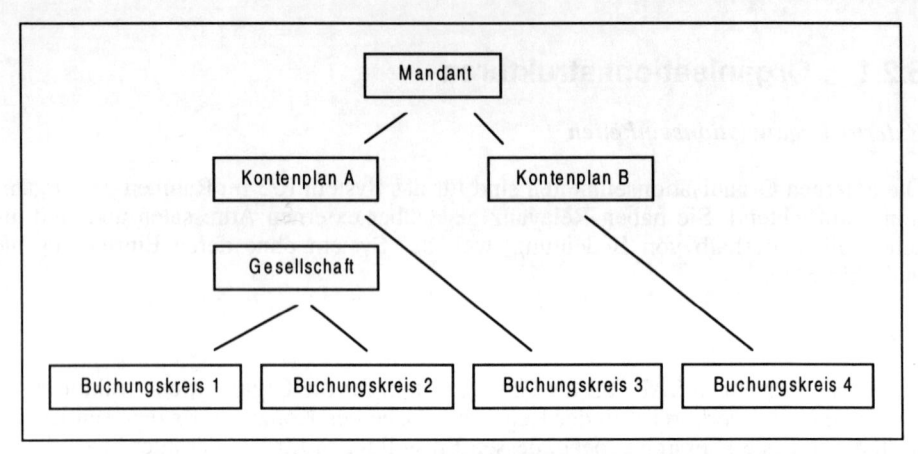

Abbildung 5.1: Zusammenhang zwischen Mandant, Kontenplan, Gesellschaft und Buchungskreis

Interne Organisationseinheiten

Die Definition der internen Organisationseinheiten ist nicht obligatorisch. Ihre Einrichtung erfolgt ausschließlich, wenn auf deren Basis für unternehmensinterne Zwecke zusätzlicher Informationsbedarf besteht.

Geschäftsbereich

Die optionale Einrichtung von *Geschäftsbereichen* eröffnet dem Unternehmen die Möglichkeit, interne Auswertungen wie beispielsweise geschäftsbereichsbezogene Bilanzen und GuV-Rechnungen zu erstellen. Die Abgrenzung von Geschäftsbereichen hat folglich keine Bedeutung gegenüber externen Adressaten und ist demnach frei nach den Vorstellungen der Unternehmensleitung realisierbar. Es ist plausibel, dass einem Buchungskreis mehrere Geschäftsbereiche zugeordnet werden können. Umgekehrt gilt jedoch auch, dass ein Geschäftsbereich seine Gültigkeit für alle Buchungskreise besitzt (Abb. 5.2).

Kreditkontrollbereich

Die Definition eines *Kreditkontrollbereichs* dient der Überwachung der Kreditlinien von Debitoren, für die ihre jeweiligen Kreditlimits zu hinterlegen sind. Die Einrichtung eines Kreditkontrollbereichs kann für einen oder mehrere Buchungskreise erfolgen.

Mahnbereich

Mahnbereiche sind nur erforderlich, wenn das Mahnwesen nicht auf Buchungskreisebene durchgeführt wird. Sie gewinnen daher lediglich an Relevanz, wenn bestimmte Ebenen der Organisationsstruktur (z. B. Geschäftsbereiche) gemeinsam in die Mahnläufe einfliessen sollen. Jeder Mahnbereich verfügt über im System hinterlegte Mahnverfahren, aufgrund derer unter anderem festgelegt wird, wie viele Stufen das Mahnverfahren umfassen soll und in welchen Zeitabständen die Mahnungen zu drucken sind (Abb. 5.3).

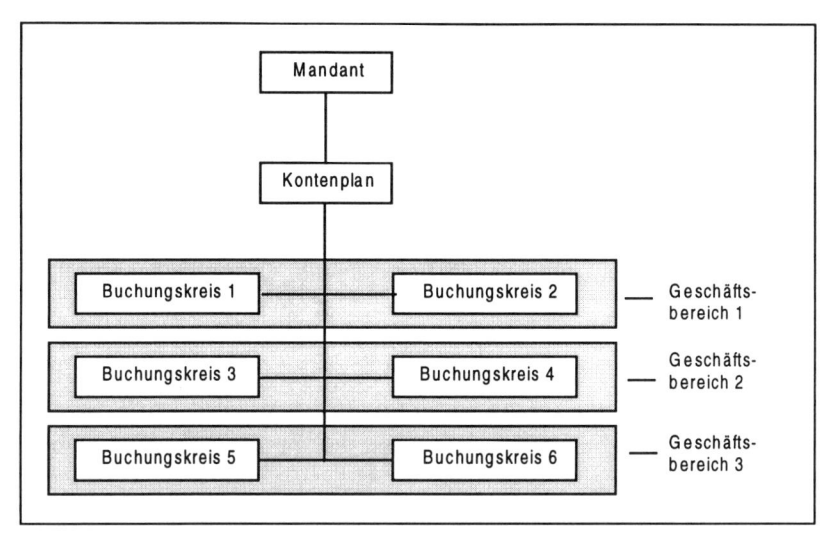

Abbildung 5.2: Zusammenhang zwischen Buchungskreis und Geschäftsbereich

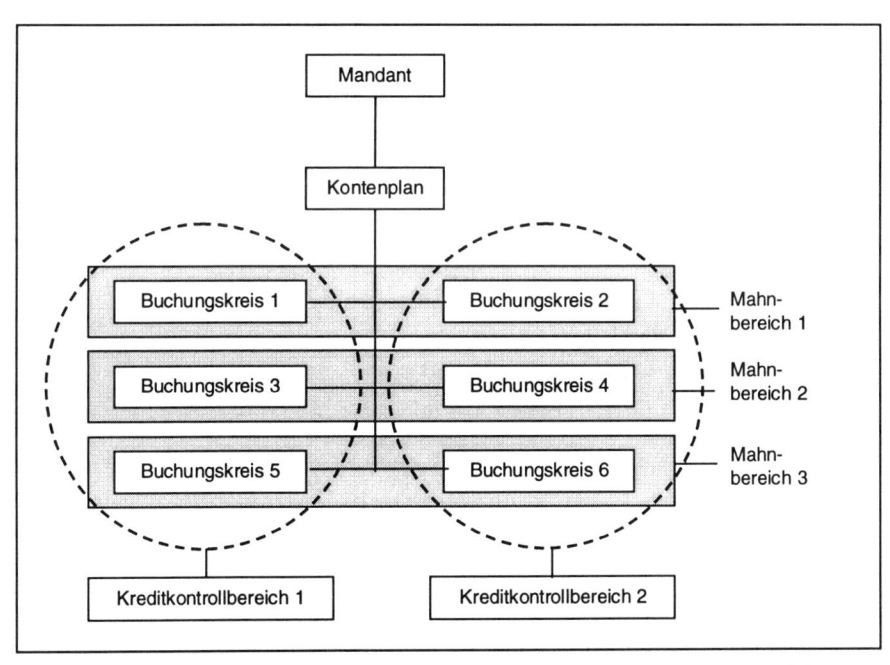

Abbildung 5.3: Zusammenhang zwischen Buchungskreis und Mahnbereich bzw. zwischen Buchungskreis und Kreditkontrollbereich

5.2.2 Stammdaten

Hauptbuchhaltung

Die *Hauptbuchhaltung* bildet alle Sachkonten des externen Rechnungswesens ab und ist auf Grund dessen die Grundlage für den Jahresabschluss des Unternehmens.

Generell muss bei Betrachtung der *Sachkonten* eine Differenzierung in zwei grundlegende Bereiche zur Erfassung und Pflege der Daten erfolgen: Zum einen existiert das sogenannte A-Segment, dem alle Eintragungen des jeweiligen Kontenplans zugrunde liegen. Eintragungen im A-Segment sind buchungskreisübergreifend, d. h. alle Konzerngesellschaften nutzen bei Verwendung eines bestimmten Kontenplans dieselben Eintragungen (z. B. Kontonummer und Bezeichnung, Unterscheidung nach Bestands- oder Erfolgskonto).

Zum anderen müssen Möglichkeiten für Eintragungen vorhanden sein, die lediglich einzelne Buchungskreise gesondert betreffen (z. B. Angabe der Währung). Diese buchungskreisspezifischen Eintragungen erfolgen im B-Segment. Bei der Anlage von Sachkonten ist grundsätzlich zu beachten, dass die Daten für ein Sachkonto zuerst im Rahmen des A-Segments zu pflegen sind, da sich die buchungskreisbezogenen Eintragungen des B-Segments, wenn erforderlich, sonst nicht ergänzen lassen. Insgesamt wird deutlich, dass ein Kontenplan einem oder mehreren Buchungskreisen, also einer oder mehreren Konzerngesellschaften, dienen kann.

Der Vorteil der Aufteilungslogik in verschiedene Segmente besteht einerseits in einem geringeren Pflegeaufwand, weil bereits vorhandene Eintragungen des A-Segments nicht mehr für jeden einzelnen Buchungskreis gepflegt werden müssen. Andererseits existiert auf Grund dessen eine Vorgabe mit Konten, deren Verwendung innerhalb des Konzerns gestattet ist und Abweichungen vom eingerichteten Kontenplan verhindert. Ob die Stammdatenpflege und Neuanlage von Konten nun im Konzern an zentraler Stelle vorgenommen, oder die erforderlichen Berechtigungen direkt an die Mitarbeiter der einzelnen Buchungskreise getrennt vergeben werden, hängt letztendlich von den Vorgaben der Fachabteilung ab. Offensichtlich gibt es einen „Tradeoff" zwischen dem erhöhten bürokratischen Aufwand einer zentralen Pflege, der allerdings stets sauber gepflegte Kontenstrukturen gewährleistet, und einer dezentralen Pflege, die eine höhere Fehlerwahrscheinlichkeit zur Folge hat.

Nebenbuchhaltung

Debitoren

Ähnlich wie bei den Sachkonten ist für jeden *Debitor* ein mandantenabhängiger Bereich vorhanden, in dem allgemeine Angaben zu hinterlegen sind (z. B. Erfassung der Anschrift und Eintragung der Bankverbindungen). Es ist das Segment, das in allen Buchungskreisen zur Ergänzung mit weiteren, buchungskreisspezifischen Daten bereitsteht. Erst an dieser Stelle erfolgt die Pflege mit firmenspezifischen Daten, wie beispielsweise Zahlungsbedingungen und Vorgaben für das Mahnverfahren, da deren Ausprägung in jedem Buchungskreis unterschiedlich sein kann. Allerdings werden die Debitorenstammsätze - Im Gegensatz zu den Konten des Hauptbuchs - zusätzlich um eine Komponente angereichert, die ausschließlich im Modul SD (Sales and Distribution) zum tragen kommt. Hier erfolgt für die Debitoren die Pflege der Vertriebsdaten, die sich unter anderem auf den Verkauf und den Versand beziehen (z. B. Versandbedingungen, Ansprechpartner).

Kreditoren

Analog zu den Debitoren besteht auch bei den *Kreditoren* ein mandantenabhängiger Bereich, auf dessen Basis alle weiteren Daten, die lediglich einzelne Buchungskreise betreffen, ergänzt werden können (z. B. Erfassung der Anschrift oder Eintrag des Abstimmkontos Verbindlichkeiten für das Hauptbuch). Die Stammdaten der Kreditoren verfügen neben dem mandantenabhängigen und buchungskreisspezifischen Teil ebenfalls über ein drittes Element im Stammdatenbereich. Sofern sich das Modul MM (Materials Management) im Einsatz befindet, lässt sich die materialwirtschaftliche Organisation ebenfalls in R/3 abbilden. Reibungslose Abläufe im Rahmen der Güterbeschaffung bedürfen entsprechender Informationen, die die Einkaufsorganisation betreffen und gleichermaßen im Kreditorenstammsatz zu pflegen sind (z. B. die Bestellwährung). Dieser dritte Bestandteil des Stammsatzbereichs existiert, da die Gestaltung der Einkaufsorganisation von der buchhalterischen Organisationseinheit Buchungskreis abweichen kann, denn einer Einkaufsorganisation können im System R/3 ein oder mehrere Buchungskreise zugeordnet sein.

5.2.3 Auswertungen und Berichte im Modul FI

Mit Hilfe von Auswertungen lassen sich die Datenbestände in der Systemlandschaft R/3 nach vorgegebenen Kriterien strukturieren, womit das vorhandene Zahlenmaterial für den Anwender erst an Transparenz gewinnt. Das wichtigste Instrument stellt in diesem Zusammenhang das *Informationssystem* dar, dessen äußeres Erscheinungsbild sich mit jedem ausgewählten Menüpunkt (z. B. Hauptbuch für das Sachkonteninformationssystem, Kreditoren und Debitoren für das Debitoren- bzw. Kreditoreninformationssystem) verändert, jedoch aufgrund des hierarchischen Aufbaus in der Grundstruktur stets einer gewissen Ähnlichkeit unterliegt. Auf diese Weise erhält der Benutzer im Rahmen eines Berichtsbaums – über mehrere Ebenen hinweg – eine übersichtliche Darstellung der vorhandenen Teilbereiche und Reports, die durch einen Mausklick die gewünschten Informationen preisgeben. Selbstverständlich können einzelne Anwender durch eine gezielte Berechtigungsvergabe von den Reports ausgeschlossen werden, die nicht für deren Augen bestimmt sind.

Was die Auswertungsmöglichkeiten anbelangt, so dürfte der User unter R/3 kaum auf Grenzen stoßen, da bereits im Standard zahlreiche Reports vorhanden sind, die zumindest die Basissäulen des Berichtswesens abdecken. Da jedes Unternehmen darüber hinaus Informationen benötigt, die dessen spezifischen Bedürfnissen gerecht werden, sind üblicherweise Erweiterungen der Berichtsbäume erforderlich. Die DV-Abteilung muss dann mit Hilfe des Werkzeugs *Report Painter* die Inhalte für die neuen Auswertungen, sowie das Layout in einem neuen Bericht bedarfsgerecht zusammenfassen. In den seltenen Grenzfällen, in denen auch das Werkzeug *Report Painter* nicht den gewünschten Erfolg zu versprechen vermag, steht als letzte Möglichkeit die Programmierung einer Auswertungsroutine unter der Entwicklungsumgebung *ABAP/4* offen, die im Grunde keinerlei Restriktionen hinsichtlich äußerer Form oder auszuwertenden Inhalten unterliegt.

Reports sind typischerweise so aufgebaut, dass sie von jedem Konzernunternehmen verwendet werden können. Die Struktur und der Auswertungszweck eines Berichts sind zwar vorgegeben, jedoch entscheidet in letzter Instanz der Anwender darüber, welcher Buchungskreis oder welcher Zeitraum beispielsweise zugrundeliegen soll. Mehrere dieser, teilweise obligatorischen Kriterien, lassen sich durchaus kombinieren, wodurch der Benutzer den Grad der Verdichtung seiner gewünschten Informationen selbst reguliert.

Auswertungen zu Stammdaten

Um überhaupt einen Überblick über die Kontenstruktur einer Konzerngesellschaft zu erhalten, muss es möglich sein, Informationen zum Status aller vorhandenen Konten gewinnen zu können. Das *Kontenverzeichnis* ermöglicht dem User, für einzelne Buchungskreise oder Kontenpläne, eine vollständige Übersicht über die Stammsätze der Konten mit Kontenbezeichnungen sowie zugehörigen Nummern zu gewinnen. Über sogenannte Selektionskriterien lassen sich zahlreiche Zusatzauskünfte per Mausklick auf dem Ausgabeschirm generieren. Auf diese Weise erhält der Anwender nicht nur einen vollständigen Überblick über alle vorhandenen Konten, sondern ist darüber hinaus in der Lage, sämtliche ihrer relevanten Eigenschaften einzusehen. Demgemäß lässt sich gezielt selektieren, welche Konten als Bestands- oder Erfolgskonto geführt werden, welche Bildschirmaufbauvariante für ein Konto gewählt wurde, ob Konten gesperrt oder zur Löschung vorgemerkt sind, etc.

Auswertungen zu Bewegungsdaten

Zur Betrachtung der wertmäßigen Inhalte von Konten der Haupt- und Nebenbuchhaltung stehen dem Anwender, je nach Informationsbedarf, zahlreiche Alternativen zur Verfügung. Als Basis der Auswertungen dienen die Verkehrszahlen der Konten, die im Laufe der Zeit durch deren Bebuchung entstanden sind und in die Interpretation durch die Reports einfliessen.

Bewegungsdaten des Hauptbuchs

Nennenswert ist in diesem Zusammenhang zu einen der Ausweis der *Einzelposten*, der für jedes Konto alle gebuchten Posten auswirft. Es werden indessen nur die Sachkonten einbezogen, bei denen im Stammsatz zu Kontrollzwecken explizit die Einzelpostenanzeige hinterlegt wird (z. B. Bankverrechnungskonto). Für Konten wie Forderungen oder Verbindlichkeiten ergibt die Anzeige von Einzelposten im Hauptbuch keinen Sinn, weil deren Bebuchung gänzlich in der Nebenbuchhaltung erfolgt und einzelne Positionen dementsprechend dort weiterverfolgt werden können. Zum anderen kann die Anzeige der Sachkonten auf die Salden beschränkt werden, was durch den Report *Saldenliste* zum Ausdruck kommt. Im Gegensatz zur Einzelpostenanzeige ist diese Darstellungsform insbesondere für Konten relevant, deren Posten nicht einzeln aufgelistet werden können (z. B. *Abstimmkonten* wie Forderungen oder Verbindlichkeiten). Der Bericht gibt für jedes Konto die Salden der Soll- oder Habenseite und darüber hinaus den Saldo der Vormonate aus. Die Liste *Offene Posten* dagegen beschränkt sich – der Bezeichnung entsprechend – ausschließlich auf noch nicht ausgeglichene Positionen eines Kontos, so dass der Überblick über noch zu empfangende bzw. noch zu zahlende Beträge erhalten bleibt.

Eckpfeiler im Sachkonteninformationssystem verkörpern unter anderem die *Bilanz* und *GuV-Rechnung*, deren Darstellungen im System R/3 an die unternehmensspezifischen

Gegebenheiten angeglichen werden müssen. Gewöhnlich ist die Definition einer Bilanz- und GuV-Gliederung nach gesetzlichen Richtlinien für tiefergehende Informationszwecke nicht ausreichend, so dass sich weitere Varianten zur Aufstellung anbieten, mit denen ein tatsächliches Bild von der wirtschaftlichen Lage des Unternehmens darstellbar ist. Unter R/3 verfügt jede *Konzerngesellschaft* über eine separate, im System hinterlegte Bilanzstruktur. Da aufgrund eventueller gesetzlicher Landesvorschriften die Numerierung im Rahmen des Konzernkontenplans, unter dem im übrigen alle angeliederten Gesellschaften buchen, abweichen kann, ist die Erstellung von Einzelabschlüssen auf Basis eines speziellen Landeskontenplans optional zulässig. Grundlage eines derartigen Landeskontenplans sind sogenannte Alternativkonten, die durch Zuordnung zu den Konten des Konzernkontenplans automatisch fortgeschrieben werden.

Nach Hinterlegung aller relevanten Einstellungen verursacht die Erstellung des Jahresabschlusses unter R/3 kaum noch Mühe. Dem Benutzer steht nun völlige Flexibilität bezüglich der Auswahl auszuwertender Organisationseinheiten offen (Buchungskreise, Geschäftsbereiche, Konzern), die ihm lediglich durch das Berechtigungskonzept beschnitten werden kann. Aufgrund der Mehrsprachigkeit des Systems eröffnet sich darüber hinaus die Möglichkeit, eine beliebige, in den Konten der R/3-Installation gepflegte Sprache für die Ausgabe auszuwählen. Da im Konzerngefüge normalerweise mehrere Währungen verbucht werden, sind auch die relevanten Umrechnungstabellen im System gepflegt, wodurch die Darstellung der Bilanz oder GuV-Rechnung in einer anderen als der Konzernwährung gleichermaßen unproblematisch ist.

Für die Ausgabe einer Konzernbilanz muss selbstverständlich auch unter R/3 eine Konsolidierung aller Einzelgesellschaften erfolgen, wobei in diesem Zusammenhang für manche Auswertungen eine detailliertere Auswertung als im Einzelabschluss wünschenswert ist (z. B. Anlagenspiegel). Bislang jedoch spielt die Konsolidierung in R/3 häufig nur eine untergeordnete Rolle, so dass die Fachabteilungen die Erstellung von Konzernbilanzen mit Hilfe von PC-Applikationen bevorzugen.

Bewegungsdaten Debitoren und Kreditoren

Analog zum Hauptbuch sind im Nebenbuch gleichermaßen einzelne Posten eines Kontos ausweisbar. Beträge, die auf Debitoren- bzw. Kreditorenkonten erscheinen, bedeuten naturgemäß die Entstehung von Forderungen oder Verbindlichkeiten, die bis zu ihrer Begleichung als offener Posten stehenbleiben. Als Überwachungsinstrument steht dem User der Bericht *Offene Posten-Liste* zur Verfügung, mit dessen Hilfe er für vorher ausgewählte Debitoren oder Kreditoren einen Überblick über ausgeglichene oder noch nicht ausgeglichene Positionen gewinnen kann. Die Fortschreibung der zugehörigen Abstimmkonten im Hauptbuch (Forderungen und Verbindlichkeiten) vollzieht sich automatisch; konsequenterweise ist dort für diese Konten die Einzelpostenanzeige nicht durchführbar, da die Anzeige aller einzelnen Positionen bereits auf den Nebenbuchkonten durchführbar ist. Mit der *Fälligkeitsstruktur* kann der Anwender für Debitoren oder Kreditoren zusätzlich ermitteln, welche Positionen der Nebenbuchkonten im einzelnen fällig oder nicht fällig sind. Zu diesem Zweck kann er sich einer zeitlichen Differenzierung bedienen, die gleichermaßen die Analyse künftig fälliger Beträge erlaubt. Der Report *Überfällige Posten* gibt zusätzlich Auskunft darüber, bei welchen Rechnungsbelegen bis zu einem bestimmten Zeitpunkt Zinsen in gewisser Höhe aufgelaufen sind.

Nebenbuchkonten, die in ausländischer Währung geführt werden, unterliegen der besonderen Problematik von Währungsschwankungen, die gegebenenfalls durch geeignete

Währungssicherungsgeschäfte abzufedern sind. Betroffen sind sowohl Debitoren- wie auch Kreditorenkonten, wobei in Abhängigkeit von der zukünftigen Kursentwicklung zu entscheiden ist, ob Hedging-Instrumente zum Einsatz kommen sollen oder nicht. Die entsprechende Analyse der Konten kann mit Hilfe des Reports *Währungsrisiko* stattfinden, der Auskunft darüber erteilt, welche Konten in welchem Ausmaß von Wechselkursänderungen betrofffen waren.

Ferner stehen weitere Berichte im Debitorenbereich zur Verfügung, die zusätzlich die Zahlungsgewohnheiten der Kunden analysieren sollen. Der Bericht *Zahlungsverhalten* gibt beispielsweise Auskunft darüber, wie sich die Verzugstage eines Kontos mittel- oder langfristig entwickelt haben bzw. wie lange offene Posten im einzelnen bereits überfällig sind. Andererseits kann der Report *DSO (Days Sales Outstanding)* Auskunft darüber geben, mit wie vielen (DSO-) Tagen der Kunde mit seinen Zahlungen im Rückstand ist, wobei der Saldo des Kontos relativ zum Umsatz mit dem Debitor für eine bestimmte Periode betrachtet wird.

5.3 Ausgewählte Schnittstellen des Moduls FI

Obwohl das Modul FI nur eines unter vielen Modulen ist, so gebührt ihm dennoch eine gewisse Schlüsselrolle in R/3, weil keine andere Anwendung mit derart vielen benachbarten Modulen kommuniziert. Da jede Anwendung eigentlich einen eigenständigen Bereich des Unternehmens umreisst, müssen die isolierten bereichsspezifischen Strukturen in der Systemlandschaft R/3 zu einem Gesamtgefüge zusammengeflochten werden. Alle weiteren, über FI hinausgehenden Installationen führen dementsprechend zu einer vollständigen Integration in die Systemumgebung, so dass sämtliche Geschäftsvorfälle dieser Organisationsbereiche schließlich einer direkten Verbindung zum Finanzwesen unterliegen, wo sämtliche Geld- und Güterströme im Unternehmen ihren Niederschlag finden. Im einzelnen stehen unter weiteren verfügbaren Anwendungen zumeist die folgenden mit FI in Verbindung:

- FI-AA (Anlagenbuchhaltung)
- CO (Controlling)
- MM (Materialwirtschaft)
- SD (Vertrieb)

Jedem dieser Module liegen entsprechende Organisationseinheiten zugrunde, die ihre Verbindung zum Finanzwesen durch die Zuordnung zum Organisationsobjekt *Buchungskreis* erhalten. Wie dies in R/3 einzurichten ist, hängt letztendlich von der Organisationsstruktur des Unternehmens ab.

Anlagenbuchhaltung (FI-AA)

Die Aufgabe der Komponente *FI-AA* ist es, das Anlagevermögen eines Unternehmens abzubilden. Ähnlich der Debitoren- oder Kreditorenbuchhaltung wird dieses Modul als Nebenbuch zum Hauptbuch geführt. Ein *Bewertungsplan* ist die grundlegende Organisationseinheit des Moduls, dem die Bewertungsvorschriften des Anlagevermögens zugrunde liegen. In der Regel besteht für jedes Land, in dem sich ein oder mehrere Buchungskreise befinden, ein Bewertungsplan, da die gesetzlichen Regelungen zur Behandlung des Anlagevermögens jeweils unterschiedlich sind. Befinden sich mehrere Buchungskreise in einem einzigen Land, genügt ein Bewertungsplan, dem - unter der Prämisse identischer Bewertungsvorschriften - alle Buchungskreise zugeordnet werden können.

Die Kontenfindung für Werte der *Anlagenbuchhaltung*, also Abschreibungen und Bestandswerte, kann je nach Bewertungsbereich für unterschiedliche Bestands- und Erfolgskonten erfolgen. Bei der Erstellung des Jahresabschlusses ist in diesem Zusammenhang darauf zu achten, dass einer bestimmten Bilanz- und GuV-Version das jeweils richtige Hauptbuchkonto zugeordnet wird, da aufgrund der verschiedenen Bewertungsbereiche jeweils andere Wertansätze zugrundeliegen.

Controlling (CO)

Der *Controllingbereich* unterliegt naturgemäß einer engen Verflechtung mit dem Finanzwesen eines Unternehmens, wobei sich die Verzahnung der beiden Module schon allein aufgrund der Tatsache verdeutlicht, dass ein großer Teil der Sachkonten im FI sein Pendant im CO – bei identischer Numerierung – als Kostenart wiederfindet. Die Integration zwischen externem und internem Rechnungswesen gelingt bei Bebuchung der Sachkonten im Finanzbereich durch die *Mitbuchkontentechnik*, die zusätzliche Kontierungen von Objekten im CO gestattet. Sofern bei einer Buchung im FI ein Konto mit kostenrechnerischer Relevanz tangiert wird, erfolgt durch die zusätzliche Angabe eines CO-Objektes die Weitergabe des verbuchten Wertes. Die entsprechenden Eingabefelder sind in bezug auf ihre Pflege bei der Datenerfassung steuerbar, d. h. unbedingt erforderliche Angaben werden erzwungen (Mussfeld) oder es besteht wahlweise die Möglichkeit, das Feld zu pflegen (Kannfeld). *CO-Objekte*, die für den User gänzlich irrelevant sind, lassen sich ausblenden. Solche Mitkontierungen beziehen sich beispielsweise auf Kostenstellen oder Innenaufträge. Auch die Angabe von zwei Objekten ist denkbar (z. B. Kostenstelle und Projekt), wobei in solchen Fällen eines der Objekte nur statistisch fortgeschrieben werden darf, also aus dem FI keine „echten" Werte erhält, die im CO zur Weiterverarbeitung bereit stehen.

Materialwirtschaft (MM)

Im Materialwirtschaftsbereich repräsentiert die *Einkaufsorganisation* die höchste Ebene der Organisationsstruktur des Moduls, die an den Finanzbereich in Abhängigkeit von der Konzernstruktur gekoppelt wird. Die Brücke zum FI muss entweder direkt durch Zuordnung der Einkaufsorganisation zum Buchungskreis oder indirekt durch Zwischenschaltung von *Werken* geschlagen werden, die auch jeweils einem Buchungskreis zugeordnet sein müssen. Insbesondere die zweite Variante verdeutlicht, dass die Verbindung von Buchungskreis zu Einkaufsorganisation nicht 1:1 sein muss, so dass die Kreditorenstammsätze neben einem mandantenweiten und buchungskreisspezifischen Teil über eine dritte Komponente für den materialwirtschaftlichen Bereich verfügen müssen.

Sämtliche Güterbewegungen bewirken nicht nur mengenmäßige Veränderungen des Lagerbestandes, sondern bedürfen gleichzeitig einer wertmäßigen Erfassung und Fortschreibung in der Finanzbuchhaltung eines Unternehmens. Somit treten wiederum die Konten des Hauptbuchs (Abstimmkonten, Bestandskonten) sowie des Nebenbuchs (Kreditoren) in Erscheinung. Materialien, die dem Lagerbestand zuzurechnen sind und dementsprechend über gepflegte Materialstammsätze verfügen, werden mit den im System hinterlegten Bewertungspreisen (Standardpreis, Durchschnittspreis) auf den zugehörigen Bestandskonten fortgeschrieben. Die Datenerfassung wird einzig im „Vormodul" MM vorgenommen, die Bebuchung der Bestandskonten geht in der Finanzbuchhaltung auf Basis einer hinterlegten *Kontenfindung* mit den zugehörigen Bewertungspreisen automatisch vonstatten.

Vertrieb (SD)

Dem Modul SD liegt als oberste Organisationseinheit die *Verkaufsorganisation* zugrunde und weist in bezug auf die generelle Zuordnung zum Finanzbereich durchaus einige Parallelen zum Modul MM auf. Direkte Zuweisungen von Verkaufsorganisationen zu Buchungskreisen sind ebenso denkbar wie der indirekte Weg über *Werke*, die ihrerseits in Verbindung mit einem Buchungskreis stehen müssen. Da die Verkaufsorganisation ebenso wie die Einkaufsorganisation mehreren Buchungskreisen dienen kann, besteht auch hier ein dritter Stammsatzteil, der ausnahmslos die vertriebsorientierten Daten der Debitoren beinhaltet.

Verkaufte Waren, die dem Lagerbestand entnommen worden sind, bedürfen einer mengen- wie wertmäßigen Erfassung. Wie auf Seiten der Zugänge im Materialwirtschaftsbereich erfolgt die Bewertung in SD zum Durchschnittspreis oder zum fest hinterlegten Standardpreis, wobei die *Kontenfindung* beim Warenverkauf sich auf Bestandskonten und Erlöskonten sowie Konten des Nebenbuchs erstreckt.

Ein weiterer Zusammenhang zwischen den Modulen FI und SD ergibt sich bei Einrichtung eines Kreditkontrollbereichs, dessen Einrichtung jedoch nicht zwingend erforderlich ist. Mit dem Kreditkontrollbereich lässt sich jedem Debitor eine Kreditlinie einräumen, die mit jedem Auftrag oder jedem Rechnungsausgleich fortwährend aktualisiert wird. Welche Konsequenzen die Überschreitung eines vorher festgelegten Kreditlimits zur Folge hat (z. B. Liefersperre), kann nach den Vorgaben der Fachabteilung eingestellt werden.

5.4 Resümee

Bei der Implementierung neuer Systemarchitekturen und Softwarelandschaften eröffnen sich einem Unternehmen in der Regel völlig neue Perspektiven zur Veränderung seiner Organisationsstrukturen, zumal Altsysteme häufig nicht mehr in der Lage sind, mit den Anforderungen moderner Konzerne in bezug auf Leistungsfähigkeit und vor allem Flexibilität Schritt zu halten. Modifikationen oder Erweiterungen bereits jahrzehntealter Software gestalten sich im Laufe der Zeit immer schwieriger, nicht zuletzt weil das Verständnis für einst erstellte Programmcodes heutzutage zunehmend komplizierter, wenn nicht gar teilweise völlig unmöglich ist. Gleichzeitig wird im Zuge der Erneuerung das Potenzial für Effizienzsteigerungen deutlich, das nicht zuletzt durch die Vereinheitlichung heterogener Systemlandschaften erzielt werden kann.

Mit der Implementierung des Systems R/3 erhält ein Unternehmen ein adäquates Instrument, um den heutigen Anforderungen eines sich ständig wandelnden, modernen multinationalen Unternehmens gerecht zu werden. Neugründungen oder Übernahmen von Gesellschaften können mit neuen Buchungskreisen ohne Schwierigkeiten im System abgebildet und ins Berichtswesen integriert werden. Eine Vielzahl bereits standardmäßig vorhandener Reports im Modul FI und die Möglichkeit der Erstellung wünschenswerter Berichte mit dem Report Painter oder ABAP/4 bietet den Finanzabteilungen ein schlagkräftiges Instrument zur Darstellung aller finanziellen Vorgänge als Basis zur Entscheidungsfindung und Steuerung des Unternehmens.

6

Verkauf und Versand (SD)

Knut Hildebrand

6.1 Grundsätzliche Anforderungen an ein Vertriebsmodul

Betriebswirtschaftliche Standardsoftware ist heute weit verbreitet. Sie kommt hauptsächlich in Rechnungswesen, Einkauf, Materialwirtschaft, Projektmanagement, Produktionsplanung oder Personalverwaltung zum Einsatz. Hingegen findet man im *Vertrieb* häufig noch Individualprogramme, die den spezifischen Anforderungen des Unternehmens Rechnung tragen sollen.

Einerseits ist dies verständlich, ist doch der Vertrieb der Bereich, der eine weitgehende Anpassung an die Kundenbedürfnisse benötigt. Dass dies in der Vergangenheit mit Software »von der Stange« kaum möglich war, hatte seine Ursache oftmals in der mangelnden Flexibilität der Programme, die eine unternehmensindividuelle Differenzierung nur in engen Grenzen erlaubte.

Andererseits sind die Vorteile der Integration des Vertriebs in eine einheitliche Standardanwendungsarchitektur wie SAP® R/3® unübersehbar (vgl. Hildebrand 1995 und Buck-Emden/Galimow 1996). Vorbehalte gegen den Einsatz von Standardsoftware sind nicht mehr berechtigt, denn die Anforderungen, die international tätige Unternehmen an ein Vertriebssystem stellen, werden durch das Modul SD (Sales & Distribution) grundsätzlich abgedeckt. Solche Anforderungen sind:

- Volle Daten-, Funktions- und Prozessintegration
- Redundanzfreie Datenbestände auf der Basis einer relationalen Datenbank
- Durchgängige Geschäftsprozesse vom Vertrieb über die Produktion und den Einkauf bis hin zur Verbuchung im Rechnungswesen mit allzeit aktuellem Berichtswesen
- Ergebnis- und Marktsegmentrechnung auf den unterschiedlichsten Ergebnisobjekten, Geschäftsbereichskontierung
- Einbindung in die Absatz- und Produktionsgrobplanung (SOP – Sales & Operations Planning), als Vorstufe für die Programmplanung
- Mehrsprachigkeit in den Belegen, Formularen, Masken, Stammdaten und der Dokumentation, aber auch in den Funktionen der Vertriebsunterstützung, beispielsweise für Mailings

- Schnelle und sichere Auftragsabwicklung mit stets vorhandener Transparenz über den aktuellen Status
- Zukunftssicherheit durch ständige Weiterentwicklung (Thema Euro) und Anpassung an neueste Technologien (Internet usw.)
- Umrechnung unterschiedlicher Währungen in Angeboten, Aufträgen, Rechnungen und Statistiken
- Internationale Kalender, Maße und Einheiten sowie länderspezifische Gegebenheiten (Vorwahlen, Postleitzahlen, Steuern, Bankverbindungsdaten usw.)
- Vielfältige Organisationsstrukturen für weltweit tätige Unternehmen: Werke, Lagerorte, Versandstellen, Tochtergesellschaften mit unterschiedlichen Kontenrahmen, Vertriebsbereiche (Verkaufsorganisation, Vertriebsweg, Sparte), Verkaufsbüros mit Verkäufergruppen
- Versand und Transport: Incoterms, Frachten, Steuern, Boykottlisten, Ausfuhrgenehmigungen, Routenfindung
- Verteilung von Anwendungssystemen und Stammdaten (ALE: Application Link Enabling)
- Vertriebsinformationssystem (VIS): Auswertungen nach Regionen, Währungen, Kunden, Produkten usw.
- Einbindung von Fremd- und Altsystemen
- Office- und Workflow-Integration

6.2 Realisierungsmöglichkeiten im Modul SD von SAP® R/3®

Grundsätzlich bietet R/3 eine Vielzahl von Anpassungsmöglichkeiten, um die Anforderungen des Vertriebs im System abzubilden. Die kundenspezifische Ausprägung des Systems erfolgt dabei in erster Linie durch *Customizing*, d. h. durch die Parametrisierung von Tabellen (Eintragung der individuellen Werte), nicht jedoch durch die Modifikation von SAP-Programmen.

Durch *Customizing* lassen sich einstellen: Organisationseinheiten, betriebswirtschaftliche Funktionen, Stamm- und Bewegungsdaten, Belege, Masken (Feldstatus), Berechtigungen, Konditionen u. a. m., teilweise mit eigenem Namensraum, um die Release-Fähigkeit (Aufwärtskompatibilität) nicht zu gefährden. Weitere Anpassungsmöglichkeiten von SAP R/3 sind sogenannte *Erweiterungen*, soweit sie von SAP vorgesehen sind. Dazu zählen: *Customer Exits* (Funktionsbausteine mit eigenem Quellcode), *Dynpro Exits* (eigene Logik und eigene Felder in Subscreens), *Menü Exits* (in R/3-Menüs können eigene Punkte angelegt werden) und *Field Exits* (Prüfungen auf Feldebene).

Ferner können *Benutzermenüs* (Eigenentwicklungen innerhalb des Standards) generiert sowie eigene *ABAP/4-Reports* in einem speziellen Namensraum (Z...) geschrieben werden, um beispielsweise Auswertungen zu erstellen oder den *Batch-Input* (für die Datenübernahme) zu bedienen. Darüber hinaus sind *eigene Infostrukturen* (im VIS), *eigene*

Tabellen und *eigene Transaktionen*, jeweils mit speziellem Namensraum, möglich. Falls dies immer noch nicht reicht, können *Customer Includes* (von SAP vorgedachte Tabellenerweiterungen) und *Append-Strukturen* (Erweiterungen von transparenten Tabellen) benutzt werden. Eines ist jedoch keinesfalls zu empfehlen: die *Modifikation* der SAP-eigenen Programme, da sie dann die Release-Fähigkeit, Wartbarkeit und Fehlerkorrektur durch SAP einbüßen.

6.2.1 Organisationsstrukturen

Die wichtigste organisatorische Struktur im Modul SD ist der sogenannte *Vertriebsbereich*, der an allen wichtigen Stellen (Stammdaten, Geschäftsprozesse/Belege, statistische Auswertungen und Konditionen) benötigt wird. Ein Vertriebsbereich (Abbildung 6.1) ist eine Kombination aus drei Attributen:

- *Verkaufsorganisation* (regionale Aspekte)
- *Vertriebsweg* (Distributionskanal)
- *Sparte* (Einteilung der Artikel)

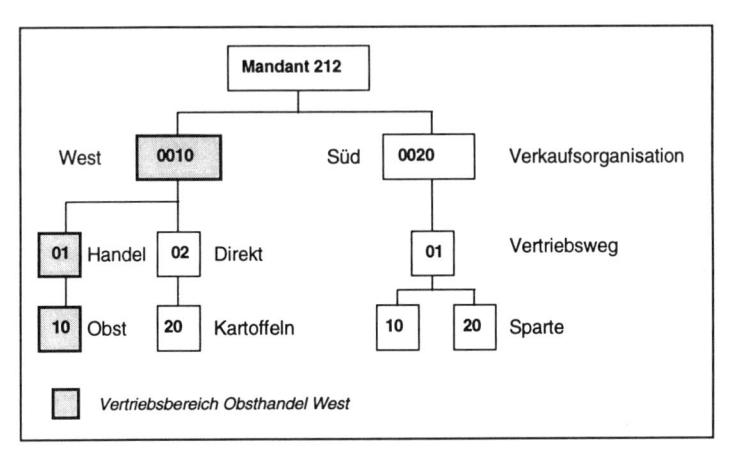

Abb. 6.1: Vertriebsbereiche

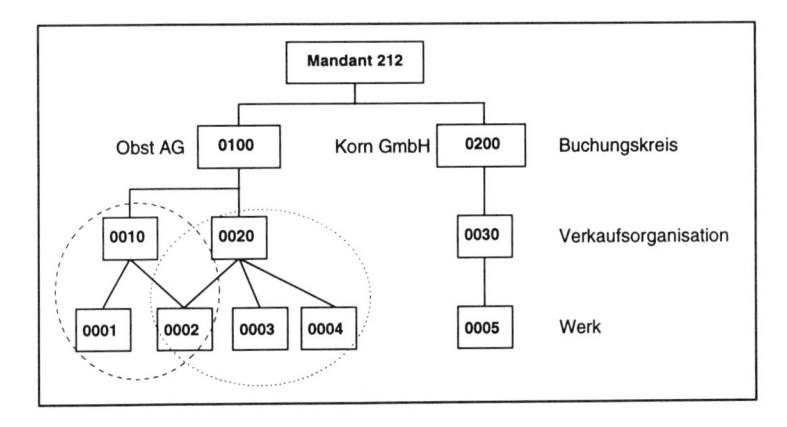

Abb. 6.2: Beziehungen zwischen Buchungskreis, Verkaufsorganisation und Werk

Innerhalb eines Mandanten (Konzerns) bzw. Buchungskreises (selbständig bilanzierende Einheit) können beliebige Kombinationen als Vertriebsbereiche gebildet werden (externe Vertriebsorganisation). Die Verbindung zum Rechnungswesen geschieht über die Zuordnung der Verkaufsorganisation zum Buchungskreis und gegebenenfalls über die Geschäftsbereichsfindung. Eine weitere Verbindung zum Rechnungswesen besteht über die Zuordnung der Werke, für die eine Verkaufsorganisation tätig ist, denn jedes Werk ist genau einem Buchungskreis zugeordnet (Abbildung 6.2).

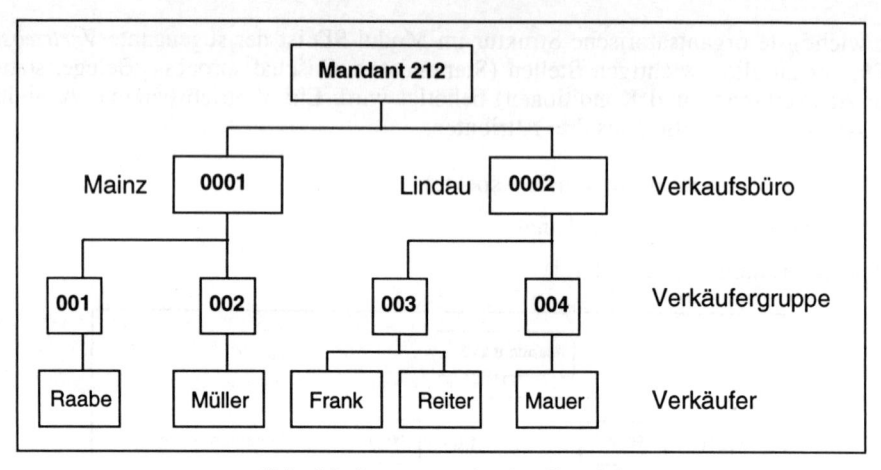

Abb. 6.3: Innenorganisation Vertrieb

Darüber hinaus sind in R/3 definierbar: *Verkaufsbüros* mit *Verkäufergruppen* (bzw. Aussendienstmitarbeitern) für die interne Vertriebsorganisation (Abbildung 6.3), Auslieferwerke (Schnittstelle zum Modul Materialwirtschaft), *Lagerorte*, *Versandstellen*, Ladestellen u. a. m. (Abbildung 6.4).

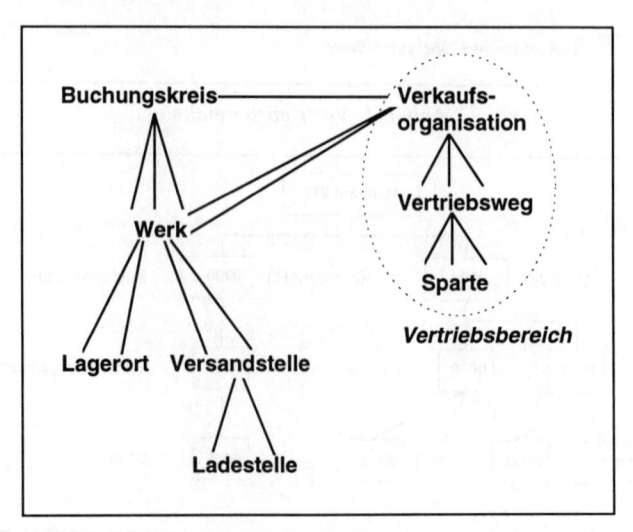

Abb. 6.4: Beziehungen zwischen Organisationseinheiten im Vertrieb

6.2.2 Stammdaten

Zentrale Stammdaten im Vertrieb sind: Geschäftspartner/Kunden, Produkte/Materialien und Konditionen (Preise).

Kunden

Bezüglich der Kunden- bzw. Debitorenstämme bietet R/3 eine hohe Flexibilität. Daher existiert im Standard eine Vielzahl von Partnerbeziehungen, die wiederum miteinander verknüpft werden können. Mittels der *Partnerrollen* können komplexe Konzernstrukturen – *Auftraggeber* ist die Filiale, *Warenempfänger* ist das Zentrallager, *Rechnungsempfänger* und *Regulierer* befinden sich in der Zentrale – abgebildet werden.

Ferner können *Kundenhierarchien*, wie sie z. B. bei Einkaufsverbänden oder Einzelhandelsketten vorkommen, und CPD-Konten (Einmalkunden) aufgebaut werden. R/3 erlaubt die interne und externe Nummernvergabe mit unterschiedlichen Nummernkreisen. Die Nummer ist innerhalb des Mandanten eindeutig. Des weiteren können *Interessenten*, die in der Akquisitionsphase (Vertriebsunterstützung) vorkommen, abgebildet werden.

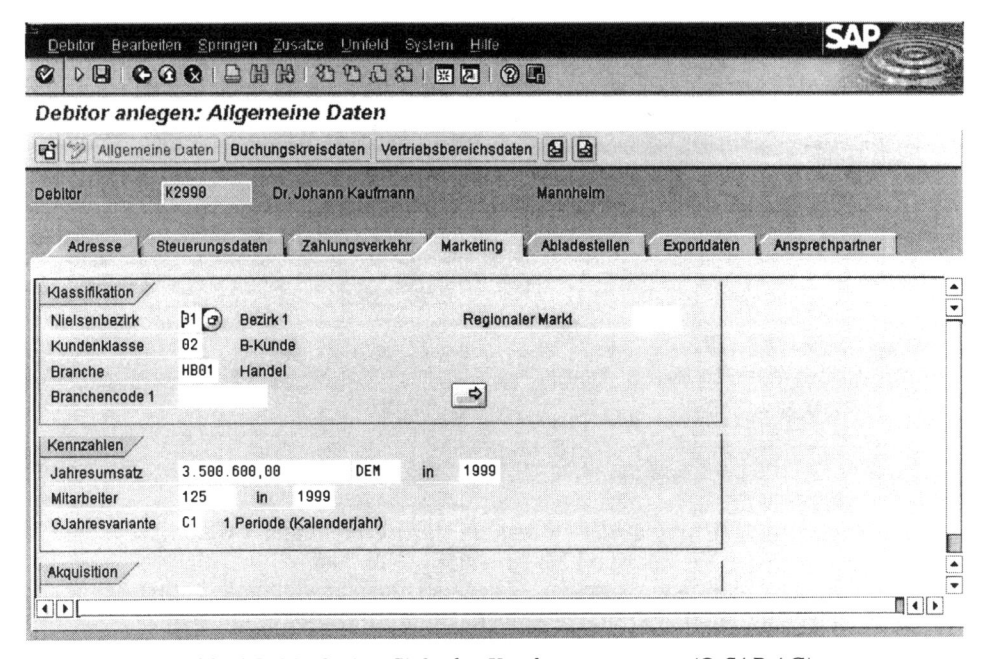

Abb. 6.5: Marketing-Sicht des Kundenstammsatzes (© SAP AG)

Debitorenstammdaten werden in drei Bereichen gepflegt:

- *Allgemeine Daten:* z. B. Name, Adresse, Telefon, Sprache, Bankverbindung, Branche, Nielsenbezirk, Kundenklasse, Geschäftsform (Abbildung 6.5), Ansprechpartner, Akquisitionsverhalten, Besuchsrhythmus (Abbildung 6.6).

- *Vertriebsdaten:* sie gelten pro *Vertriebsbereich*, wobei gemeinsame Stammdaten für mehrere Vertriebswege oder Sparten vorgesehen sind –, z. B. Währung, Preisliste, Verkaufsbüro, Versandbedingungen, Lieferpriorität, Incoterms, Chargenbehandlung, Warenannahmezeiten, Partnerrollen, Nachrichtenarten.
- *Buchhaltungsdaten:* sie stellen die Verbindung zu dem *Buchungskreis* her, wo letztlich die Erlöse gebucht werden –, z. B. Abstimmkonto, Mahnverfahren, Zahlungsbedingungen.

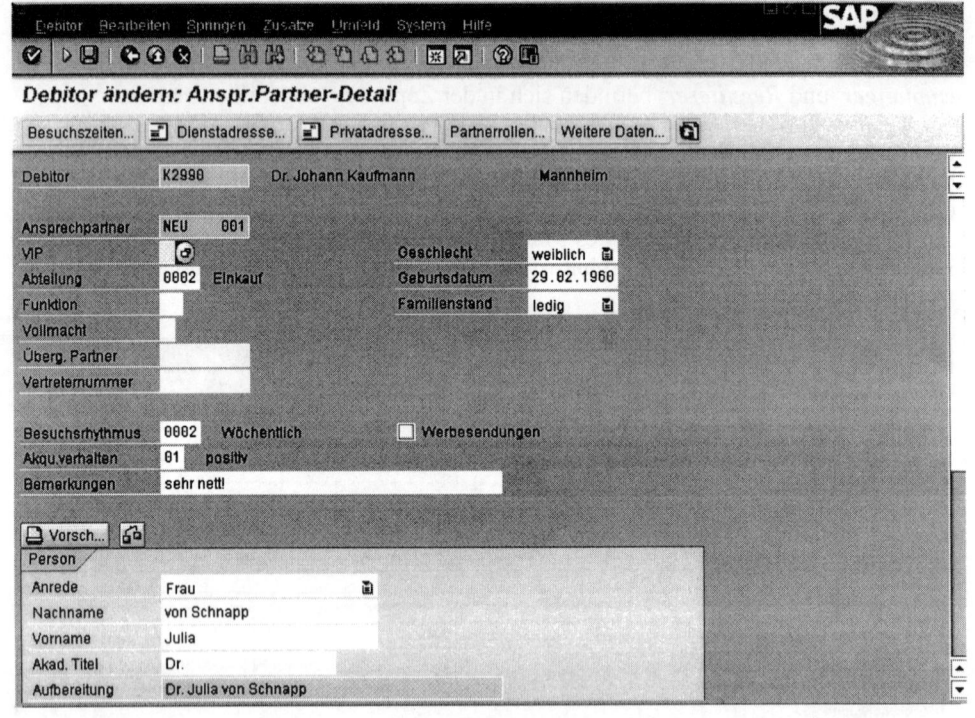

Abb. 6.6: Informationen überAnsprechpartner im Kundenstammsatz (© SAP AG)

Produkte

R/3 verwendet für alle Arten von Produkten die Bezeichnung »Material«. Schon der Standard enthält eine Vielzahl von Materialarten (Rohmaterial, Handelsware, Fertigerzeugnis, Verpackungen usw.) sowie die Dienstleistungsabwicklung. Ferner können beliebige eigene Materialarten definiert werden. Ein *Material* bzw. ein Artikel wird innerhalb einer Materialart definiert und durch eine intern oder extern vergebene Materialnummer identifiziert. Innerhalb des Mandanten ist die Nummer eindeutig einem Material zugeordnet. Neben der Materialbezeichnung (pro Sprache), den Mengeneinheiten (Einkauf, Vertrieb, Bestand) und der Sparte (Zuordnung zum Vertriebsbereich) gehören zu den wichtigsten Vertriebsdaten: Status Vertrieb (gesperrt, Auslauf u. a.), Mindestauftrags-/liefermenge, EAN (Europäische Artikel-Numerierung), Steuerschlüssel, Serialnummernprofile, Chargen- und Varianteninformationen (Konfiguration).

Abgeleitete Stammdaten ergeben sich aus der Beziehung zwischen Kunden und Material, z. B. die *Kunden-Material-Information* (Zuordnung einer individuellen Kundenmaterialnummer und -bezeichnung zum Material, erscheint auch in den Verkaufsbelegen) sowie die *Materiallistung* bzw. der *Materialausschluss* (Steuerung, was ein Kunde beziehen darf). Der Substitution von Materialien dient die *Materialfindung*, z. B. bei Verkaufsaktionen oder für Auslaufware. Häufig vertriebene Artikelkombinationen werden als *Sortiment* angelegt und können so in den Vertriebsbeleg übernommen und auch verändert werden.

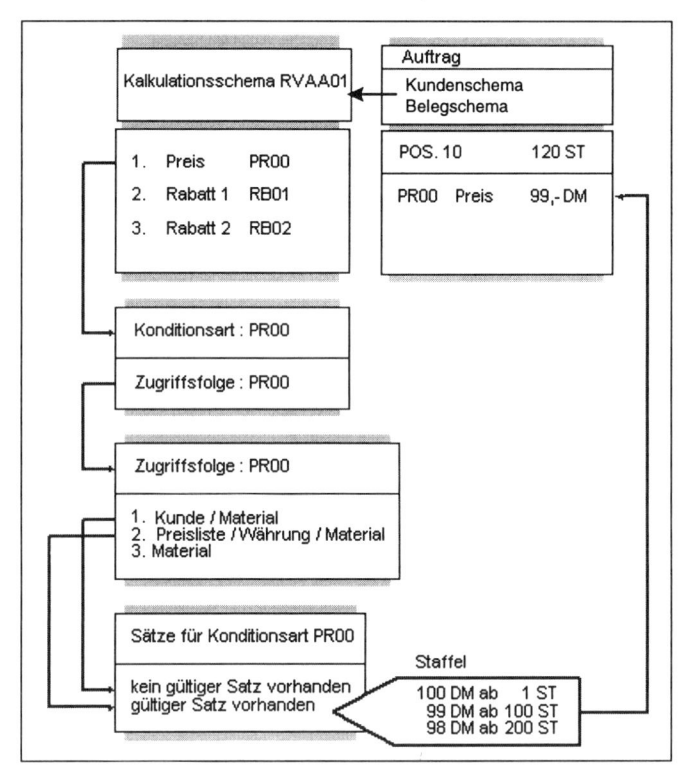

Abb. 6.7: Konditionentechnik mit Kalkulationsschema, Konditionsart, Zugriffsfolge und Konditionssätzen (© SAP AG)

Konditionen

Konditionen enthalten, je nach Art, Preise, Rabatte, Zuschläge oder Steuern. Mit Hilfe der *Konditionentechnik* und frei definierbarer *Kalkulationsschemata* können praktisch alle Arten von Konditionsvereinbarungen abgebildet werden (Abbildung 6.7). Standardmäßig sind vier Kategorien von Konditionen vorgesehen:

- Preise: Materialpreis, Preisliste, kundenindividueller Preis
- Zu- und Abschläge: Rabatte (absolut und prozentual), gewährt nach unterschiedlichsten Kriterien, Zuschläge (z. B. Anbruchzuschlag)
- Frachten
- Steuern

Zu den Konditionen können (Abbildung 6.8) Staffeln, Ober- und Untergrenzen, manuelle Änderbarkeit, Gültigkeiten usw. fixiert werden. Da beispielsweise für einen Artikel mehrere gültige Preise (Materialpreis, Preisliste, kundenindividueller Preis) existieren können, steuern im Customizing einstellbare Zugriffsfolgen die Art der Konditionsfindung.

Art:		PR00	Preis
Verkauforg.:		0010	West
Vertriebsweg:		01	Handel
Kunde:		21355	Dr. Josef Kaufrausch
Material:		5722	Apfelkiste
Preis:		12,00	EUR pro 1 Stück
Staffel:	ab 10 ST	10,50	EUR
	ab 50 ST	9,95	EUR
Maximalpreis:		12,50	EUR
Minimalpreis:		9,50	EUR
Gültigkeit:		01.11.1999 - 31.05.2001	

Abb. 6.8: Konditionsart Preis (PR00)

Das Kalkulationsschema wiederum legt genau fest, in welcher Reihenfolge und nach welchen Regeln diese Konditionsarten miteinander verknüpft werden, worauf also beispielsweise ein Rabatt gewährt wird. Es können beliebige Kalkulationsschemata definiert werden, z. B. für bestimmte Vertriebsbereiche, Kundengruppen oder Verkaufsbelegarten (Messeverkauf oder kostenlose Lieferungen).

6.2.3 Geschäftsprozesse

Vor dem eigentlichen Verkauf finden die Aktivitäten der Vertriebsunterstützung statt, die somit einen ersten Einstiegspunkt für den *Geschäftsprozess* bilden. In der Regel beginnt die Prozesskette jedoch mit einer *Kundenanfrage*, einem *Angebot* oder direkt mit dem *Auftrag* und setzt sich über die *Lieferung* (falls vorgesehen) bis hinein in die Finanzbuchhaltung fort, wo sie mit dem Zahlungseingang ihren Abschluss findet (Abbildung 6.9). Verschiedene Belegarten kommen in den einzelnen Prozessschritten zum Einsatz, wobei durch Customizing der zuvor modellierte Geschäftsprozess exakt eingestellt werden kann (vgl. Hildebrand 1996).

Innerhalb der Vertriebsunterstützung verwendet R/3 für Geschäftspartner, die noch keine Kunden sind, mit denen gleichwohl eine tiefere Beziehung angestrebt wird, den Begriff *Interessent*. Des weiteren sind im *Computer Aided Selling* (CAS) zu finden: Kunden, Ansprechpartner beim Kunden, Vertriebspartner, Vertriebsbeauftragte, Wettbewerber und sonstige Partner.

Neben den verschiedenen *Geschäftspartnern* werden im Rahmen der Vertriebsunterstützung auch *Produkte*, *Aktionen* (Mailings) und *Kontakte* – Besuche, Telefonate, Briefe – abgebildet. Für entspechende Auswertungen besteht ein direkter Zugang zum Vertriebsinformationssystem (VIS).

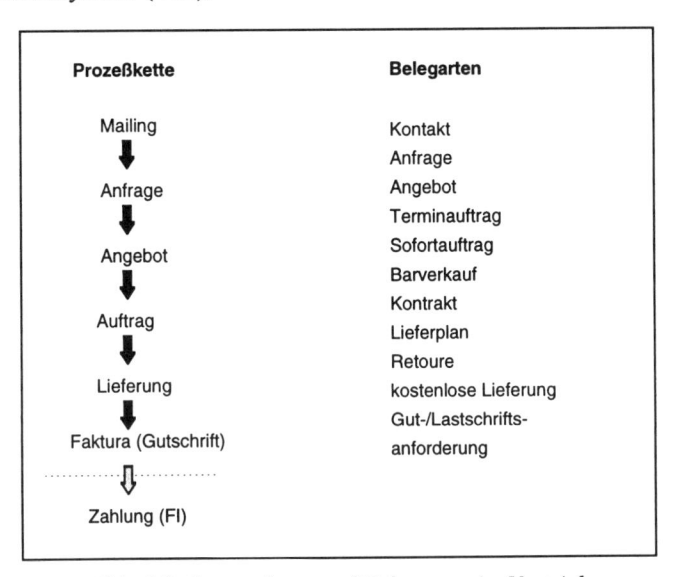

Prozeßkette	Belegarten
Mailing	Kontakt
⬇	Anfrage
Anfrage	Angebot
⬇	Terminauftrag
Angebot	Sofortauftrag
⬇	Barverkauf
Auftrag	Kontrakt
⬇	Lieferplan
Lieferung	Retoure
⬇	kostenlose Lieferung
Faktura (Gutschrift)	Gut-/Lastschrifts-
⇩	anforderung
Zahlung (FI)	

Abb. 6.9: Prozesskette und Belegarten im Vertrieb

Beispielsweise können Kundenbesuche beim Ansprechpartner mit den wesentlichen Vertriebsinformationen als *Kontakt* hinterlegt werden. Neben standardisierten Angaben – Kontaktgrund, -ergebnis, -status, -dauer und Folgekontakt – sind überdies Textfelder für individuelle Bemerkungen vorgesehen (Abbildung 6.10). Ferner kann direkt in die Kundenstammdaten verzweigt werden, um dort zusätzliche Informationen abzurufen.

Ergibt sich aus der Akquisition ein Kundenauftrag, führt dieser im Regelfall zu einer Lieferung, die dann fakturiert wird. Nicht lieferrelevante Positionen werden auftragsbezogen abgerechnet. Alle erzeugten Belege – auch Gutschriften, Stornos, Retouren, kostenlose Nachlieferungen usw. – nehmen Bezug auf ihre Vorgänger, so dass ein lückenloser Belegfluss entsteht.

Zum Standard gehören selbstverständlich auch die *Verfügbarkeitsprüfung* – im Auftrag und bei Lieferung – etwa auf Basis der ATP-Menge (Available-to-promise) mit automatischer Generierung von Einteilungen (und gegebenenfalls Bedarfsübergabe), die *Versandterminierung* in Abhängigkeit vom Wunschverfügbarkeitstermin, verschiedene *Lieferarten* sowie *Rahmenverträge* (Lieferpläne, Kontrakte). Hinzu kommen die Funktionen des Versands: Kommissionieren (mit Anschluss an ein Lagerverwaltungssystem), Verpacken, Transport- und Ladegruppen (Paletten, Gabelstapler), Transportdisposition samt Routenfindung u. a. m.

Fakturen können zusammengefasst oder gesplittet werden. Die Übergabe des Buchungsstoffes erfolgt automatisch an die Finanzbuchhaltung. Rechnungslisten und Proforma-Rechnungen sind möglich; die periodische Fakturierung (Mieten), aufwandsbezogene

Verkauf und Versand (SD)

Fakturierung sowie Ratenpläne werden unterstützt. Weiterhin können über die allgemeine Fakturaschnittstelle externe Vorgänge – aus Fremdsystemen – fakturiert werden.

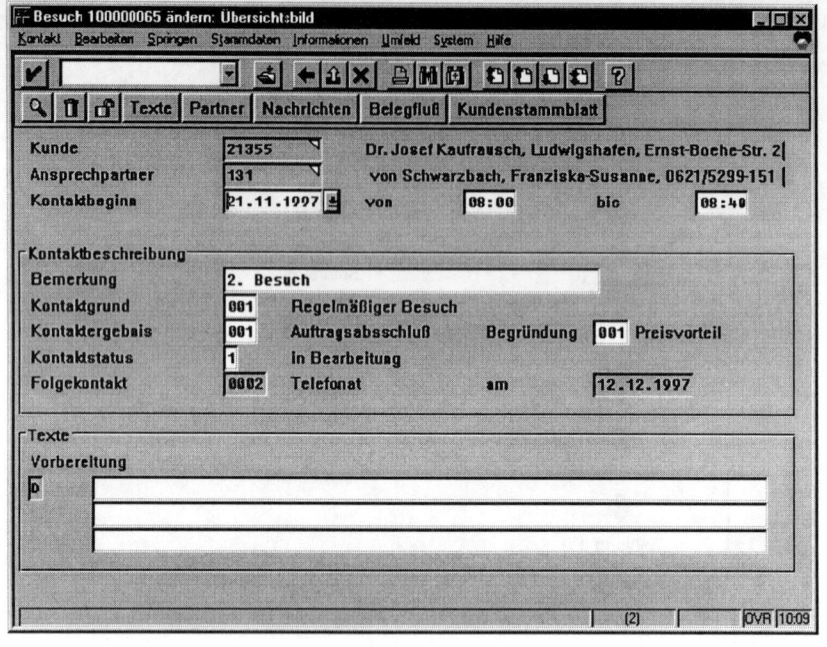

Abb. 6.10: Vertriebsunterstützung: Besuchsinformationen (© SAP AG)

Der Geschäftsprozess kann sich in anderen Modulen fortsetzen, etwa bei der Bedarfsübergabe an die Fertigung (Modul PP) oder bei Streckengeschäften (Modul MM). Der aktuelle *Status* eines Auftrags bzw. Vertriebsbelegs ist jederzeit im Belegfluss ersichtlich (Abbildung 6.11) und kann in allen Referenzbelegen (Lieferungen, Retouren, Gutschriften, Rechnungen usw.) bis auf Positionsebene ermittelt werden.

Beleg	Datum	Menge		Status
..Anfrage 10000113	19.03.2000	5,0	ST	erledigt
.Angebot 20000224	22.03.2000	5,0	ST	erledigt
Auftrag 120129	15.04.2000	5,0	ST	erledigt
.Lieferung 80000446	22.04.2000	5,0	ST	erledigt
..Kommiauftrag 990422	22.04.2000	5,0	ST	erledigt
..Warenausl. 49003141	22.04.2000	5,0	ST	erledigt
..Rechnung 90002117	26.04.2000	5,0	ST	erledigt
...Buchhaltungsbeleg 100005523	26.04.2000	5,0	ST	nicht ausgeziffert

Belegstatus: offen, in Arbeit, erledigt

Abb. 6.11: Belegfluss und -status

Die Ausgabe der Vertriebsbelege (Auftragsbestätigung, Lieferschein, Faktura usw.) erfolgt beispielsweise über Drucker – sofort, auf Anforderung oder zu bestimmten Zeiten mit dem Report RSNAST00 –, per Fax, EDI u. a. m. Die dazu nötigen Formulare und Texte können in mehreren Sprachen hinterlegt und individuell gestaltet werden.

6.2.4 Statistische Auswertungen: Vertriebsinformationssystem

R/3 bietet eine Reihe von Möglichkeiten, um aussagekräftige Informationen – aggregiert oder differenziert – über Kunden, Artikel, Verkaufsorganisationen, Verkaufsbüros u. a. m. zu erhalten (Abbildung 6.12). Neben *Standardanalysen*, die eine Verfeinerung (Drill-down) in mehreren Dimensionen – Periode, Kunde, Material, Produkthierarchie, Verkaufsorganisation, Vertriebsweg, Sparte usw. – zulassen, können *flexible Analysen* mit selbstdefinierten Auswertungsstrukturen, *Planungen* für Soll/Ist-Vergleiche (z. B. Mengen, Umsätze, Auftragseingang) und eigene Auswertungsprogramme (*ABAP/4-Reports*) benutzt werden.

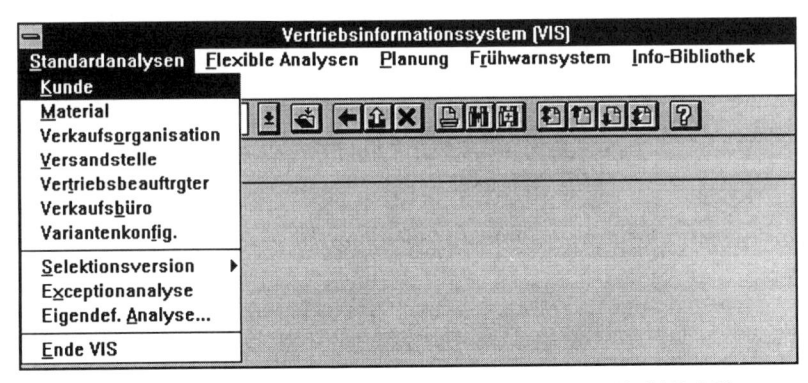

Abb. 6.12: Einstieg ins Vertriebsinformationssystem (© SAP AG)

Ferner steht ein *Frühwarnsystem* zur Verfügung, welches entscheidungsorientiert die Schwachstellenfindung durch frühzeitige Selektion von Ausnahmesituationen (Exceptions) ermöglicht. Die Basis dafür sind die *Kennzahlen* des Vertriebs- bzw. Logistikinformationssystems, die in selbstdefinierte *Exceptions* eingehen. Durch die Kombination von *Merkmalswerten* und *Bedingungen* lassen sich *Schwellenwerte* (z. B. Kunden mit Retouren > 10 000 US-$), *Trends* (z. B. Verkaufsbüros mit negativem Trend beim Auftragseingang) und *Plan/Ist-Vergleiche* (z. B. Planerfüllung beim Umsatz von mehr als 90 %) abbilden.

Die Erzeugung und Fortschreibung der Statistikdaten erfolgt durch sogenannte *Informationsstrukturen* aus den Vertriebsbelegen (Aufträge, Lieferungen, Rechnungen, Retouren, Gutschriften usw.). *Merkmale* für Auswertungen sind etwa Periode, Verkaufsorganisation, Vertriebsweg, Material- oder Kundennummer und Sparte. Zu den wichtigsten *Kennzahlen* gehören beispielsweise: Auftragseingang (Menge und Wert), Umsatz, Gutschriften, Retouren, Auftragspositionen, Deckungsbeitrag (Umsatz ./. Verrechnungswert) oder Frachten.

Verkauf und Versand (SD)

Standardanalysen

Beispielsweise beginnt eine *Standardanalyse nach Kunden* mit der Auswahl der Auftraggeber (Kunden), der Verkaufsorganisation und des Analysezeitraums. Für diese Selektion erstellt R/3 eine *Grundergebnisliste* mit allen gewünschten Kennzahlen, die per Mausklick weiter aufgegliedert werden können (Abbildung 6.13).

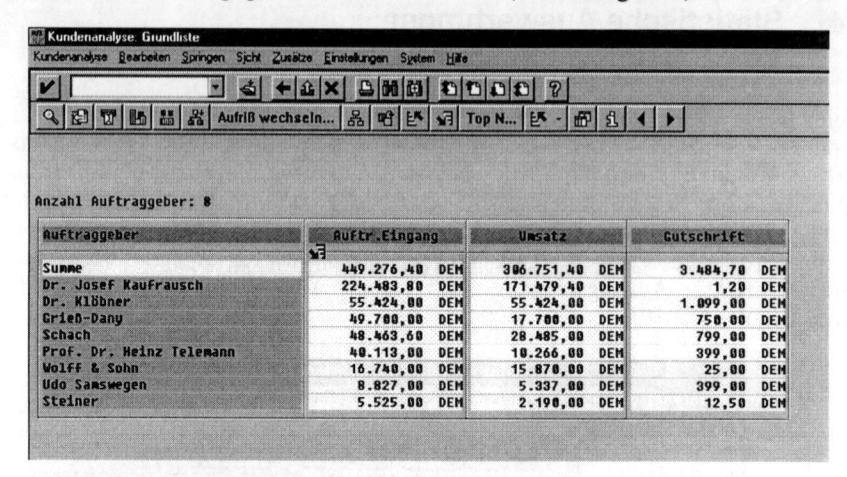

```
Kundenanalyse: Grundliste
Kundenanalyse Bearbeiten Springen Sicht Zusätze Einstellungen System Hilfe

Anzahl Auftraggeber: 8

Auftraggeber              Auftr.Eingang        Umsatz              Gutschrift

Summe                       449.276,40 DEM     306.751,40 DEM      3.484,70 DEM
Dr. Josef Kaufrausch        224.483,80 DEM     171.479,40 DEM          1,20 DEM
Dr. Klöbner                  55.424,00 DEM      55.424,00 DEM      1.099,00 DEM
Grieß-Dany                   49.700,00 DEM      17.700,00 DEM        750,00 DEM
Schach                       48.463,60 DEM      28.485,00 DEM        799,00 DEM
Prof. Dr. Heinz Telemann     40.113,00 DEM      10.266,00 DEM        399,00 DEM
Wolff & Sohn                 16.740,00 DEM      15.870,00 DEM         25,00 DEM
Udo Samswegen                 8.827,00 DEM       5.337,00 DEM        399,00 DEM
Steiner                       5.525,00 DEM       2.190,00 DEM         12,50 DEM
```

Abb. 6.13: Kundenanalyse im Vertriebsinformationssystem (© SAP AG)

Aus jeder Liste kann dann unmittelbar am Bildschirm die entsprechende *Präsentationsgrafik* generiert werden (Abbildung 6.14).

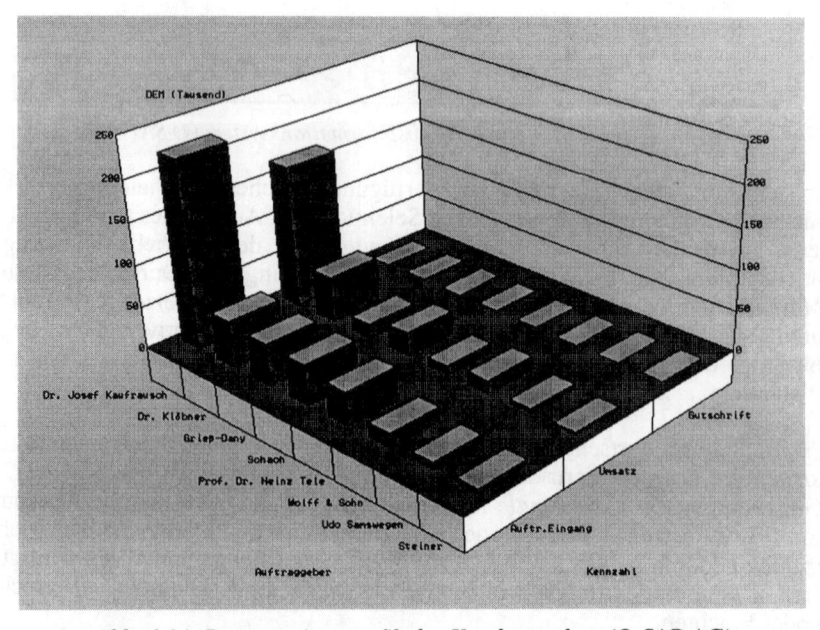

Abb. 6.14: Präsentationsgrafik der Kundenanalyse (© SAP AG)

Die Grundergebnisliste kann im Standardaufriss nach ausgewählten Merkmalen weiter verfeinert werden (Drill-down), z. B. nach *Auftraggeber, Monat* und *Verkaufsorganisation* mit allen Kennzahlen. Der Granularität der Analyse sind dabei fast keine Grenzen gesetzt. Die Verfeinerung geht dann z. B. über die Merkmale *Vertriebsweg* und *Sparte* bis hinunter auf die Ebene des einzelnen *Artikels*.

Neben der Standardauswertung kann derselbe Datenbestand auch einer *Exceptionanalyse* unterworfen werden. Dazu wird die Ausnahmesituation festgelegt – z. B. Gutschriften mit einem Wert > 1 000 DM – und auf bestimmte Merkmale angewandt.

Planungen

Ferner kann man selbstverständlich auch mit *Planzahlen* arbeiten. So lassen sich etwa Auftragseingänge (Menge, Wert), Umsätze und andere Kennzahlen nach beliebigen Merkmalen (Kunde, Verkaufsbezirk usw.) planen. Sollwerte können für mehrere Perioden eingegeben werden. Beispielsweise lässt sich der Auftragseingang (DEM und Stück) für den Kunden Nr. 7 und das Material 1087 für vier Perioden (Monate) als Planzahl fixieren (Abb. 6.15), wobei auch mehere Planungsversionen denkbar sind.

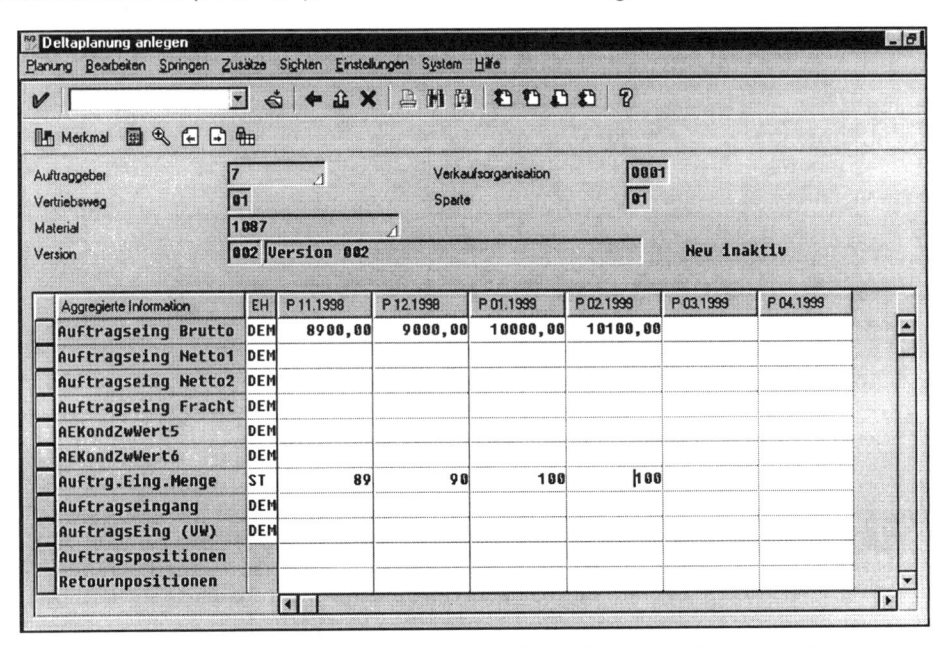

Abb. 6.15: Planung im Vertriebscontrolling: Eingabe der Planwerte für Auftraggeber und Artikel (© SAP AG)

Auf die Planzahlen kann dann direkt im Vertriebsinformationssystem zugegriffen werden, indem für bestimmte Kennzahlen ein Plan/Ist-Vergleich durchgeführt wird. Hierzu verwendet R/3 die ausgewählte Version der Planzahlen und zeigt neben Plan und Ist auch die Differenz an (Abb. 6.16).

Verkauf und Versand (SD)

Anzahl Auftraggeber: 1				
Auftraggeber	Eingang Brutto	AuftrEingMnge	Umsatz	Gutschrift
Summe	130,00 DEM	13 ST	10,00 DEM	0,00
7	130,00 DEM	13 ST	10,00 DEM	0,00

Plan/Ist-Vergleich

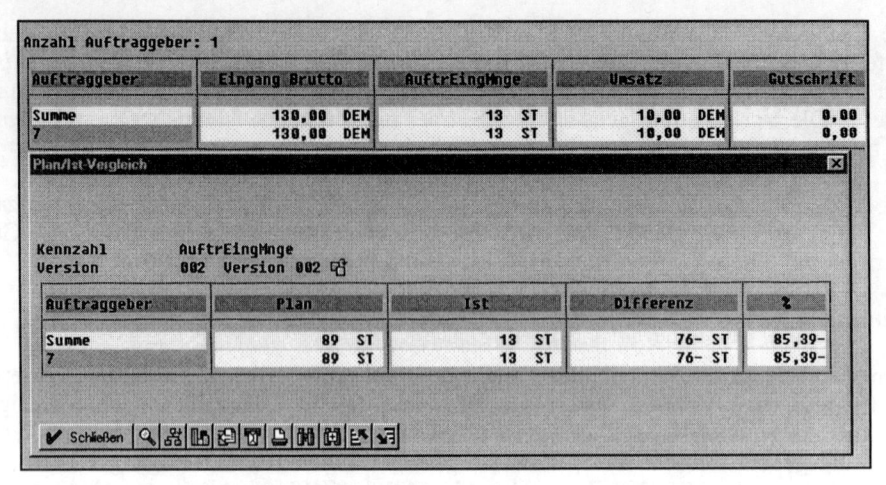

Kennzahl   AuftrEingMnge
Version   002 Version 002

Auftraggeber	Plan	Ist	Differenz	%
Summe	89 ST	13 ST	76- ST	85,39-
7	89 ST	13 ST	76- ST	85,39-

Abb. 6.16: Plan/Ist-Vergleich im VIS (© SAP AG)

Ausser dem *VIS* bietet SAP R/3 noch eine andere Sicht auf die Datenstrukturen der Statistikfortschreibung: im Menü *Infosysteme/Logistik* können zum Vertrieb Auswertungen erstellt werden nach Kunden, Materialien, Vertriebsorganisationseinheiten, Versandstellen und Belegen. Kennzahlen dafür sind wiederum Auftragseingang, Retouren, Umsätze, Gutschriften usw. *Vertriebsbelege* werden online gelistet, z. B. nach Anfragen, Angeboten, unvollständigen, rückständigen oder gesperrten Aufträgen, Lieferungen und Rechnungen.

6.3 Schnittstellen und Interdependenzen des Moduls SD

6.3.1 FI (Rechnungswesen)

Zum Modul FI besitzt SD die meisten Verbindungen. So müssen beispielsweise die Kundenstammdaten nicht nur im Vertrieb pro Vertriebsbereich definiert werden, sondern auch für jeden Buchungskreis. Über die Kontierungsgruppe des Kunden und des Materials werden die entsprechenden Erlöskonten ermittelt. Des weiteren führen Warenausgänge aufgrund von Lieferungen zu mengenmäßigen (in der Logistik, Modul MM) und wertmäßigen Veränderungen, sofern es sich um lagerhaltiges, bewertetes Material handelt.

Kreditlimit:	40.000,-	EUR	Kreditlimit für Debitor 21355 im Kreditkontrollbereich 0010 (D) in EURO
Gesamtobligo:	31.520,10	EUR	
Forderungen:	11.312,04	EUR	
Vertriebswert:	20.208,06	EUR	
Ausschöpfungsgrad:	78,80%		
Gesamtlimit:	60.000,-	EUR	Gesamtlimit für Debitor 21355 über alle Kreditkontrollbereiche
Letzte Mahnung:	__.__.__		
Risikoklasse:	RK1		

Abb. 6.17: Kreditmanagement

Über die Funktionalität des *Kreditmanagements* ist das Vertriebsmodul mit der Debitorenbuchhaltung verbunden. Mehrere Buchungskreise können dabei zu einem *Kreditkontrollbereich* zusammengefasst werden. Die Ausschöpfung der darin eingestellten Kreditlimits wird durch Geschäftsvorfälle (Aufträge, Rechnungen, Zahlungen usw.) fortgeschrieben und bei Auftragsannahme und Lieferung statisch oder dynamisch geprüft (Abbildung 6.17). Die Reaktion des Systems (Warnung, Liefersperre usw.) ist flexibel handhabbar.

6.3.2 TR (Treasury)

Es bestehen auch Beziehungen zum Modul *Treasury*, da im Rahmen der *Liquiditätsvorschau* die Liquiditätsentwicklung der Personenkonten (Zahlungsein- und -ausgänge der Debitoren und Kreditoren gemäß der offenen Posten) innerhalb der nächsten Tage betrachtet wird. Grundlage dafür sind die Zahlungsströme, die mit einer gewissen Wahrscheinlichkeit aus den nicht ausgezifferten Posten auf den Debitorenverrechnungskonten zu erwarten sind. Im *Kontenclearing* (Saldierung der Bankkonten) kann dann nicht benötigte Liquidität als Tages- oder Festgeld angelegt werden.

6.3.3 CO (Controlling)

Im Controlling dient die *Ergebnis-* und *Marktsegmentrechnung* der Beurteilung des Marktes nach den unterschiedlichsten Ergebnisobjekten (Produkte, Kunden usw.), um die erzielten Deckungsbeiträge zu ermitteln. Des weiteren gehen in die *Kosten-* und *Erlösartenrechnung* die periodengerecht abgegrenzten Erlösarten (fakturierte Umsätze, Frachten), Erlösschmälerungen und Verbräuche ein. Weitere Verbindungen ergeben sich über die *Produkt-/Erzeugniskalkulation* und die *Kostenträgerrechnung*, z. B. für die Kundenauftragsfertigung.

6.3.4 MM (Materialwirtschaft)

Die Materialien stellen die Verbindung von SD zur Materialwirtschaft her. Daher müssen die verschiedenen Sichten eines Materialstammsatzes – Vertrieb, Lagerung, Einkauf, Buchhaltung, Werks-/Lagerortbestände usw. – aufeinander abgestimmt werden, beispielsweise hinsichtlich der (Verkaufs-)Mengeneinheiten und ihrer Umrechnung.

Innerhalb des Geschäftsprozesses im Vertrieb wird dann im Rahmen der Verfügbarkeitsprüfung bei der Auftragserfassung auf die Bestandsdaten des Materials zugegriffen. Bei Lieferung erfolgt anschliessend der Warenausgang mit der entsprechenden mengenmäßigen Bestandsbuchung in der Logistik (MM) und wertmäßig auf den Sachkonten des Rechnungswesens (FI). Gegebenenfalls wird für die Kommissionierung – also die Bereitstellung der Ware aus dem Lager – die Funktionalität des integrierten WM-Moduls (Warehouse Management) genutzt.

Eine weitere enge Verflechtung zwischen SD und MM ergibt sich bei Streckengeschäften. Dazu wird im Modul SD ein Auftrag mit einem speziellen Positionstyp (TAS) erfasst, der die Verbindung zum Modul MM herstellt. Dort wird im weiteren Verlauf eine Bestellung erzeugt, die vom Lieferanten direkt an den Kunden geliefert wird.

6.3.5 PP (Produktionsplanung)

Durch die integrierte logistische Kette existieren auch zum Modul PP Beziehungen, die sich aus dem Materialbedarf im Hinblick auf den geplanten Absatz ergeben. Der langfristigen Synchronisation und Optimierung der Absatz- und Produktionspläne dient die SOP (Sales & Operations Planning). Sie bildet die Vorstufe für die Programmplanung und damit für das Produktionsprogramm. Es können je nach Material *Einzelbedarfe* (pro Vertriebsbelegseinteilung) mit exakter Ermittlung des Bedarfsverursachers oder *Summenbedarfe* (täglich/wöchentlich) übergeben werden. Gleichermaßen sind direkte Montageaufträge für die Fertigung möglich.

Weiterhin können im Verkauf Stücklisten – auch für konfigurierbares Material – Verwendung finden, die dann im Vertriebsbeleg entsprechend aufgelöst werden. Die Preisfindung ist hierbei auf Hauptpositionsebene oder aber auf Komponentenebene einstellbar.

6.3.6 Internet-Komponenten

Mit dem Release 3.1 von R/3 liefert SAP über 25 Internet-Anwendungskomponenten (Internet Application Components), z. B. für Produktkataloge, Auftragsstatus oder Auftragserfassung mit Verfügbarkeitsprüfung und Preiskalkulation, aus. Über offene Programmierschnittstellen – sogenannte BAPIs (Business Application Programming Interfaces) – und einen Internet-Transaction-Server (ITS) kann das R/3-System mit dem weltweiten Netz (WWW) verbunden werden, um Internet-Applikationen (Business-to-Business, Consumer-to-Business) in die Geschäftsprozesse zu integrieren.

6.3.7 Fremdsysteme

Der Anschluss von Fremdsystemen kann auf vielfache Weise erfolgen. Da ein Fremdsystem wiederum ein R/3-System sein kann, bietet sich in solchen Fällen der Einsatz von ALE für die lose Koppelung an, z. B. bei der Anbindung einer dezentralen Versandstelle. Zu einem R/2-System wäre auch eine RFC-Verbindung (Remote Function Call) gut geeignet.

Die Anbindung eines Lagerverwaltungssystems (LVS) könnte beispielsweise über ABAP-Reports und die Batch-Input-Schnittstelle realisiert werden. Gleiches gilt für die Datenübernahme/-gabe in Verbindung mit Altsystemen. Erfolgt die gesamte Auftragsabwicklung etwa in einem Fremdsystem, und soll in R/3 lediglich die Rechnung erzeugt und automatisch an die Buchhaltung übergeben werden, so steht dafür die allgemeine Fakturaschnittstelle zur Verfügung.

6.4 Erweiterungen in Release 4.0, 4.5 und 4.6

In Release 4.x von SAP R/3 gibt es wieder eine Fülle neuer Funktionen, von denen hier nur die wichtigsten erwähnt werden sollen:

- *Naturalrabatt:* Der Rabatt wird in Form zusätzlicher kostenloser Artikel gewährt. Wird ein Teil der Auftragsmenge nicht berechnet, handelt es sich um eine *Dreingabe*, zusätzliche kostenlose Artikel stellen eine *Draufgabe* dar. In der Lieferung wird dann gesteuert, wie der Naturalrabatt zu berücksichtigen ist.

- Neue *Benutzeroberfläche:* Sie ist leichter zu bedienen (*Karteikartenstruktur*) und macht weniger Bildwechsel nötig (Abbildung 6.18). Ferner wird bei der Verkaufsbelegerfassung derVertriebsbereich automatisch aus dem Auftraggeber abgeleitet.

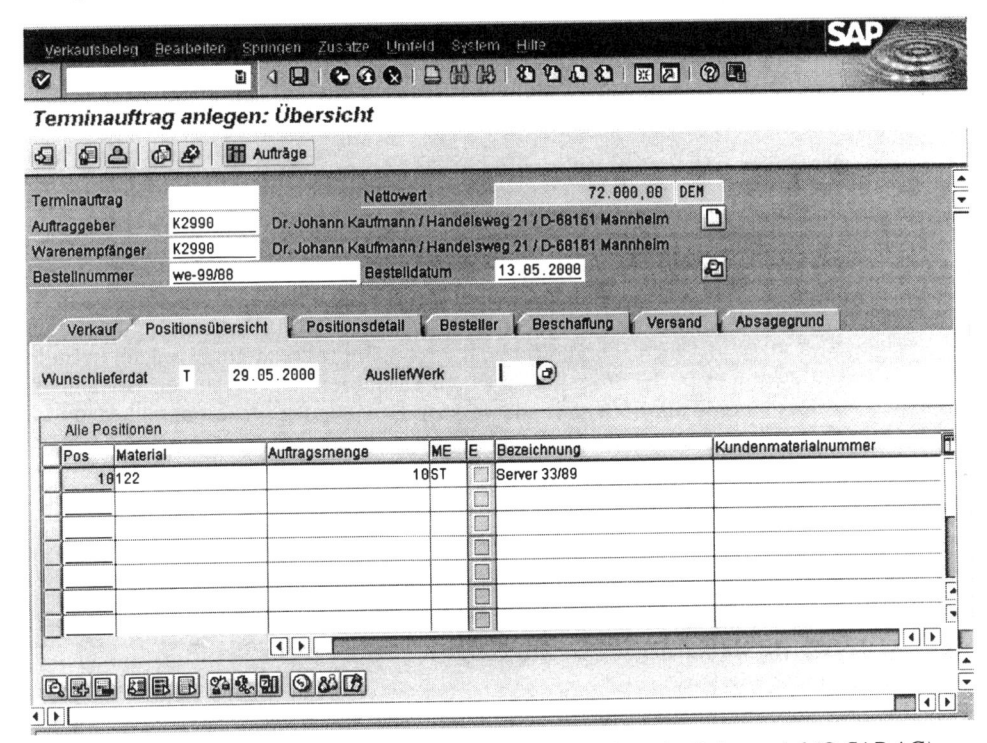

Abb. 6.18: Neue Bildschirmmaske zur Auftragsabwicklung im Release 4.6 (© SAP AG)

- *Kreditmanagement:* Die ab Release 4.0 neue *Zahlungskarten-* und *Akkreditivabwicklung* kann von der Kreditlimitprüfung ausgenommen werden.

- *Kommissionierwellen:* Damit lassen sich ausgewählte Lieferungen zusammenfassen, um so die Prozesse im Lager zu optimieren.

- *Budgetverfügungen:* Damit können Budgets für Verkaufsaktionen geplant und überwacht werden.

- *Warenausgangs-Storno:* Durch diese neue Funktion lassen sich Lieferungen auf einfache Weise stornieren, z. B. bei Belegänderungen.

- *Automated Export System (AES):* Dieses papierlose Meldeverfahren (EDI) für den Export vereinfacht die Abwicklung mit den Zollbehörden.

- Die *Zahlungskartenabwicklung* umfasst Kredit-, Kunden- und Einkäuferkarten, inklusive des Datenaustausches mit den Clearing-Stellen.

- *Anzahlungen im Kundenauftrag:* Benötigt wird diese Funktion vor allem im Anlagenbau bzw. beim Verkauf von Investitionsgütern. Neben der Verbuchung und späteren Verrechnung (FI) wird auch die Faktura (Anzahlungsanforderung) durchgeführt.

- *Rechnungskorrektur:* Damit lassen sich Änderungen an Preisen oder Mengen abbilden, Bezugspunkt ist die (falsche) Faktura mit allen Positionen.

- *Sales Configuration Engine (SCE):* Die SCE erlaubt den Einsatz der Variantenkonfiguration von R/3 auf einem Notebook (offline).

Ferner finden sich im Release 4.x: Wertkontrakte, die Definition von Lieferzeiten, neue Funktionen bei der Prüfung der Verfügbarkeit (ATP-Server), Lean-WM (Kommissionierung), Gefahrgutabwicklung, erweiterte Frachtkostenabwicklung und viele weitere Funktionen.

6.5 Resümee

Wie die Ausführungen zeigen, können die anfangs skizzierten Anforderungen an ein Vertriebsmodul mit SAP R/3 weitestgehend abgedeckt werden. Sicherlich gibt es auch Schwächen und Defizite, wie etwa die fehlende Provisionsabrechnung. Jedoch befinden sich weitere Funktionen in der Entwicklung oder existieren in bestimmten Branchenlösungen (z. B. Branchenlösung Handel – IS-R). Da R/3 ständig weiterentwickelt und an neue Anforderungen angepasst wird (Beispiel Euro), ist die Zukunftssicherheit gewährleistet.

6.6 Veröffentlichungen

Buck-Emden, Rüdiger/Galimow, Jürgen (1996): Die Client/Server-Technologie des Systems R/3. Basis für betriebswirtschaftliche Standardanwendungen, 3. Aufl. Bonn u. a.: Addison-Wesley Verlag.

Hildebrand, Knut (1995): Informationsmanagement: Wettbewerbsorientierte Informationsverarbeitung, München, Wien: R. Oldenbourg Verlag.

Hildebrand, Knut (1996): Geschäftsprozeßmodellierung bei der Einführung von SAP R/3 in neu gegründeten Unternehmen, In: Informationsverarbeitung 1996: Ausrichtung und Optimierung der IS-Ressourcen, Online '96, Congressband VII, Hrsg. v. Cornelius Schulz-Wolfgramm, Velbert, S. C731.01-C731.17.

SAP AG (1997): R/3 System Release 3.1H Online Documentation (CD-ROM), Walldorf: SAP AG.

SAP AG (1998): R/3 System Release 4.0B Online Documentation (CD-ROM), Walldorf: SAP AG.

SAP AG (1999): R/3 System Release 4.5B Online Documentation (CD-ROM), Walldorf: SAP AG.

SAP AG (1999): R/3 System Release 4.6B Online Documentation (CD-ROM), Walldorf: SAP AG.

7

Materialwirtschaft und Einkauf (MM)

Knut Hildebrand

7.1 Anforderungen an die Materialwirtschaft

Die *Materialwirtschaft* ist der zentrale Dreh- und Angelpunkt der gesamten Betriebslogistik, denn an dieser Stelle befinden sich die wesentlichen Funktionen zur Bestandsführung, Disposition, Beschaffung, Inventur, Bewertung und Rechnungsprüfung. Innerhalb der gesamten *Logistikkette* wird praktisch von allen Seiten darauf zugegriffen (Abbildung 7.1).

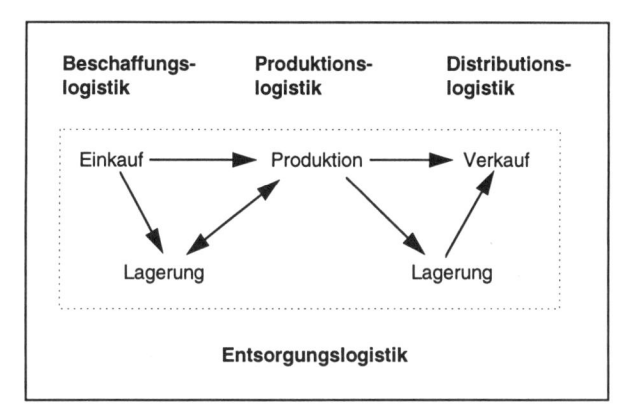

Abb. 7.1: Logistikkette

Vorteilhaft ist daher die Integration der Materialwirtschaft in eine einheitliche Standardanwendungsarchitektur, so wie SAP® R/3® sie bietet, wobei diese Integration nicht nur die Logistikseite beinhaltet, sondern das gesamte betriebliche Geschehen umfasst (vgl. Hildebrand 1996). Damit können die Ansprüche auch internationaler Unternehmen durch das Modul MM (Material Management) grundsätzlich abgedeckt werden. Typische Anforderungen sind:

- Durchgängige Geschäftsprozesse vom Einkauf über die Produktion und den Vertrieb bis hin zur Verbuchung im Rechnungswesen mit allzeit aktuellem Berichtswesen
- Flexible Bestandsführung nach vielfältigen Bestandsarten
- Dienstleistungsabwicklung in der Beschaffung

- Unterschiedliche Verfahren zur Materialbewertung (FIFO, LIFO, Standardpreis)
- Mehrsprachigkeit in den Belegen, Formularen, Masken, Stammdaten und der Dokumentation
- Verschiedene Dispositions- und Prognoseverfahren
- Mehrere Möglichkeiten zur Losgrößenbestimmung
- Schnelle und sichere Bestellabwicklung (inklusive Freigabestrategien) mit ständiger Transparenz über den aktuellen Status
- Definition eigener Materialarten zusätzlich zum Standard
- Zukunftssicherheit durch ständige Weiterentwicklung (Thema Euro) und Anpassung an neueste Technologien (Internet usw.)
- Verwendbarkeit unterschiedlicher Währungen
- Internationale Kalender, Maße und Einheiten sowie länderspezifische Gegebenheiten (Vorwahlen, Postleitzahlen, Steuern, Bankverbindungsdaten usw.)
- Orderbücher, Quotierung, Rahmenverträge (Kontrakte, Lieferpläne)
- Vielfältige Organisationsstrukturen für weltweit tätige Unternehmen: Werke, Lagerorte, Tochtergesellschaften mit unterschiedlichen Kontenrahmen, Einkaufsorganisationen und Einkäufergruppen
- Volle Daten-, Funktions- und Prozessintegration
- Integrierte Unterstützung bei der Bezugsquellenermittlung
- Redundanzfreie Datenbestände auf der Basis einer relationalen Datenbank
- Logistikinformationssystem (LIS): Bestandscontrolling (Reichweite, Häufigkeit u. a.) und Einkaufsinformationssystem (Einkäufer-, Lieferanten- und Materialanalysen) mit Auswertungen nach Produkten, Warengruppen, Werken usw. mit den unterschiedlichsten Kennzahlen (z. B. Termin- und Mengentreue)
- Einbindung von Fremd- und Altsystemen
- Office- und Workflow-Integration
- Volle Integration der Rechnungsprüfung

7.2 Realisierungsmöglichkeiten im Modul MM von SAP® R/3®

R/3 bietet eine Vielzahl von Anpassungsmöglichkeiten, um die Anforderungen der Materialwirtschaft im System abzubilden. Die kundenspezifische Ausprägung des Systems erfolgt dabei in erster Linie durch *Customizing*, d. h. durch die Parametrisierung von Tabellen (Eintragung der individuellen Werte).

Mittels *Customizing* lassen sich einstellen: Organisationseinheiten, betriebswirtschaftliche Funktionen, Stamm- und Bewegungsdaten, Belege, Masken (Feldstatus), Formulare, Berechtigungen, Konditionen u. a. m., teilweise mit eigenem Namensraum, um die Release-Fähigkeit (Aufwärtskompatibilität) nicht zu gefährden. Weitere Anpassungsmöglichkeiten von SAP R/3 sind sogenannte *Erweiterungen*, soweit sie von SAP vorgesehen sind. Dazu zählen: *Customer Exits* (Funktionsbausteine mit eigenem Quellcode), *Dynpro Exits* (eigene Logik und eigene Felder in Subscreens), *Menü Exits* (in R/3-Menüs können eigene Punkte angelegt werden) und *Field Exits* (Prüfungen auf Feldebene).

Überdies können *Benutzermenüs* (Eigenentwicklungen innerhalb des Standards) generiert sowie eigene *ABAP/4®-Reports* in einem speziellen Namensraum (Z...) geschrieben werden, um beispielsweise Auswertungen zu erstellen oder den *Batch-Input* (für die Datenübernahme) zu bedienen. Darüber hinaus sind *eigene Infostrukturen* (im LIS), *eigene Tabellen* und *eigene Transaktionen*, jeweils mit speziellem Namensraum, möglich. Falls dies immer noch nicht reicht, können *Customer Includes* (von SAP entworfene Tabellenerweiterungen) und *Append-Strukturen* (Erweiterung von transparenten Tabellen) benutzt werden. Vor einem muss jedoch dringend gewarnt werden: und zwar vor der *Modifikation* der SAP-eigenen Programme, da diese sonst die Release-Fähigkeit, Wartbarkeit und Fehlerkorrektur durch SAP einbüßen.

7.2.1 Organisationsstrukturen

Die Organisationsstrukturen des Moduls MM sind in die allgemeinen Systemorganisationseinheiten von SAP R/3 eingebunden (Abbildung 7.2). An oberster Stelle steht der Mandant, in dem eine Konzernstruktur abgebildet wird. Die Buchungskreise stellen dabei die einzelnen Firmen dar, die wiederum ein oder mehrere Werke mit den entsprechenden Lagern – auch als Dienstleister – umfassen. Buchungskreise und Werke haben Beziehungen zu Verkaufsorganisationen, die den Vertrieb der Artikel in ihren Vertriebsbereichen übernehmen (s. Kapitel 6, Verkauf und Versand (SD)). Des weiteren können Kreditkontrollbereiche eingerichtet werden, die mehrere Buchungskreise beinhalten; gleiches gilt für den Kostenrechnungskreis.

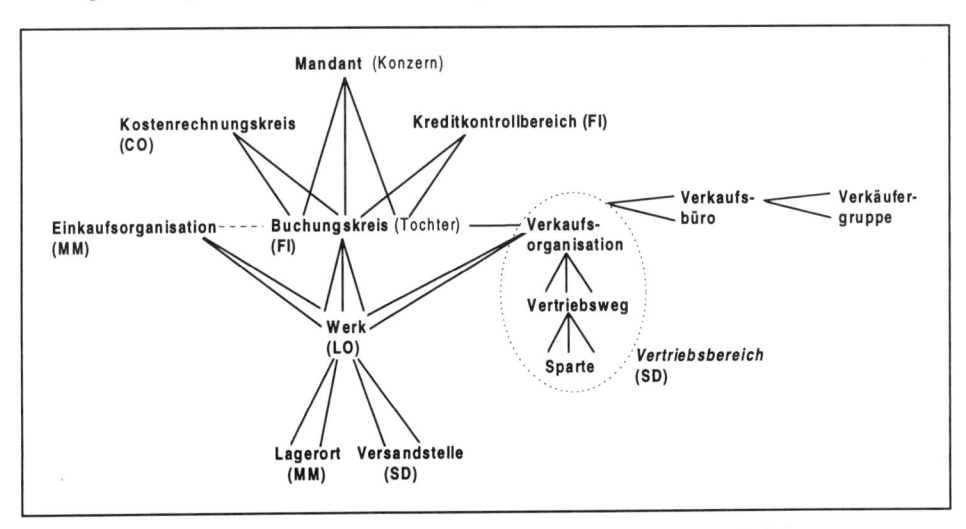

Abb. 7.2: Grundlegende Organisationseinheiten von SAP R/3

Innerhalb eines *Mandanten* (Konzerns) werden die Werke – als *Organisationseinheiten* der Logistik für Disposition und Bestandsführung – genau einem *Buchungskreis* (selbständig bilanzierende Einheit) zugeordnet (Abbildung 7.3). Jedes *Werk* wiederum kann über mehrere *Lagerorte* verfügen. Ferner kann die *Einkaufsorganisation* konzernbezogen implementiert werden, d. h. mehrere Buchungskreise sind ihr zugeordnet, oder aber firmenbezogen. Erfolgt die Zuordnung der Einkaufsorganisation nur zu den Werken (werksbezogener Einkauf), wird der erforderliche Buchungskreis indirekt über das Werk bestimmt.

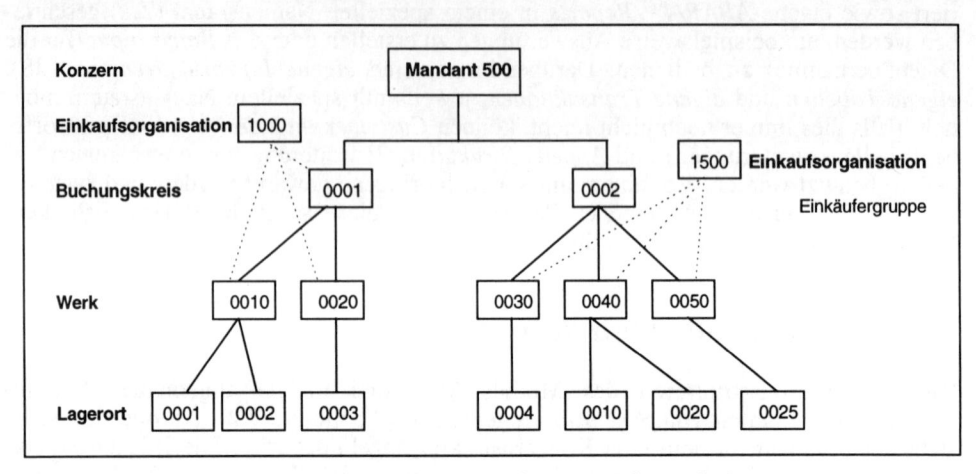

Abb. 7.3: Organisation in der Materialwirtschaft

Die Lagerorte, die einem Werk zugeordnet werden, dienen in erster Linie zur logischen Zuordnung von Materialbeständen, nicht so sehr zu deren physischer Auffindbarkeit. Bei kleinen Lagereinheiten und überschaubaren Materialbeständen ist dies durchaus vertretbar, für größere Mengengerüste jedoch bietet SAP R/3 eine eigene *Lagerverwaltung* an (Modul WM – *Warehouse Management*). Beispielsweise kann dann eine physische Lagerstruktur als eigene *Lagernummer* einem oder mehreren *Lagerorten* zugeordnet werden. Innerhalb dieser Lagernummer können wiederum mehrere *Lagertypen* – Hochregallager, Kommissionierlager usw. – unterschieden werden. In einem Lagertyp befinden sich die *Lagerplätze*, die den exakten Ort des Materials beschreiben. Ein Lagerplatz kann mehrere *Quants* (Artikelbestände, Chargen) enthalten. Lagerplätze, die gemeinsame Eigenschaften besitzen, können zu *Lagerbereichen* zusammengefasst werden.

7.2.2 Stammdaten

Zentrale Stammdaten im MM sind: Kreditoren (Lieferanten), Materialien, Einkaufsinfosätze, Konditionen, Stücklisten, Quotierung und Orderbücher.

Lieferanten

Bezüglich der Lieferanten- bzw. Kreditorenstämme bietet R/3 eine hohe Flexibilität. Daher existiert im Standard eine Vielzahl von Partnerbeziehungen, die wiederum miteinander verknüpft werden können. Durch die *Partnerrollen* können komplexe Strukturen – *Bestellempfänger, Warenlieferant, Rechnungssteller* und *Zahlungsempfänger* – abgebildet werden. Ferner können CPD-Konten (Einmallieferanten) aufgebaut werden.

R/3 erlaubt eine interne und eine externe Nummernvergabe mit unterschiedlichen Nummernkreisen. Die Nummer ist innerhalb des Mandanten eindeutig.

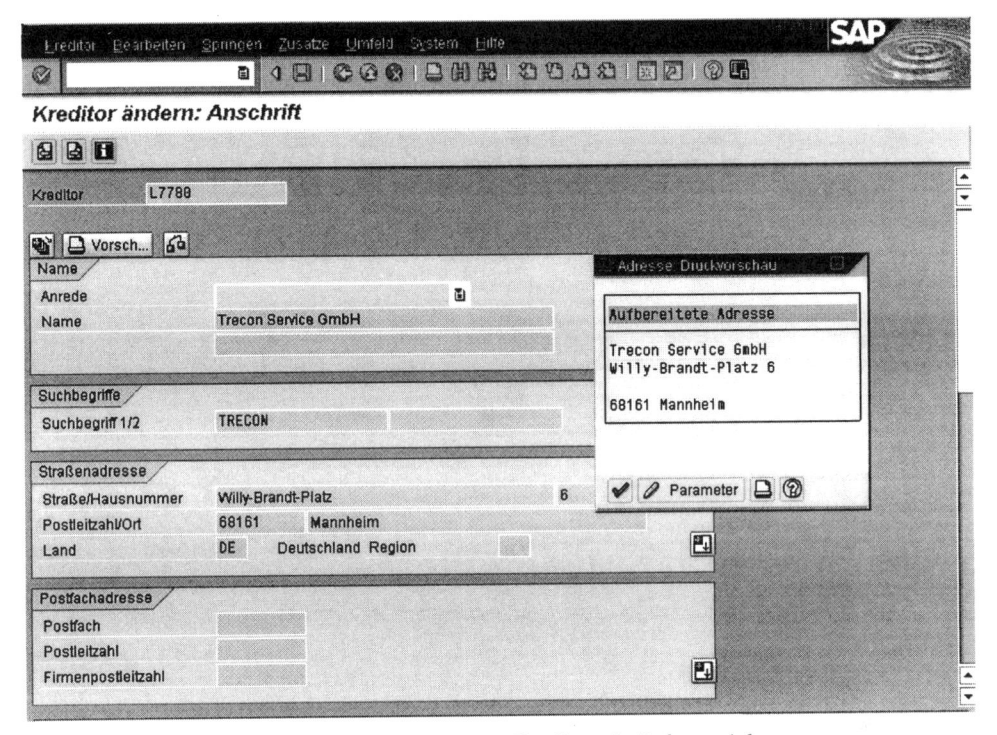

Abb. 7.4: Anschrift eines Kreditors in Release 4.6

Kreditorenstammdaten werden in drei Bereichen gepflegt:

- *Allgemeine Daten:* z. B. Name, Adresse, Telefon, Sprache, Bankverbindung, Branche (Abb. 7.4).
- *Einkaufsdaten:* Sie gelten pro *Einkaufsorganisation*, z. B. Bestellwährung, Incoterms, Partnerrollen.
- *Buchhaltungsdaten:* Sie stellen die Verbindung zum *Buchungskreis* her, z. B. Abstimmkonto, Mahnverfahren, Zahlungsbedingungen und Zahlungsverkehr.

Materialien

R/3 verwendet für alle Arten von Produkten die Bezeichnung »Material«. Schon der Standard enthält eine Vielzahl von Materialarten (Rohmaterial, Handelsware, Fertigerzeugnis, unbewertetes Material, konfigurierbares Material, Verpackungen usw.) sowie die Dienstleistungsabwicklung. Ferner können beliebige eigene Materialarten definiert werden.

Ein *Material* bzw. ein Artikel wird innerhalb einer Materialart definiert und durch eine intern oder extern vergebene Materialnummer identifiziert. Innerhalb des Mandanten ist die Nummer eindeutig einem Material zugeordnet. Neben der Materialbezeichnung (pro

Sprache), den Mengeneinheiten (Einkauf, Vertrieb, Lagerung) und der Sparte (Zuordnung zum Vertriebsbereich im Modul SD) ist die Art der Beschaffung – intern und/oder extern – eine wesentliche Eigenschaft. Die Stammdaten werden in mehreren Sichten gepflegt – z. B. Grunddaten, Einkauf, Disposition, Prognose, Lagerung, Buchhaltung/Bewertung (Abbildung 7.5), Kalkulation, Arbeitsvorbereitung, Qualitätsmanagement –, die entsprechend den betrieblichen Erfordernissen eingestellt werden. Ferner können Materialien in das Klassifizierungssystem eingebunden werden, um beispielsweise ähnliche Teile wiederzufinden.

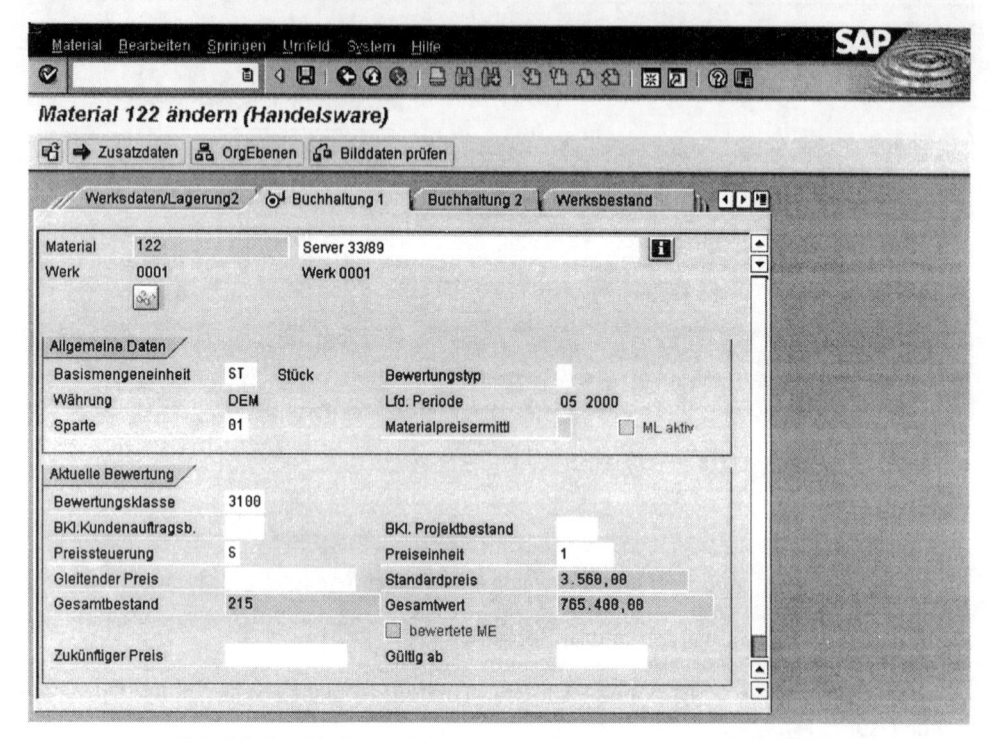

Abb. 7.5: Buchhaltungssicht des Materialstammsatzes (© SAP AG)

Einkaufsinfosätze

Einkaufsinfosätze stellen die Beziehung zwischen Material und Lieferant dar (Abbildung 7.6) und sind daher vielfältige Informationsquellen für den Einkauf (z. B. Lieferantenbeurteilung). Sie können manuell oder maschinell (durch automatisches Infosatz-Update im Rahmen der Einkaufsaktivitäten) gepflegt werden.

Materialwirtschaft und Einkauf (MM)

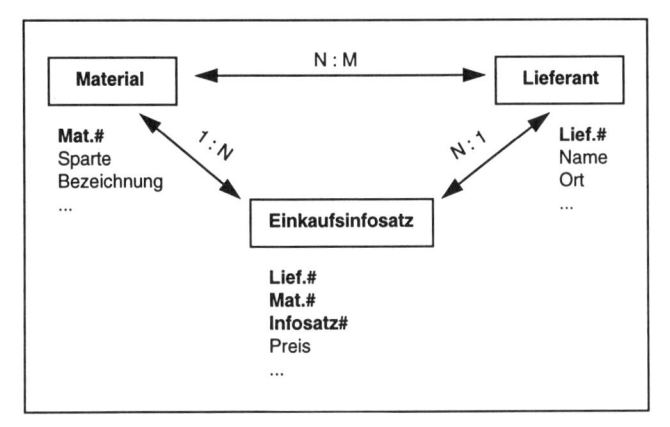

```
                         N : M
      ┌──────────┐ ◄──────────► ┌──────────┐
      │ Material │               │ Lieferant│
      └──────────┘               └──────────┘
       Mat.#       ╲  1:N   N:1 ╱   Lief.#
       Sparte       ╲          ╱    Name
       Bezeichnung   ╲        ╱     Ort
       ...            ▼      ▼      ...
                  ┌──────────────┐
                  │Einkaufsinfosatz│
                  └──────────────┘
                    Lief.#
                    Mat.#
                    Infosatz#
                    Preis
                    ...
```

Abb. 7.6: Einkaufsinfosatz: Beziehung zwischen Material und Lieferant

Typische Inhalte eines Einkaufsinfosatzes sind Preise, Bestellmengen, Toleranzgrenzen, Planlieferzeit, Angebots- und Bestelldaten sowie Statistikdaten (Abbildung 7.7).

Abb. 7.7: Einkaufsinfosatz (© SAP AG)

Sonstige Stammdaten

Konditionen

Mit Hilfe der *Konditionentechnik* können praktisch alle Arten von Konditionsvereinbarungen abgebildet werden. Typische Konditionen sind: Preise, Steuern, Rabatte und Zuschläge. Ferner werden bei der *Nettopreisermittlung* drei Preisarten unterschieden:

- *Bruttopreis:* ohne Zu- und Abschläge
- *Nettopreis:* Bruttopreis mit Zu- und Abschlägen
- *Effektivpreis:* Nettopreis abzüglich Bezugsnebenkosten, Skonto und neutralen Rückstellungen

Das Kalkulationsschema wiederum legt fest, in welcher Reihenfolge und wie welche Konditionsarten miteinander verknüpft werden, um so den Effektivpreis zu berechnen.

Orderbuch

Im Orderbuch werden erlaubte, vorgeschriebene und gesperrte Bezugsquellen für ein Material festgelegt. Alle Einträge sind mit Gültigkeitszeiten versehen und werden bei der Beschaffung geprüft.

Quotierung

Die Quotierung gibt an, mit welcher Quote eine Bezugsquelle bei der Beschaffung berücksichtigt wird. Über die Berechnung von Quotenzahlen ermittelt das System, welcher Lieferant als nächstes beauftragt wird.

7.2.3 Geschäftsprozesse im Einkauf

Der wesentliche Geschäftsprozess der Materialwirtschaft, der vielfältige Ausprägungen haben kann, ist der *Einkauf*. Er ist in R/3 schnell und einfach durchführbar, da praktisch alle Informationen schon in den Stammdaten vorhanden sind und der Benutzer nur noch Mengen und Termine eingeben muss. Infolge der hohen Integration des Systems entfallen Mehrfacherfassungen und damit Erfassungsfehler.

Der Geschäftsprozess im Einkauf kann an mehreren Stellen seinen Anfang nehmen: mit einer internen *Bestellanforderung* (BANF), einer *Anfrage* beim Lieferanten bzw. einem *Lieferantenangebot* oder sofort mit einer *Bestellung* (Abbildung 7.8). Des weiteren können *Rahmenverträge* – langfristige Liefervereinbarungen in Form von Wert- oder Mengenkontrakten und Lieferplänen – eingebunden werden.

Eine BANF kann manuell oder maschinell erzeugt werden. Im letzteren Fall entsteht sie bei einem Planungslauf in Rahmen der Disposition. Im nächsten Schritt muss einer BANF dann eine Bezugsquelle zugeordnet werden. Diese *Lieferantenauswahl* bzw. *Bezugsquellenermittlung* wird von R/3 durch die *Nettopreissimulation* mit Einkaufsinfosätzen unterstützt, die die preisrelevanten Informationen der Lieferanten eines Materials enthalten. Gleichfalls werden Rahmenverträge, Orderbücher und Quotierungen berücksichtigt. Pro BANF-Position erfolgt dann die Zuordnung des Lieferanten, was dazu führen kann, dass aus einer BANF mehrere Bestellungen bei unterschiedlichen Lieferanten entstehen (Abbildung 7.9).

```
BANF        (=> Bezugsquellenermittlung via
 ↓            Nettopreissimulation mit Infosätzen)
Anfrage
 ↓
Angebot     (=> Preisspiegel der Angebote)
 ↓
Bestellung
 ↓
Wareneingang
 ↓
Rechnungsprüfung
 ↓
Offener Posten im FI (Kreditoren)
```

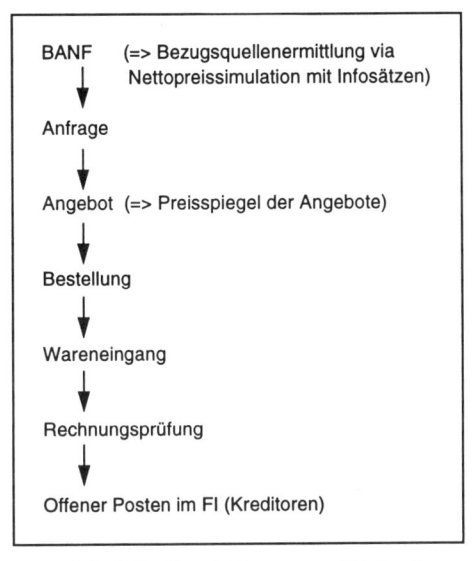

Abb. 7.8: Geschäftsprozess Einkauf

Die Verbindung der einzelnen Einkaufsbelege und die Datenübernahme aus den Vorgängerbelegen geschieht dadurch, dass die Belege mit Bezug aufeinander angelegt werden. Zugeordnete Bestellanforderungen können vom System automatisch in Bestellungen umgesetzt werden. Bestellanforderungen können in eine mehrstufige *Freigabestrategie* (auf Positionsebene) zur Genehmigung eingebunden werden.

Unabhängig davon, ob eine Bestellanforderung existiert, kann eine *Anfrage* bei verschiedenen Lieferanten veranlasst werden. Sinnvoll ist dies dann, wenn beispielsweise neue Konditionen existieren, die in den Einkaufsinfosätzen noch keine Berücksichtigung gefunden haben.

Die übliche Reaktion eines Lieferanten auf eine Anfrage ist ein *Angebot*; es wird zur entsprechenden Anfrage erfasst (gleiche Belegnummer) und dient als Basis für den Preisvergleich. Dieser Preisspiegel der Angebote zeigt das beste Angebot und die Abweichungen aller Angebote vom Mittelwert. Skonto und Bezugsnebenkosten können berücksichtigt werden.

Eine *Bestellung* kann unabhängig erzeugt werden oder einen Bezug zu einem Vorgängerbeleg (BANF, Angebot oder Rahmenvertrag) besitzen. Im Rahmen der Bestellüberwachung kann R/3 automatisch Mahnschreiben erstellen. Ferner erlaubt die Bestätigungssteuerung, dass zu bestimmten, frei definierbaren Zeitpunkten vor der Lieferung eine Auftragsbestätigung und/oder ein Lieferavis erwartet wird.

Innerhalb des Geschäftsprozesses im Einkauf ist der *Wareneingang* in vielen Fällen die nächste Aktivität. Davon ausgenommen sind Materialien, für die kein Wareneingang erwartet wird (Dienstleistungen), oder die keine Wareneingangsbuchung benötigen, weil sie nicht im Bestand geführt werden, bzw. für die explizit kein Wareneingang im System vorgesehen ist. Lagerhaltiges Material führt bei Wareneingang zu einer mengenmäßigen Bestandszubuchung in der Logistik und zu einer wertmäßigen Bestandserhöhung auf dem Bestandskonto der Finanzbuchhaltung. Bei kontierten Bestellungen werden die entsprechenden Buchungen durch das System durchgeführt, solche *Kontierungsobjekte* sind beispielsweise Aufträge, Kostenstellen und -arten, Projekte oder Anlagen.

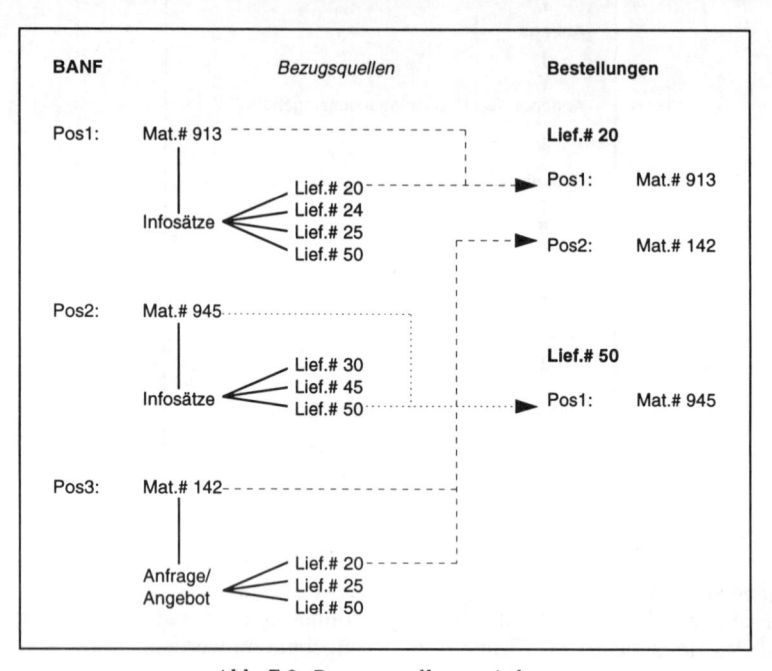

Abb. 7.9: Bezugsquellenermittlung

Die *Rechnungsprüfung* schließt den Einkauf innerhalb der Materialwirtschaft ab. Die Rechnungsprüfung kann bestellbezogen oder mit Bezug zu einem Wareneingang erfolgen. Das System vergleicht alle erforderlichen Belege inhaltlich und rechnerisch und weist den Benutzer auf Abweichungen hin, die oberhalb der Toleranzgrenzen liegen. Solche Rechnungen werden für die Weiterverarbeitung – also die Zahlung in der Finanzbuchhaltung – gesperrt und müssen gesondert freigegeben werden. Infolge der hohen Integration des Systems werden nicht nur die Sachkonten bebucht und der offene Posten an die Kreditorenbuchhaltung übergeben, sondern es werden ebenfalls weitere Kontierungen berücksichtigt und die erforderlichen Belege (Controlling, Anlagenbuchhaltung usw.) erstellt. Ausserdem können Anzahlungen, Gutschriften und Nachbelastungen sowie Bezugsnebenkosten verbucht werden. Eine automatische Weiterverteilung ist möglich.

Die Ausgabe der Einkaufsbelege (Anfrage, Bestellung) erfolgt beispielsweise über Drucker, per Fax oder EDI. Die dazu nötigen Formulare und Texte können in mehreren Sprachen hinterlegt und individuell gestaltet werden. Einkaufsbelege können für Auswertungen, z. B. nach Anfragen/Angeboten, Bestellungen (nach Status) oder Bestellwerten, online gelistet werden.

7.2.4 Bestandsführung

Die Bestandsführung dient der mengen- und wertmäßigen Führung der Materialien, der Abbildung und Verfolgung von Materialbewegung und der Inventur. Unterschieden werden Wareneingänge (zu Bestellungen u. a.), Warenausgänge (z. B. Lieferungen), Umbuchungen (Material an Material) und Umlagerungen (Werk an Werk). Diese Funktionen lassen sich an einer Vielzahl von Bestandsarten durchführen, so dass praktisch alle in der Praxis vorkommenden Fälle durch spezielle *Bewegungsarten* abgedeckt werden. Typische *Bestandsarten* sind (Abbildung 7.10): Frei verwendbar, Reserviert, Qualitätsprüfung, Sperrbestand, Retourenbestand, Bestellbestand, Chargen u. a. m.; ferner die *Sonderbestandsarten* Konsignationsmaterial und Leihgut von Kunden oder Lieferanten sowie die Lohnbearbeitungsbestände.

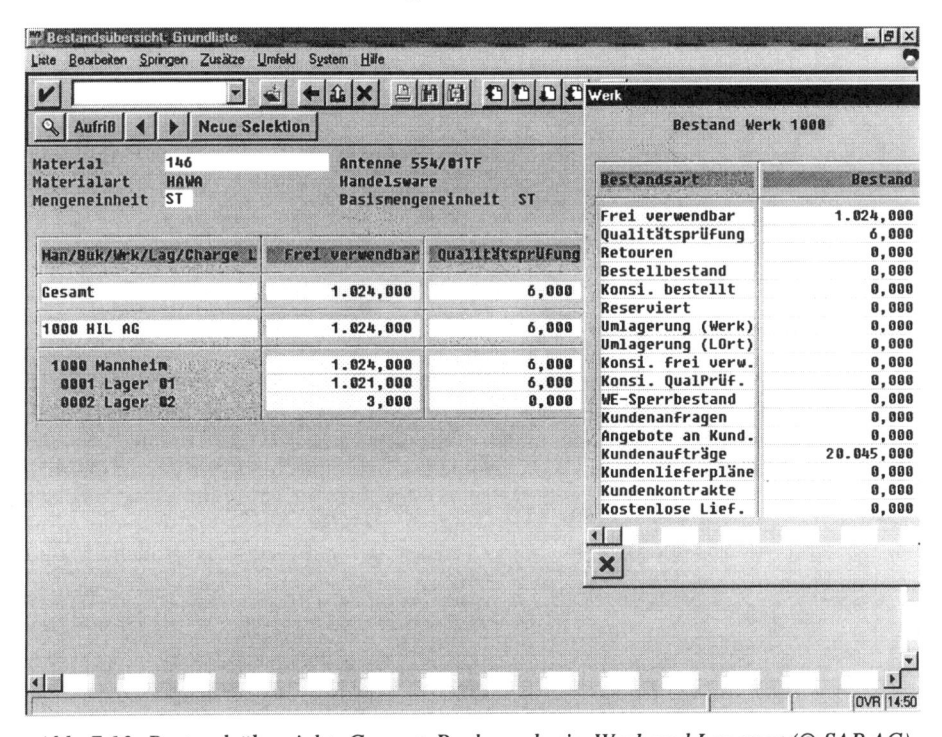

Abb. 7.10: Bestandsübersicht: Gesamt, Buchungskreis, Werk und Lagerort (© SAP AG)

Sofern es sich um bewertetes Material handelt, werden bei jeder Warenbewegung die nötigen wertmäßigen Buchungen in der Finanzbuchhaltung automatisch miterzeugt (automatische Kontenfindung). Gleiches gilt für Umbewertungen und Umbuchungen.

Die *Inventur* (Stichtagsinventur, permanente Inventur, Cycle-Counting und Stichprobeninventur) kann sowohl im Eigenbestand als auch in den Sonderbeständen durchgeführt werden. Für die Zählung werden Inventurbelege erstellt und anschließend mit dem Zählbestand im System erfasst. Ergeben sich Differenzen, so werden sie mengenmäßig (Materialbeleg) und wertmäßig (Buchhaltungsbeleg) ausgebucht.

7.2.5 Disposition und Prognose

Im Rahmen der *Bedarfsplanung* (Modul PP) ist es notwendig, für Materialien *Dispositionsverfahren* festzulegen. Dabei ist grundsätzlich zu unterscheiden, ob exakt geplant wird oder ob die Mengen mit Hilfe der *Bestellpunktrechnung* möglichst bedarfsgerecht berechnet werden sollen.

Bei der *plangesteuerten* bzw. *deterministischen Disposition* wird auf der Basis exakter Bedarfsmengen – inklusive der Sekundärbedarfe durch *Stücklistenauflösung* – geplant. Im *Planungslauf* wird dazu zuerst die *Nettobedarfsrechnung* durchgeführt, d. h. zum Lagerbestand werden erwartete Zugänge (Bestellungen, Planaufträge) hinzugezählt und geplante Abgänge (Kundenaufträge, Reservierungen) abgezogen. Ist der dann errechnete Nettobedarf größer als der Bestand, wird ein Bestellvorschlag auf der Grundlage der eingestellten Losgröße erzeugt.

Die *verbrauchsgesteuerte Disposition* orientiert sich dagegen an den vergangenen und prognostizierten zukünftigen Materialverbräuchen. Sie wird bei den nicht ganz so wichtigen Teilen eingesetzt, sofern sie einen relativ regelmäßigen Verbrauch aufweisen. Folgende Dispositionsverfahren bietet R/3 an:

- Bestellpunktdisposition (manuell und maschinell)
- Stochastische Disposition
- Rhythmische Disposition

Bei der *Bestellpunktdisposition* sind zwei Parameter von entscheidender Bedeutung: der *Meldebestand* (Bestellpunkt) und der *Sicherheitsbestand*. Für die Parameterwertbestimmung wird zwischen einem manuellen (Dispomerkmal VB) und einem maschinellen Verfahren (Dispomerkmal VM) unterschieden. Die maschinelle Bestellpunktdisposition verwendet dazu das integrierte *Prognoseprogramm*, das auf Basis der alten Verbrauchswerte den zukünftigen Bedarf ermittelt. Bei der Unterschreitung des Meldebestandes wird ein Bestellvorschlag unter Berücksichtigung des Losgrößenverfahrens erzeugt und terminiert.

Bei der *stochastischen Disposition* (Dispomerkmal VV) wird auch das integrierte Prognoseprogramm benutzt, jedoch nicht zur Errechnung des Meldebestands – wie bei der maschinellen Bestellpunktdisposition –, sondern zur Prognose des zukünftigen Bedarfs. Schließlich kann noch die *rhythmische Disposition* (Dispomerkmal VR) eingesetzt werden, wenn ein Lieferant etwa immer zu einem bestimmten Wochentag liefert.

Für die Prognose werden unterschiedliche *Prognosemodelle* eingesetzt:

- Das *Konstantmodell* für gleichmäßige Verbrauchsverläufe
- Das *Trendmodell* für steigende oder fallenden Verbrauchsverläufe
- Das *Saisonmodell* für saisonal schwankende Verbrauchsverläufe um einen gleichbleibenden Grundwert
- Das *Trend-Saisonmodell* für saisonal schwankende Verbrauchsverläufe um einen steigenden Verbrauchsverlauf

Im Rahmen der *Losgrößenberechnung* können drei Verfahren unterschieden werden:

Statische Losgrößenverfahren:

- Exakte Losgröße
- Feste Losgröße
- Auffüllen bis zum Höchstbestand

Periodische Losgrößenverfahren:

- Tageslosgröße
- Wochenlosgröße
- Monatslosgröße
- Periodenlosgröße

Optimierende Losgrößenverfahren:

- Stück-Perioden-Ausgleich
- Verfahren der gleitenden wirtschaftlichen Losgröße
- Dynamische Planungsrechnung
- Losgrößenverfahren nach Groff

7.2.6 Auswertungen

SAP R/3 bietet sehr viele Möglichkeiten, um aussagekräftige Informationen – aggregiert oder differenziert – über Lieferanten, Materialien, Einkaufsorganisationen, Warengruppen u. a. m. zu erhalten. Neben *Standardanalysen*, die eine Verfeinerung (Drilldown) in mehreren Dimensionen – Werk, Periode, Lagerort, Material usw. – zulassen, können *flexible Analysen* mit selbstdefinierten Auswertungsstrukturen, *Planungen* für Plan/Ist-Vergleiche und eigene Auswertungsprogramme (*ABAP/4-Reports*) benutzt werden. Ferner steht ein *Frühwarnsystem* zur Verfügung, welches entscheidungsorientiert die Schwachstellenfindung durch Selektion von Ausnahmesituationen (Exceptions) ermöglicht.

Eine einfache Möglichkeit, Informationen über Material und Lieferanten aus Einkaufsinfosätzen zu gewinnen, bietet das *Einkaufsverhandlungsblatt* (Abbildung 7.11). Es enthält, je nach Listumfang, aktuelle Preise, Konditionen, Bestellwerte u. a. m.

Für umfassendere und detailliertere Analysen steht das *Logistikinformationssystem* (LIS) mit dem *Einkaufsinformationssystem* und dem *Bestandscontrolling* zur Verfügung. Die Erzeugung und Fortschreibung der Statistikdaten erfolgt mittels sogenannter *Informationsstrukturen* aus den Material- und Einkaufsbelegen (Bestellungen, Wareneingänge usw.).

```
               Einkaufsverhandlungsblatt              Seite 1
   Material    146              Antenne 554/01TF
   ----------------------------------------------------------

   Daten zum Material

   Bestellmengen und -werte
     1999                    1.100 ST         6.000,00 DEM


               Einkaufsverhandlungsblatt              Seite 2
   Material    146              Antenne 554/01TF
   ----------------------------------------------------------


   Daten zum Lieferant
   Lieferant  21000           Maximilian Lieferle

   Zahlungsbedingungen
     0001
     sofort zahlbar ohne Abzug
   Lieferkonditionen
     FH (Frei Haus)
   Bestellwerte
     1999              6.350,00 DEM

   Daten zum Infosatz
   Lieferant  21000           Maximilian Lieferle
   ohne Werk

   Planlieferzeit
                       4 Tage
   Preise
     Nettopreis                         4,56 DEM    1 ST
     Letzter Best.Preis                 5,12 DEM    1 ST
   Bestellmengen und -werte
     1999                    100 ST     1.000,00 DEM
```

Abb. 7.11: Einkaufsverhandlungsblatt (© SAP AG)

Einkaufscontrolling

Im *Einkaufsinformationssystem* können z. B. Analysen nach Lieferant, Einkäufergruppe, Warengruppe oder Material durchgeführt werden. *Merkmale* für Auswertungen (mit Drill-down) sind etwa: Material, Einkaufsorganisation, Werk und Periode (Monat). Zu den wichtigsten *Kennzahlen* gehören: Bestellmenge, -positionen, -preis, -wert, Mengenabweichungen, Rechnungsbetrag, Wareneingangsmenge und -wert. Für eine selbstdefinierte Selektion erstellt R/3 eine *Grundergebnisliste* mit allen gewünschten Kennzahlen, die per Mausklick weiter aufgegliedert werden kann. Aus jeder Liste kann dann unmittelbar am Bildschirm die entsprechende *Präsentationsgrafik* generiert werden (Abbildung 7.12 bis 7.15).

Anzahl Lieferant: 17			
Lieferant	Bestellwert	Rechnungsbetrag	Bestellmenge
Summe	2.390.950,00 DEM	2.242.940,00 DEM	137.102 ST
10101	170.000,00 DEM	50.000,00 DEM	1.010 ST
11111	100,00 DEM	100,00 DEM	10 ST
11233	1.000,00 DEM	1.000,00 DEM	10 ST
15000	35.200,00 DEM	25.200,00 DEM	550 ST
15151	1.800,00 DEM	1.800,00 DEM	100 ST
19998	10.000,00 DEM	10.010,00 DEM	10.000 ST
19999	80.000,00 DEM	80.000,00 DEM	20.250 ST
20000	1.200,00 DEM	1.200,00 DEM	110 ST
21000	7.400,00 DEM	6.910,00 DEM	301 ST
22000	0,00 DEM	0,00 DEM	0 ST
22100	380,00 DEM	390,00 DEM	200 ST
22222	38.390,00 DEM	20.900,00 DEM	191 ST
23000	1.512.250,00 DEM	1.512.260,00 DEM	102.350 ST
23500	530.080,00 DEM	530.010,00 DEM	1.460 ST
23600	0,00 DEM	0,00 DEM	0 ST
24000	3.100,00 DEM	3.100,00 DEM	550 ST
24001	50,00 DEM	60,00 DEM	10 ST

Abb. 7.12: Lieferantenanalyse: Grundergebnisliste (© SAP AG)

Lieferant 24000

Anzahl Material: 4

Material	Bestellwert	Rechnungsbetrag	Bestellmenge
Summe	3.100,00 DEM	3.100,00 DEM	550 ST
271	200,00 DEM	200,00 DEM	100 ST
282	200,00 DEM	200,00 DEM	100 ST
291	0,00 DEM	0,00 DEM	0 ST
301	2.700,00 DEM	2.700,00 DEM	350 ST

Abb. 7.13: Lieferantenanalyse: Drill down nach Lieferant 24000 (© SAP AG)

Lieferant 24000   Material 301

Anzahl Monat: 2

Monat	Bestellwert	Rechnungsbetrag	Bestellmenge
Summe	2.700,00 DEM	2.700,00 DEM	350 ST
10.1998	2.500,00 DEM	2.500,00 DEM	250 ST
11.1998	200,00 DEM	200,00 DEM	100 ST

Abb. 7.14: Lieferantenanalyse: Drill down nach Lieferant 24000 und Material 301 (© SAP AG)

```
Lieferant              24000
Material               301
Monat                  10.1998

Anfragepositionen              0
Angebotspositionen             0
Bestelleinteilungen            1
Bestellmenge                 250  ST
Bestellpositionen              1
Bestellpreis               10,00  DEM
Bestellwert             2.500,00  DEM
Gew. mittl. LiefZt.            0
Kontraktpositionen             0
Lieferplaneinteil.             0
Lieferplanposit.               0
Liefersollmenge                0  ST
Lieferungen                    2
Mengenabweichung 1             0
Mengenabweichung 2             0
Mengenabweichung 3             0
Mengenabweichung 4             0
Mengenabweichung 5             0
Mittl. Lieferzeit              0
Rechnungsbetrag         2.500,00  DEM
Rechnungsmenge               250  ST
Rechnungspreis             10,00  DEM
Terminabweichung 1             0
Terminabweichung 2             0
Terminabweichung 3             0
Terminabweichung 4             0
Terminabweichung 5             0
Wareneingangsmenge           250  ST
Wareneingangswert       2.500,00  DEM
```

Abb. 7.15: Lieferantenanalyse: Kennzahlen für Lieferant 24000 und Material 301 in Periode 10.1998 (© SAP AG)

Bei der Standardanalyse *Lieferantenbeurteilung* werden die Eigenschaften von Lieferanten aufgezeigt. Die Kennzahlen dafür sind gewichtete Noten für Preis, Qualität, Lieferung und Service (Hauptkriterien), die teils automatisch, teils manuell vergeben werden. Die Note für *Lieferung* setzt sich wiederum aus Noten für Teilkriterien, wie z. B. Mengentreue, Termintreue und Avistreue, zusammen. Ein Drill-down beginnt beim Lieferanten und geht über das Material, die Einkaufsorganisation und das Werk bis hinunter zur eingestellten Periode.

Bestandscontrolling

Das *Bestandscontrolling* bietet Standardanalysen für Werke, Lagerorte, Materialien und Chargen. Auch hier kann die Betrachtung vom Werk über Lagerort und Material bis zum interessierenden Zeitraum verfeinert werden. Typische Kennzahlen sind etwa: Abgangsmengen und -werte, Verbrauchsmengen und -werte, Zugangsmengen und -werte, Umschlagshäufigkeit, Reichweite und Anzahl der Materialbewegungen (Abbildung 7.16 bis 7.18).

Werk 1000 Lagerort 0001

Anzahl Material: 14

Material	Abgangsmenge BB	Zugangsmenge BB	Gesamtvbr	Menge BB
Summe	3.606,000 ***	24.402,000 ***	3.378,000 ***	20.796,000 ***
130	0 ST	1.100 ST	0 ST	1.100 ST
131	0 KG	1.500 KG	0 KG	1.500 KG
132	0 ST	153 ST	0 ST	153 ST
142	5 ST	118 ST	5 ST	113 ST
143	0 ST	1.005 ST	0 ST	1.005 ST
144	42 ST	1.100 ST	42 ST	1.058 ST
145	1.245 ST	1.522 ST	1.126 ST	277 ST
146	319 ST	1.304 ST	210 ST	985 ST
147	300 ST	1.100 ST	300 ST	800 ST
148	142 ST	10.100 ST	142 ST	9.958 ST
149	300 ST	2.200 ST	300 ST	1.900 ST
150	700 ST	1.100 ST	700 ST	400 ST
151	222 ST	1.000 ST	222 ST	778 ST
152	331 ST	1.100 ST	331 ST	769 ST

Abb. 7.16: Bestandsanalyse Werk: Grundergebnisliste (© SAP AG)

Werk 1000 Lagerort 0001
Material 146

Anzahl Monat: 8

Monat	Abgangsmenge BB	Zugangsmenge BB	Gesamtvbr	Menge BB
Summe	319 ST	1.304 ST	210 ST	985 ST
04.1998	20 ST	1.000 ST	20 ST	980 ST
05.1998	171 ST	94 ST	174 ST	903 ST
06.1998	10 ST	110 ST	10 ST	1.003 ST
07.1998	0 ST	0 ST	0 ST	1.003 ST
08.1998	0 ST	0 ST	0 ST	1.003 ST
09.1998	0 ST	0 ST	0 ST	1.003 ST
10.1998	31 ST	100 ST	0 ST	1.072 ST
11.1998	87 ST	0 ST	6 ST	985 ST

Abb. 7.17: Bestandsanalyse Werk: Drill down nach Werk 1000, Lagerort 0001 und Material 146 (© SAP AG)

Werk	1000	
Lagerort	0001	
Material	146	
Monat	05.1998	
Abgang BewBest	171	ST
Abgang Konsi	0	ST
Abgangswert BewBest	885,00	DEM
Anz Abgänge BewBest	12	
Anz Abgänge Konsi	0	
Anz BewBest Null	0	
Anz GesamtBest Null	0	
Anz Gesamtverbr	11	
Anz KonsiBest Null	0	
Anz Materialbeweg	15	
Anz Storni	2	
Anz Ungepl Verbr	0	
Anz Zugänge BewBest	1	
Anz Zugänge Konsi	0	
Bestand bei Zugang	0	ST
Bewerteter Bestand	903	ST
Bewertungsklasse		
Gesamtbestand	903	ST
GesamtverbrWert	870,00	DEM
Gesamtverbrauch	174	ST
Konsignationsbest	0	ST
Letzte Bewegung		
Letzter Abgang		
Letzter Verbrauch		
Letzter Zugang		
Mi RW GesBest Menge	168	
Mi RW KoBest Menge	0	
Mi Rw BewBest Menge	168	
Mi Rw BewBest Wert	168	
Mi Rw GesBest Wert	168	

Abb. 7.18: Bestandsanalyse Werk: Typische Kennzahlen für Werk 1000, Lagerort 0001 und Material 146 in Periode 05.1998 (© SAP AG)

Neben dem *LIS* bietet SAP R/3 noch eine andere Sicht auf die Datenstrukturen der Statistikfortschreibung: im Menü *Infosysteme/Logistik* können zur *Bestandsführung* Auswertungen erstellt werden nach Material, Werk, Lagerort, Disponent und Materialgruppe. Kennzahlen dafür sind Bestand, Zugang, Abgang, Umschlag, Reichweite usw. Zum *Einkauf* sind Statistiken nach Material, Lieferant, Warengruppe oder Einkäufergruppe abrufbar. Typische Kennzahlen sind Einkaufswerte und -mengen, Termintreue und Mengentreue.

7.3 Schnittstellen und Interdependenzen des Moduls MM

7.3.1 FI (Rechnungswesen)

Zum Modul FI besitzt MM viele Verbindungen. So müssen beispielsweise die Kreditorenstammdaten nicht nur im Einkauf definiert werden, sondern auch für jeden Buchungskreis. Dort werden die offenen Posten der Kreditoren verwaltet. Die Verbindung dieses Nebenbuches (Personenkonten) erfolgt mittels *Mitbuchkontentechnik*, d. h. ein Sachkonto des Hauptbuches, das Abstimmkonto (im Kreditorenstammsatz hinterlegt), wird bei allen Geschäftsvorfällen – Rechnungen, Gutschriften, Zahlungen – mitbebucht.

Des weiteren führen Wareneingänge und -ausgänge nicht nur zu mengenmäßigen (in der Logistik), sondern auch zu wertmäßigen Veränderungen (Bestandskonten), sofern es sich um lagerhaltiges, bewertetes Material handelt. Entsprechend finden Materialumbewertungen auch ihren Niederschlag im Bestandskonto und im Aufwands- oder Ertragskonto. Gleiches gilt für Preisdifferenzenbuchungen im Rahmen der Rechnungsprüfung.

Beachten Sie, dass die einmal getroffene Customizing-Einstellung des *Bewertungskreises* praktisch nicht umkehrbar ist! Das Material kann hierbei auf der Ebene des Buchungskreises oder des Werkes bewertet werden (*Bewertungsebene*). Es ist auf jeden Fall zu empfehlen, die *Materialbewertung* auf Werksebene einzustellen, da nur so andere Funktionen (PP, CO) reibungslos eingebunden werden können.

Wird eine Beschaffung auf eine Anlage kontiert, wird schließlich die *Anlagenbuchführung* angesprochen, in der das Wirtschaftsgut mit seinem Wert aktiviert und abgeschrieben wird.

7.3.2 CO (Controlling)

Die wesentlichen Verbindungen von MM und CO sind einerseits die Kontierungen des Einkaufs auf Kostenstelle und Kostenart, andererseits die *Produktkalkulation* in Form der Erzeugnis- und Bauteilkalkulation. Daher wird dies auch in einer eigenen Sicht des Materialstammes gepflegt.

7.3.3 SD (Vertrieb)

Die Materialien stellen die Verbindung von der Materialwirtschaft zu SD her. Daher müssen die verschiedenen Sichten eines Materialstammsatzes – Vertrieb, Lagerung, Einkauf, Buchhaltung, Werks-/Lagerortbestände usw. – aufeinander abgestimmt werden, beispielsweise hinsichtlich der (Verkaufs-) Mengeneinheiten und ihrer Umrechnung.

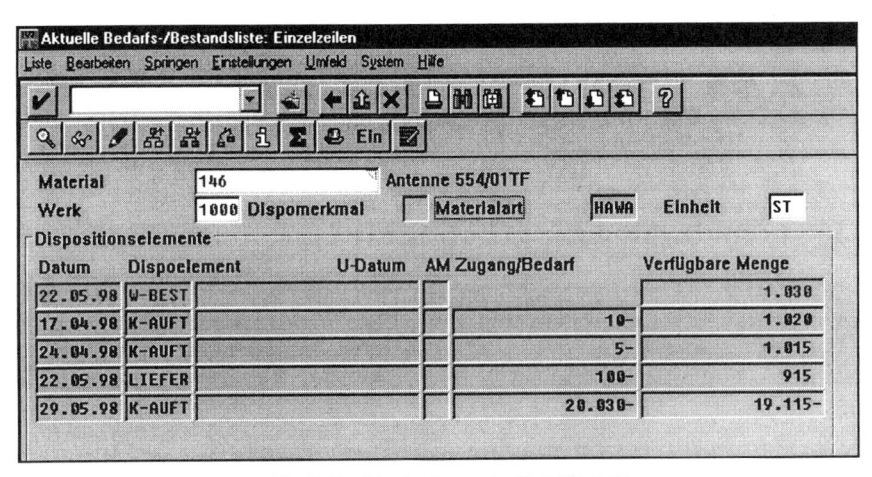

Abb. 7.19: Verfügbarkeit (© SAP AG)

Innerhalb des Geschäftsprozesses im Vertrieb wird dann im Rahmen der Verfügbarkeitsprüfung bei der Auftragserfassung auf die Bestandsdaten des Materials zugegriffen (Abbildung 7.19). Bei Lieferung erfolgt anschließend der Warenausgang mit der entsprechenden mengenmäßigen Bestandsbuchung in der Logistik (MM) und der wertmäßigen Buchung auf den Sachkonten des Rechnungswesens (FI). Gegebenenfalls wird für die Kommissionierung – also die Bereitstellung der Ware aus dem Lager – die Funktionalität des integrierten WM-Moduls (Warehouse Management) genutzt.

Eine weitere enge Verflechtung zwischen SD und MM ergibt sich bei Streckengeschäften. Dazu wird im Modul SD ein Auftrag mit einem speziellen Positionstyp (TAS) erfasst, der die Verbindung zum Modul MM in Form einer Bestellanforderung für diese Position herstellt; im weiteren Verlauf wird eine Bestellung erzeugt, die vom Lieferanten direkt an den Kunden geliefert wird.

7.3.4 PP (Produktionsplanung)

Durch die integrierte logistische Kette existieren auch zum Modul PP Beziehungen, die sich aus dem Materialbedarf im Hinblick auf den geplanten Absatz ergeben. Der langfristigen Synchronisation und Optimierung der Absatz- und Produktionspläne dient die SOP (Sales & Operations Planning). Sie bildet die Vorstufe für die Programmplanung und damit für das Produktionsprogramm. Es können je nach Material *Einzelbedarfe* (pro Vertriebsbelegseinteilung) mit exakter Ermittlung des Bedarfsverursachers oder *Summenbedarfe* (täglich/wöchentlich) übergeben werden. Gleichermaßen sind direkte Montageaufträge für die Fertigung möglich.

Ausserdem besteht eine enge Beziehung zu PP durch die Stücklisten und die Disposition (Bedarfe). Im Rahmen der *Bedarfsplanung* (s. auch Dittrich/Mertens/Hau 1999) können drei Arten von *Planungsläufen* unterschieden werden:

- *NEUPL:* Dies bedeutet eine *Neuplanung* aller Materialien für ein Werk: Sie ist in der Regel beim ersten Planungslauf oder bei Inkonsistenzen notwendig.
- *NETCH:* Hiermit ist die sogenannte *Veränderungsplanung* gemeint, d. h. es handelt sich um einen verkürzten Planungslauf, in dem nur die Materialien berücksichtigt werden, die eine disporelevante Änderung erfuhren.
- *NETPL:* Auch dies ist eine *Veränderungsplanung*, bei der aber nicht der gesamte Horizont betrachtet wird, sondern es werden nur die Materialien berücksichtigt, die eine disporelevante Änderung im *Planungshorizont* (z. B. 90 Tage) erfuhren.

7.3.5 Fremdsysteme

Der Anschluss von Fremdsystemen kann auf vielfache Weise erfolgen. Da ein Fremdsystem wiederum ein R/3-System sein kann, bietet sich in solchen Fällen der Einsatz von ALE für die lose Koppelung an, z. B. bei der Anbindung einer dezentralen Versandstelle. Zu einem R/2-System wäre auch eine RFC-Verbindung (Remote Function Call) gut geeignet.

Die Anbindung eines externen Lagerverwaltungssystems (LVS) könnte beispielsweise über ABAP-Reports und die Batch-Input-Schnittstelle realisiert werden. Gleiches gilt für die Datenübernahme/-gabe in Verbindung mit Altsystemen.

7.4 Erweiterungen in Release 4.0, 4.5 und 4.6

In Release 4.x von SAP R/3 gibt es wieder eine Fülle neuer Funktionen, wovon hier einige interessante erwähnt werden sollen:

- *Beschaffung via Internet:* als Erweiterung der Supply Chain.
- *Limitbestellung:* Hierdurch werden Bestellvorgänge vereinfacht, indem für einen bestimmten Gültigkeitszeitraum Bestellungen bis zum Höchstwert (Limit) mit minimalem Belegaufwand (keine BANF, kein Lieferschein) abgewickelt werden.
- *Periodische Rechnungspläne:* für wiederkehrende Zahlungen, z. B. für monatliche Mieten oder Wartungsgebühren.
- *Automatische Bestellerzeugung:* bei Wareneingang ohne Bestellung, so dass anschließend die Rechnungsprüfung durchgeführt werden kann.
- *Schlanke Prozesse in der Beschaffung* von Materialien und Dienstleistungen.
- *Logistik-Rechnungsprüfung:* neben der Rechnungsprüfung im Hintergrund können jetzt auch per *EDI* übermittelte Rechnungen gebucht werden.
- *Währungsumsetzung in Euro:* Hierdurch ist es möglich, die Bestellwährung des Lieferantenstammsatzes, die dort als Vorschlagswert für die Einkaufsbelege fungiert, in Euro umzusetzen. Der Mindestbestellwert wird angepasst.

- *Neue Benutzeroberfläche:* Sie ist leichter zu bedienen (*Karteikartenstruktur*) und macht weniger Bildwechsel erforderlich (Abbildung 7.20). Dadurch ergibt sich eine intuitive Navigation für den Bediener. Ferner existieren ab dem Release 4.6A mehr als 150 vordefinierte Benutzerrollen im Rahmen des neuen Benutzermenüs *SAP Easy Access*. Dazu gehört auch eine *Favoritenliste* der gebräuchlichsten Transaktionen und Web-Adressen sowie die Verknüpfung zum *SAP Business Workplace*.
- *Dynamische Preisermittlung in Einkaufsinfosätzen:* Diese Funktion sorgt dafür, dass bei zeitabhängigen Konditionen der momentan gültige Preis (sofern vorhanden) angezeigt wird.

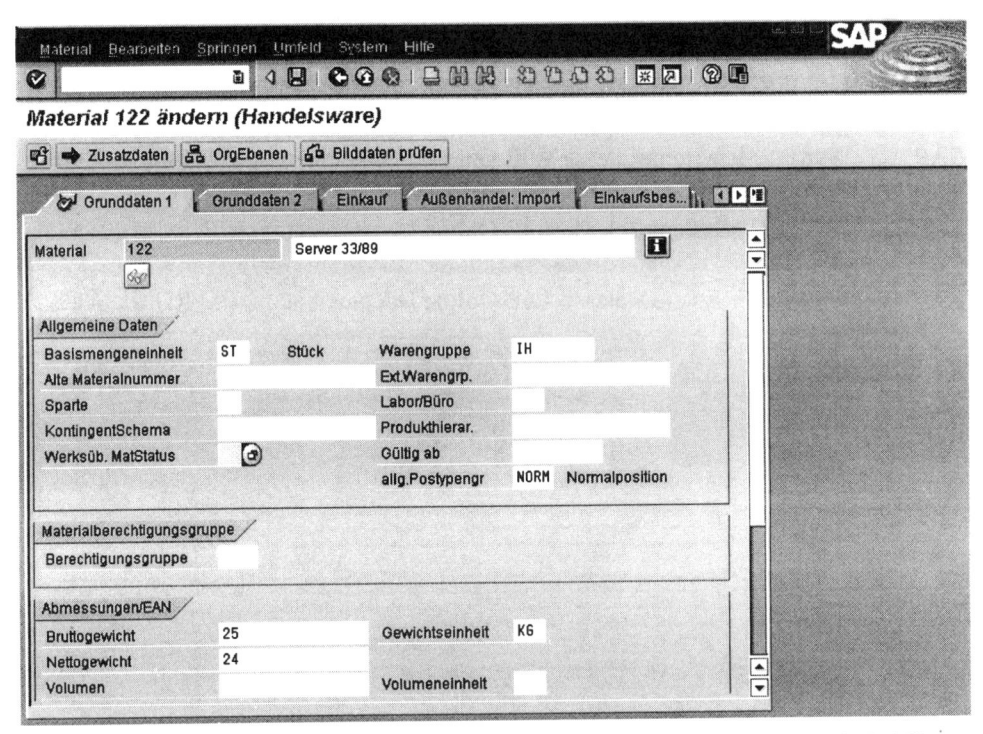

Abb. 7.20: Neue Bildschirmmaske für den Materialstamm im Release 4.6 (© SAP AG)

Ferner finden sich im Release 4.x: die Herstellerteilenummer, der Euro als Meldungswährung an Behörden, neue Funktionen für den Handel, Bestellgründe, die Anzeige des buchungskreisübergreifenden Transitbestandes, neue Bewegungsarten für Umbuchungen und viele weitere Funktionen.

7.5 Resümee

Die Ausführungen haben deutlich gemacht, dass die anfangs beschriebenen Anforderungen an ein Materialwirtschaftsmodul mit SAP R/3 weitestgehend abgedeckt werden. Sicherlich gibt es auch Schwächen und Defizite, wie etwa die nicht hierarchisch ausgeprägte Warengruppe (Einkauf), im Gegensatz zur mehrstufigen Produkthierarchie des Moduls SD, was sehr nützlich bei Auswertungen ist. Jedoch befinden sich weitere

Funktionen in der Entwicklung oder existieren in verschiedenen Branchenlösungen. Da R/3 ständig weiterentwickelt und an neue Erfordernisse angepasst wird (Euro), besteht auch in Zukunft kein Risiko für den Anwender.

7.6 Veröffentlichungen

Dittrich, Jörg; Mertens, Peter; Hau, Michael (1999): Dispositionsparameter von SAP R/3-PP, Vieweg-Verlag, Wiesbaden.

Hildebrand, Knut (1996): Integration von Anfang an, in: SAPinfo, Spezial-Ausgabe März 1996, S. 8–9.

SAP AG (1997): R/3 System Release 3.1H Online Documentation (CD-ROM), Walldorf: SAP AG.

SAP AG (1998): R/3 System Release 4.0B Online Documentation (CD-ROM), Walldorf: SAP AG.

SAP AG (1999): R/3 System Release 4.5B Online Documentation (CD-ROM), Walldorf: SAP AG.

SAP AG (1999): R/3 System Release 4.6B Online Documentation (CD-ROM), Walldorf: SAP AG.

8

Produktionsplanung und -steuerung (PP)

Rüdiger Lohmann

8.1 Anforderungen an die Produktionsplanung und -steuerung

Die Produktionsplanung und -steuerung (PPS) ist eine der umfangreichsten und komplexesten EDV-Anwendungen im Industriebetrieb. Die PPS wird in die Teilfunktionen Produktionsprogrammplanung, Mengenplanung, Termin- und Kapazitätsplanung, Auftragsveranlassung und Auftragsüberwachung unterteilt (Pagert, Schotten u.a., 1997.). Die PPS bildet somit das informationstechnische Rückgrat eines produzierenden Unternehmens. Die Ziele der PPS lassen sich wie folgt zusammenfassen (vgl. Kernler, 1995):

- hohe Kapazitätsauslastung,
- kurze Durchlaufzeiten,
- niedrige Lagerbestände und
- hohe Lieferbereitschaft.

Produktionsplanung und -steuerung ist ein dynamischer Prozess, der ständige Änderungen und Anpassungen erfordert. Aufgrund zunehmender Kundenorientierung, eines hohen Preis- und Kostendrucks und der Tatsache, dass das Erreichen logistischer Ziele oft wettbewerbsentscheidend ist, kommt dabei dem eingesetzten Werkzeug große Bedeutung zu.

Die grundlegenden Algorithmen, die zur Produktionsplanung und –steuerung eingesetzt werden, sind zunächst branchenneutral. Je nach Marktgegebenheiten, gesetzlichen Vorschriften, eingesetzter Fertigungstechnologie usw. kann es jedoch eine Vielzahl von spezifischen Details geben, die unbedingt abzubilden sind, damit das eingesetzte System die o.g. Ziele erreicht.

Die meisten klassischen PPS-Systeme setzen auf der Materialbedarfsplanung (MRP = *Material Requirements Planning*) auf. Zentraler Aspekt dabei ist die Bedarfsauflösung auf Basis der Stückliste. SAP® R/3® hingegen liegt das erweiterte Konzept MRPII (*Manufacturing Resource Planning*, vgl. dazu Tersine 1994) zugrunde. Dieser Ansatz beginnt schon bei der strategischen Planung betriebswirtschaftlicher Größen (Ergebnis,

Umsatz, ...). Diese übergeordnete Planung gibt den Rahmen u.a. auch für die in MRPII integrierte Materialbedarfsplanung (MRP) vor.

MRPII bildet für SAP R/3 die Basis für die Einbettung der klassischen PPS-Funktionalitäten in das Gesamtsystem. Das bedeutet eine vollintegrierte und optimal abgestimmte Vorgangsbearbeitung entlang der logistischen Kette von der Absatz- und Ergebnisplanung und dem Vertrieb, über die Materialwirtschaft bis hin zum einzelnen Arbeitsplatz in der Produktion.

Die DV-technische Integration der Abläufe in der Produktion in eine einheitliche, das gesamte Unternehmen übergreifende Standardanwendungsarchitektur stellt für Industriebetriebe einen selbstverständlichen Schritt dar. Wobei durch das Konzept "Supply Chain Management" zukünftig sogar externe Einflüsse deutlich stärker zu berücksichtigen sein werden.

SAP bietet hier mit dem R/3 Modul PP ein Werkzeug, das die Anforderungen, die seitens auch internationaler, produzierender Unternehmen gestellt werden, grundsätzlich abdeckt. Typische Anforderungen sind:

- Konsistente Planung auf verschiedenen Detaillierungsstufen mit unterschiedlichen Zeithorizonten.
- Parallele Planung unterschiedlicher absatzseitiger Szenarien.
- Unterschiedliche Planungsstrategien zur Abbildung der jeweiligen betrieblichen Situation von der Lagerfertigung bis hin zur kundenspezifischen Einzelfertigung.
- Passende Stücklisten- und Arbeitsplanstrukturen.
- Integration von MRP und Einkaufsaktivitäten.
- Hohes Maß an Flexibilität bei Verplanung von Ressourcen (Personal, Kapazitätseinheiten, ...).
- Unterstützung der operativen Planung durch eine grafische Plantafel.
- Projektplanung mit Anbindung an Mengenplanung sowie die Termin- und Kapazitäzsplanung.
- Integration der Kostenrechnung inklusive einer Vor- und Nachkalkulation sowie einer permanenten Plan-/Ist-Kontrolle.
- u.a.m.

8.2 Realisierungsmöglichkeiten im Modul PP von SAP R/3

Das Modul PP (Production Planning) von SAP R/3 ist ein komplexes Planungs- und Steuerungstool, das eine enorme Vielfalt von Möglichkeiten bietet, um alle erdenklichen Fälle der Praxis abdecken zu können. Hier kann aufgrund der Zielsetzung des Buches nur ein Überblick gegeben werden. Dem Leser soll der "rote Faden" aufgezeigt werden, der sich durch dieses Modul zieht. Dadurch wird deutlich, wie er sein Unternehmen im Modul PP wiederfinden kann. Zwangsläufig mussten zahlreiche, zunächst verwirrende Details entfallen, die aber im Rahmen der Einführung festzulegen sind.

SAP verwendet eine eigene, gelegentlich gewöhnungsbedürftige Terminologie, die mitunter von den aus der betriebswirtschaftlichen Literatur bekannten Begriffen abweicht bzw. diese um SAP-spezifische Sachverhalte ergänzt. Im Text sind solche Begriffe, soweit erforderlich, durch kursive Schrift gekennzeichnet. Ferner ist noch darauf hinzuweisen, dass sich SAP als weltmarktorientierter Softwarehersteller konsequenterweise anglo-amerikanischer Begriffe bedient. Im folgenden Text wird bei zentralen Begriffen auf beide Bezeichnungen eingegangen.

8.2.1 Organisationsstrukturen

Die Produktionsplanung und -steuerung ist in die allgemeinen Organisationsstrukturen von SAP R/3 integriert. An oberster Stelle steht dabei der *Mandant*, der einer handelsrechtlich, organisatorisch und datentechnisch weitgehend abgeschlossenen Einheit entspricht und i.d.R. auf Konzernebene angelegt wird. Unter einem Mandanten sind ein oder mehrere *Buchungskreise* angelegt, die jeweils eine vollständige, in sich abgeschlossene Buchhaltung darstellen.

Für den Bereich der Logistik und damit auch für die Produktionsplanung und – steuerung bildet die organisatorische Einheit *Werk* das wichtigste Element. Werke sind hierarchisch unterhalb des Buchungskreises angesiedelt und immer genau einem Buchungskreis zugeordnet. Werke sind Organisationseinheiten, in denen Waren und Dienstleistungen erstellt und Materialien disponiert werden. Als Werke definiert man i.d.R. Produktionsstätten, Filialen und Aussenstellen, wobei es manchmal durchaus zweckmäßig sein kann, einen Produktionsstandort durch mehrere Werke im SAP-System abzubilden (z.B. Produktionstandort "Mannheim": Werk Pumpen, Werk Armaturen und Werk Gießerei).

Einem Werk wiederum sind *Lagerorte* zugeordnet, wobei jeder Lagerort eindeutig einem Werk zugeordnet ist, ein Werk aber eine Vielzahl von Lagerorten haben kann. Diese dienen dazu, Materialbestände zu unterscheiden und so eine sinnvolle Disposition zu ermöglichen. So wäre es beispielsweise sinnvoll, das Fertigwarenlager, das Rohmateriallager und das Lager zwischen Fertigung und Montage als getrennte Lagerorte zu definieren. Ein Lagerort lässt sich dann weiter in *Lagertypen* (Handlager, Hochregal,...) und einzelne Lagerplätze unterteilen.

Neben der Struktur der Materialseite benötigt die PPS weitere Elemente zur Beschreibung der Kapazitäten. Der zentrale Baustein ist hier der *Arbeitsplatz*. Dabei handelt es sich um einen Ort, an dem produziert wird. Er repräsentiert Maschinen, Fertigungsstraßen, Montagearbeitsplätze etc. und liefert wichtige Verknüpfungen einerseits zur Kalkulation und andererseits zur Termin- und Kapazitätsplanung. Die Arbeitsplätze sind organisatorisch einem Werk zu geordnet. Sie können aber in eine Arbeitsplatzhierarchie eingegliedert werden, was insbesondere bei größeren Produktionsbereichen empfehlenswert ist.

8.2.2 Stammdaten

Die Stammdaten bilden die Basis für sämtliche Geschäftsprozesse, die mit einem EDV-System abgewickelt werden sollen. Die für das Modul PP relevanten Stammdaten lassen sich den Bereichen:

Produktionsplanung und -steuerung (PP)

- Materialstamm,
- Stücklisten,
- Arbeitspläne und
- Arbeitsplätze

zuordnen. Dabei sind beschreibende (z.B. Artikelbezeichnung) und steuernde (z.B. Dispomerkmal, Horizonteschlüssel) Daten zu unterscheiden. Insbesondere der richtigen Definition, Auswahl und Abstimmung der steuernden Daten kommt beim Einsatz von SAP R/3 eine zentrale Bedeutung zu.

Materialstamm

Der *Materialstamm* ist beim R/3-System sehr umfangreich und aus diesem Grunde in verschiedene Sichten (Konstruktion, Einkauf, Buchhaltung, usw.) eingeteilt. Die für das Modul PP wichtigen Daten finden sich im wesentlichen in den Sicht "Disposition 1" bis "Disposition 4" und "Arbeitsvorbereitung".

Aufgrund der großen Vielfalt dieser Daten kann hier nur ein kurzer Überblick gegeben werden. So legt die *Beschaffungsart* fest, ob für ein Material Eigenfertigung oder Fremdbezug vorgesehen ist. Das *Dispositionsmerkmal* bestimmt, ob das Material verbrauchs- oder bedarfsgesteuert disponiert wird. Soll ein Material mit den Funktionen verplant werden, die R/3 für Serienfertigung bietet, so muss hier das *Serienfertigungskennzeichen* gesetzt sein (Abbildung 8.1). Ferner ist dann ebenso an dieser Stelle durch das *Serienfertigungsprofil* die genaue Variante der Serienfertigung zu bestimmen.

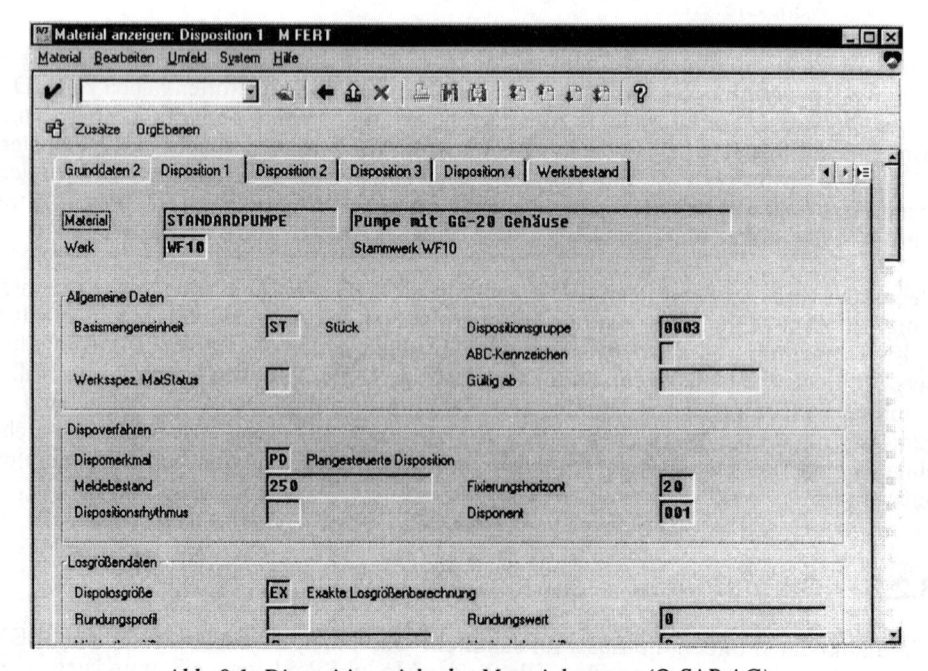

Abb. 8.1: Dispositionssicht des Materialstamms (© SAP AG)

Stücklisten

Die *Stückliste* ist ein strukturiertes Verzeichnis aller untergeordneten Baugruppen, Komponenten, Teile etc. mit Bezeichnung, Sachnummer, Einheit und Menge, aus denen sich eine übergeordnete Baugruppe bzw. ein Enderzeugnis zusammensetzt. Bei komplexeren Erzeugnissen unterteilt man die Stückliste in mehrere Stufen (Hauptbaugruppen, Unterbaugruppen, etc.), um die Übersichtlichkeit sicherzustellen. Der exakten Abbildung der im Unternehmen vorliegenden Produktstrukturen durch geeignete Stücklisten in der EDV kommt eine zentrale Bedeutung zu, wobei SAP R/3 hier eine große Vielfalt an Möglichkeiten bietet (Abbildung 8.2).

SAP R/3 kennt unterschiedliche *Stücklistentypen*, um Besonderheiten der zu verwaltenden Objekte berücksichtigen zu können. Der Regelfall ist die *Materialstückliste*, die zu einem bestimmten, häufiger wiederverwendeten Material (z.B. Fertigerzeugnis Pumpe) angelegt wird. Handelt es sich dagegen um konfigurierbares Material, das ganz speziell für einen Kundenauftrag generiert wurde, wird dieses Material mit einer *Kundenauftragsstückliste* definiert. Für die Verwaltung umfangreicher Dokumentationen bietet sich die Möglichkeit *Dokumentenstücklisten* anzulegen. Ferner existieren noch weitere Stücklistentypen für die speziellen Belange der Instandhaltung (z.B. *Equipmentstückliste*).

Die Stücklisten können je nach Bedarf werks- oder sogar konzernbezogen und darüber hinaus mit einer Gültigkeitszeit definiert werden. Weiterhin können unterschiedliche Unternehmensbereiche (z.B. Konstruktion, Fertigung und Kalkulation) nach an ihren Belangen orientiert Stücklisten für ein Material definieren.

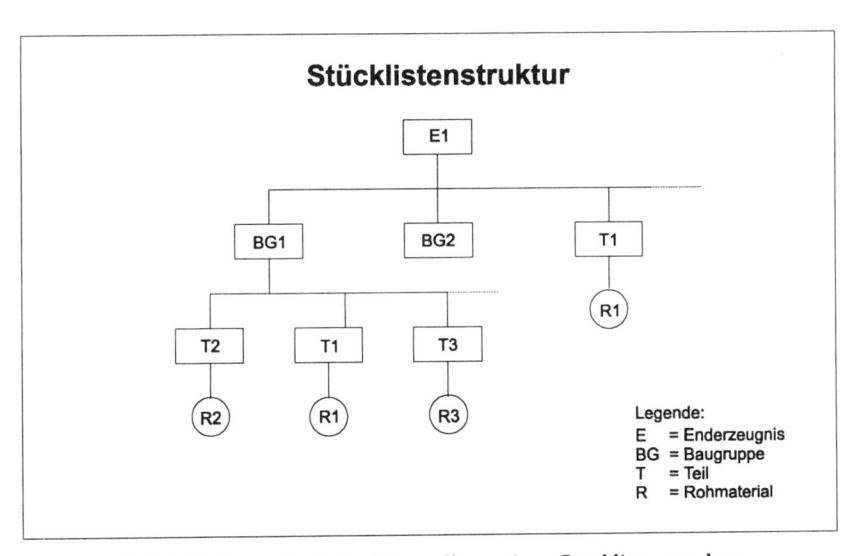

Abb. 8.2: Exemplarische Darstellung einer Stücklistenstruktur

Ferner unterscheidet R/3 noch *technische Typen* von Stücklisten wie die *Variantenstückliste*, die mehrere Objekte mit hohem Gleichteileanteil beschreibt und die *Mehrfachstückliste*, die mehrere alternative Materialzusammensetzungen für ein Objekt definiert.

Arbeitspläne

Ein *Arbeitsplan* legt die Arbeitsvorgangsfolge fest, die notwendig ist, um ein Objekt herzustellen. Darüber hinaus enthält der Arbeitsplan Detailangaben zu den Arbeitsplätzen, Werkzeugen, Vorrichtungen usw. R/3 bietet mehrere unterschiedliche *Arbeitsplantypen* an. Der *Normalarbeitsplan* ist einem Material zugeordnet und beschreibt seine Weg durch Fertigung und Montage. Der *Standardarbeitsplan* ist keinem Material zugeordnet, sondern fasst eine häufig verwendete Arbeitsvorgangsfolge zusammen, um ein rationelleres Arbeiten zu ermöglichen. Weiterhin existieren noch spezielle Arbeitsplanarten für die Serienfertigung (*Linienarbeitsplan*) und für die Instandhaltung (*Instanhaltungsanleitung* und *Equipmentplan*).

Arbeitspläne sind werksbezogen. Sie können, wenn sie ähnliche Arbeitsvorgangsfolgen enthalten, sinnvoll zu Plangruppen zusammengefasst werden, was die Verwaltung vereinfachen kann. Die Arbeitsplandaten lassen sich nach Abbildung 8.3 gliedern. Beim Anlegen eines Arbeitsplanes werden Stammdaten soweit wie möglich übernommen (z.B. vom Materialstamm, von Arbeitsplätzen, ...).

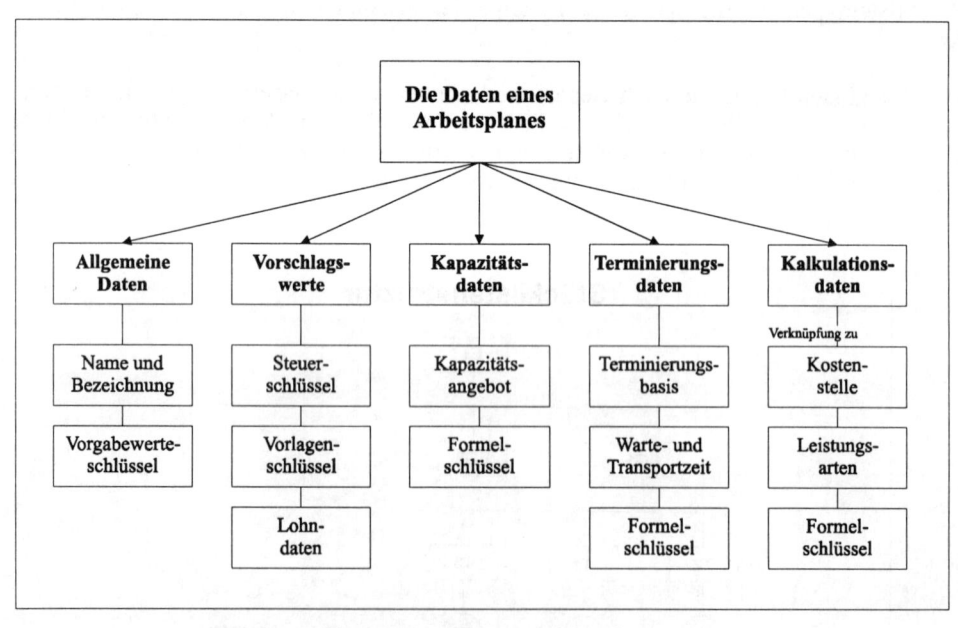

Abb. 8.3: Daten eines Arbeitsplanes

Das Grundelement eines Arbeitsplanes ist der *Vorgang*. Er legt fest, welcher Arbeitsplatz mit welchen Vorgabewerten für die Arbeitsaufgabe benötigt wird. Einem Vorgang können *Materialkomponenten*, *Fertigungshilfsmittel*, die speziell zur Ausführung dieses Vorgangs benötigt werden sowie besondere Prüfmerkmale zugeordnet werden. Die Vorgänge selbst können zu *Vorgangsfolgen* gruppiert werden. So lassen sich beispielsweise eine *Stammfolge* und eine oder mehrere losgrößenabhängige *Alternativfolgen* festlegen.

Arbeitsplätze

Ein *Arbeitsplatz* ist ein Bereich innerhalb eines Arbeitssystems, an dem ein Vorgang ausgeführt wird. In Abhängigkeit von der betrieblichen Realität kann es sich dabei um eine Maschine, eine Maschinengruppe, eine Person oder eine Personengruppe handeln. Die Arbeitsplatzdaten werden für Kalkulation, Terminierung und Kapazitätsplanung der Vorgänge verwendet.

Die *Kalkulation* verbindet einen Vorgang über den Arbeitsplatz und den darin hinterlegten Leistungsarten sowie der zugehörigen Kostenstelle mit der Kostenstellenrechnung. Bei der Terminierung werden die Durchführungszeiten der Vorgänge ermittelt und mit der Einsatzzeit des Arbeitsplatzes verknüpft. Bei der Kapazitätsplanung wird der Kapazitätsbedarf aller abzuarbeitenden Vorgänge mit dem Kapazitätsangebot des Arbeitsplatzes in Einklang gebracht.

Um den Anforderungen der Praxis hinreichend Rechnung zu tragen, bietet R/3 eine Vielzahl von Möglichkeiten bei der Abbildung von Arbeitsplätzen. So können einem Arbeitsplatz mehrere Kapazitäten zugeordnet werden, die sich auch in ihrer Kapazitätsart unterscheiden (Personalkapazität: Werker, Einrichter und Maschinenkapazität). Kapazitäten können zusätzlich gepoolt, d.h. mehreren Arbeitsplätzen zugeordnet werden. Ferner können im Customizing nahezu beliebige Formeln für die Berechnung von Durchführungszeiten und zu Kalkulationszwecken definiert werden.

8.2.3 Planungsebenen

Wie bereits dargestellt, basiert SAP R/3 auf dem international anerkannten Konzept MRPII, das eine durchgängige Planung von der strategischen bis herunter auf die operative Ebene ermöglicht. Dabei werden alle Aktivitäten berücksichtigt, die mit dem Leistungserstellungsprozess eines Unternehmens verbunden sind. Ziel von MRPII ist es, die Erreichung der betriebswirtschaftlichen Ziele und die damit verbundene Auslastung der Ressourcen so früh wie möglich zu synchronisieren.

Während aber das MRPII-Konzept von einer simultanen Verplanung aller notwendigen Ressourcen (Materialien und Kapazitäten) ausgeht, erfolgen die Planung bei SAP R/3 sukzessive über mehrere Stufen hinweg. Ursache für dieses Vorgehen ist das große Datenvolumen, das bei diesen Planungen zu handhaben ist.

SAP R/3 unterscheidet 4 Planungsebenen sowie die Ebene der Produktionssteuerung (SFC: Shop Floor Control), die in einer konsequenten Top-down-Planung durchlaufen werden können (Abbildung 8.4). Wobei aber auch auf jeder Ebene ein Quereinstieg möglich ist.

Absatz- und Ergebnisplanung

Die erste Ebene ist die *Absatz- und Ergebnisplanung* (CO-PA), die nicht zum Modul PP zählt, jedoch im Sinne der MRPII-Logik den Einstieg in die Planung bedeutet. In diesem Schritt werden langfristige Strategien für die einzelnen Märkte und Geschäftsfelder geplant. In verschiedenen Planungsversionen können unterschiedliche Szenarien durchgespielt und beurteilt werden. Dabei werden die Planungen meist auf Produktgruppenebene durchgeführt. Sie können aber auf tiefere Ebenen heruntergebrochen werden.

Produktionsplanung und -steuerung (PP)

SAP R/3 Planungsebenen (MRPII-Konzept)			
1. Ebene	CO-PA / CO	Absatz- und Ergebnisplanung	- Umsatzpläne - Absatzpläne (bezogen auf Regionen)
2. Ebene	SOP / PP	Absatz- und Produktionsgrobplanung	-Produktionsgrobplan (bezogen auf Produkte und Produktgruppen)
3. Ebene	MP / PP	Masterplanung - Programmplanung - Leitteileplanung - Langfristplanung	- Produktionsprogramm - Sekundärbedarfe (Leitteile) - Jahres- bzw. Quartalspläne (Materialien und Kapazitäten)
4. Ebene	MRP / PP	Bedarfsplanung	- Sekundärbedarfe - Produktionsplan - Beschaffungsplan
5. Ebene	SFC / PP	Fertigungssteuerung - Termin und Kapazitätsplanung - Reihenfolgeplanung	- Kapazitätsbedarfe - Fertigungstermine - Schichtpläne

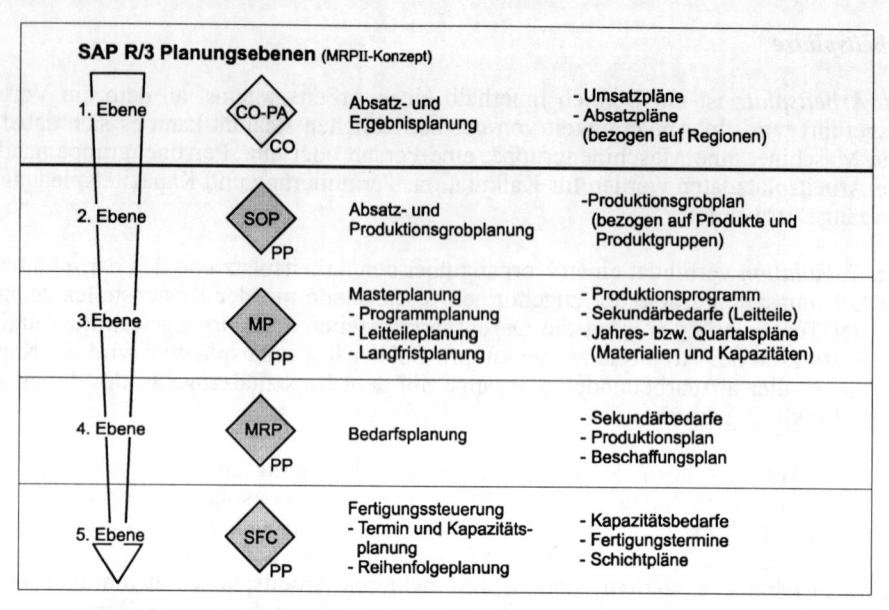

Abb. 8.4: Planungsebenen im Modul PP

Produktionsgrobplanung

In der Ebene darunter findet die *Produktionsgrobplanung* (SOP = *Sales and Operations Planning*). Auf dieser Planungsebene sind die Produktarten und Produktmengen für einen mittel- bis langfristigen Planungszeitraum festzulegen. I.d.R. geschieht dies für Produktgruppen, wobei eine detailliertere Planung ebenso möglich ist. Dazu empfiehlt sich der Aufbau von einer bzw. mehreren alternativen *Planungshierarchien* (z.B. über die Verkaufsorganisationen, Vertriebswege, Sparte und Produktgruppen bis herunter zum Material).

Die SOP erfolgt beispielsweise auf Basis von Marktanalysen oder durch Extrapolation von Vergangenheitsdaten mittels geeigneter Prognosemodelle. Entsprechend flexibel gestalten sich die Dateneingabemöglichkeiten für die SOP. Es können Daten aus CO-PA, aus der Prognose sowie dem Vertriebsinformationssystem übernommen oder auch manuell eingegeben werden. Typischerweise findet diese Planung bei Serien- oder Massenfertigern Anwendung.

Sind die Absatzerwartungen festgelegt, wird der Produktionsgrobplan mittels des Planungstableaus erstellt (Abb. 8.5). Dafür stehen 3 unterschiedliche Strategien zur Verfügung. Bei der *absatzsynchronen Produktion* werden die Mengen aus der Absatzplanung unverändert in den Produktionsgrobplan übernommen. Bei der Planung mit *Ziellagerbestand* werden die Mengen im Produktionsprobplan so eingestellt, dass sich über Mengen des Absatzplans hinaus der gewünschte Ziellagerbestand einstellt. Analog lässt sich eine Planung mit einer *Zielreichweite* durchführen.

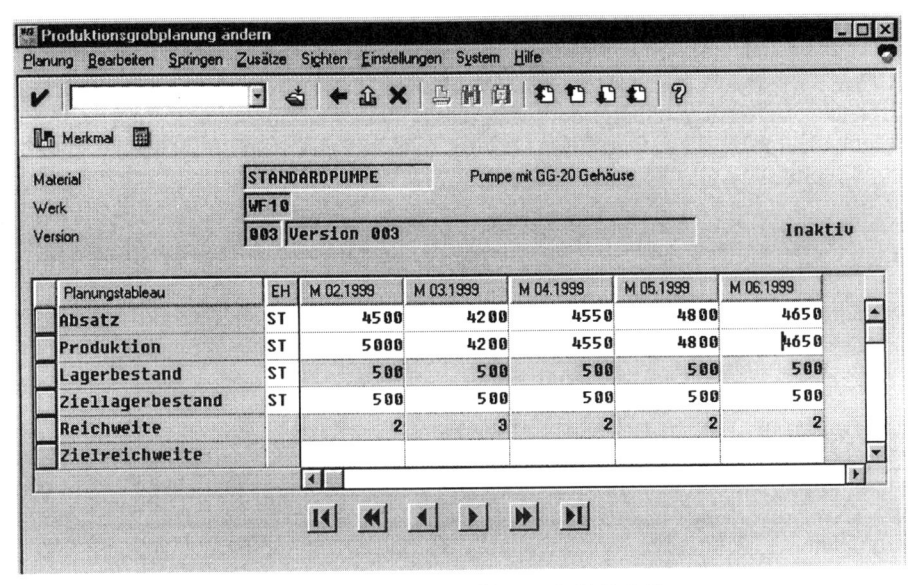

Abb. 8.5: Planungstableau (© SAP AG)

Programmplanung

Unterhalb der SOP-Ebene schließt sich die Programmplanung an, die als *Master Production Scheduling* (MPS) bezeichnet wird. Im Rahmen der Programmplanung werden die Bedarfstermine für Enderzeugnisse und wichtige Baugruppen festgelegt. Das Ergebnis dieser Planungsstufe ist das Produktionsprogramm (*Master Production Schedule*) in Form von Primärbedarfen (Bedarf an verkaufsfähigen Erzeugnissen).

Eine wichtige Aufgabe hat in diesem Zusammenhang die Auswahl der richtigen *Planungsstrategie*. SAP R/3 versteht darunter eine betriebswirtschaftlich sinnvolle Vorgehensweise für die Planung der Fertigung bzw. der Beschaffung eines Enderzeugnisses. Grundsätzlich sind hier die Alternativen kundenanonyme Lagerfertigung sowie kundenspezifische Einzelfertigung bekannt. Da aber die komplexe betriebliche Realität mit diesen beiden Alternativen alleine nur unzureichend abgedeckt werden kann, bietet R/3 zahlreiche zusätzliche Planungsstrategien an, die im folgenden Kapitel ausführlicher behandelt werden.

Auf der Ebene der Programmplanung (MPS) bietet R/3 zwei weitere Planungsarten an. Dies sind *Langfristplanung* und *Leitteileplanung*. Unter Langfristplanung versteht R/3 eine simulative, mit verschiedenen Szenarien arbeitende Produktionsplanung (Jahres- oder Quartalsplanung). Sie wird genutzt, um beispielsweise beurteilen zu können, ob der Absatzplan mit den gegebenen Ressourcen erfüllt werden kann, oder ob Erweiterungsinvestitionen zu tätigen sind. Ferner kann das Ergebnis der *Langfristplanung* vom Einkauf genutzt werden, um das Bestellvolumen abzuschätzen und entsprechende Rahmenverträge auszuhandeln. Während die *Langfristplanung* die gleichen Planungstools wie MPS nutzt, werden dabei nur simulative Material- und Kapazitätsbedarfe erzeugt, die in eigenen Listen geführt werden, aber zum Vergleich der operativen Planung gegenübergestellt werden können.

Die *Leitteileplanung* hingegen hat keinen simulativen Charakter. Sie basiert auf dem Gedanken, dass einerseits die Stücklistenauflösung über alle Stufen hinweg bei komplexen Erzeugnissen eine rechenintensive, zeitaufwendige Aufgabe ist. Andererseits ist es aber auch zur Sicherstellung der Materialverfügbarkeit nicht unbedingt notwendig, sämtliche Einzelteile zu überprüfen. Häufig reicht es aus, sich auf kritische, die Wertschöpfungskette bestimmende Teile zu konzentrieren. Diese Teile bezeichnet R/3 als *Leitteile*.

Leitteile werden als solche im Materialstamm gekennzeichnet und in einem separaten Planungslauf geplant, wobei der Disponent zwischen Einzel- und Gesamtplanung und ein- oder mehrstufiger Planung wählen kann. In einem nächsten, interaktiven Planungsschritt bearbeitet der Disponent dann die Ergebnisse der Leitteileplanung, bevor er abschließend die restlichen Materialien plant.

Bedarfsplanung

Unterhalb der MPS-Ebene befindet sich die Bedarfsplanung, die auch als *Disposition* bzw. *Materials Requirements Planning* (MRP) bezeichnet wird. Die durch die Programmplanung ermittelten Primärbedarfe müssen weiterverarbeitet werden. R/3 verwendet dazu zunächst interne, planerische *Beschaffungselemente*, die jederzeit verändert, umterminiert oder gelöscht werden können. Dies sind die *Bestellanforderung*, die bei Fremdbezug verwendet wird und der *Planauftrag*, der sowohl für Eigenfertigung als auch Fremdbezug verwendet werden kann.

Bei Eigenfertigung werden zusätzlich über die Stücklistenauflösung auf jeder Stücklistenstufe die Sekundärbedarfe (Teile, Komponenten, etc.) ermittelt und bei vorliegender Unterdeckung wiederum Planaufträge erzeugt. Abschließend werden die planerischen in exakte Beschaffungselemente (*Fertigungsauftrag* bzw. *Bestellung*) umgesetzt.

Der MRP-Planungslauf kann durch diverse Parameter gesteuert werden. So kann entweder eine Neu- oder eine Veränderungsplanung (Net-Change) durchgeführt werden. Ferner kann der Planungslauf für alle Materialien eines Werkes oder für ein einzelnes Material erfolgen. Der Planungslauf vollzieht sich in den in Abbildung 8.6 dargestellten Schritten. Einzelheiten dazu werden später erläutert.

Die *Terminierung* ermittelt die Fertigungs- und Beschaffungstermine (Ecktermine) für eigen- und fremdbeschaffte Materialien. Dazu werden bei jedem Planungslauf die frühesten Start- bzw. die spätesten Endtermine durch Rückwärts- bzw. Vorwärtsrechnung anhand hinterlegter, materialabhängiger Terminbausteine ermittelt.

Ist für ein Material eine Durchlaufterminierung vorgesehen, werden zusätzlich für jeden Arbeitsgang Produktionsstarttermin, Produktionsendtermin sowie Kapazitätsbedarfe erzeugt. Dabei können Pufferzeiten zunächst berücksichtigt und bei Bedarf nach im Customizing definierten Regeln automatisch reduziert werden.

> **Schritte des MRP-Planungsablaufes**
>
> 1. **Prüfung der Planungsvormerkdatei**
>   · Steuerung des Planungsumfanges
>
> 2. **Nettobedarfsrechnung**
>   · Ermittlung verfügbarer Werksbestand
>   · Ermittlung der eingeplanten Zu-/Abgänge
>   · Ermittlung der Unterdeckungsmenge
>
> 3. **Losgrößenberechnung**
>   · Ermittlung der Bestellmenge
>
> 4. **Beschaffung festlegen**
>   · Eigenfertigung
>   · Fremdbezug
>   · Umlagerung
>
> 5. **Terminierung**
>   · Zugangstermine
>
> 6. **Sekundärbedarfsermittlung**
>   · Über Stücklistenauflösung
>
> 7. **Erstellung von Ausnahmemeldungen**
>   · Macht eine ereignisgesteuerte Disposition möglich
>
> 8. **Umterminierungsprüfung**
>   · Vorgang vorziehen
>   · Vorgang verschieben
>   · Vorgang stornieren

Abb. 8.6: Schritte des MRP-Planungslaufes

8.2.4 Planungsstrategien

Im Rahmen der Programmplanung sind die *Planungsstrategien* von großer Bedeutung. Durch die Festlegung der Planungsstrategien werden wesentliche Logistikgrößen wie Materialbestände, Lieferzeiten, etc. maßgebend bestimmt. R/3 bietet hier ein großes Maß an Flexibilität.

Wie oben beschrieben wird das Produktionsprogramm in Form von Primärbedarfen erstellt. Dabei unterscheidet R/3 *Planprimärbedarfe*, die z.B. aus der SOP abgeleitet werden und *Kundenprimärbedarfe*, denen ein konkreter Kundenauftrag zugrunde liegt. Die Planungsstrategie legt vereinfacht gesagt fest, welche Bedarfe für ein Endprodukt, eine Baugruppe oder ein Material zugelassen sind und wie eingegangene Kundenaufträge mit Vorplanungen verrechnet werden können.

R/3 bietet die Möglichkeit, *Strategiegruppen* zu definieren. Dadurch können z.B. einem Material eine Hauptstrategie und bis zu sieben alternative Nebenstrategien zugeordnete werden (Abb. 8.7). Mit der Auswahl der Strategie werden dann automatisch wichtige Planungsparameter gesetzt.

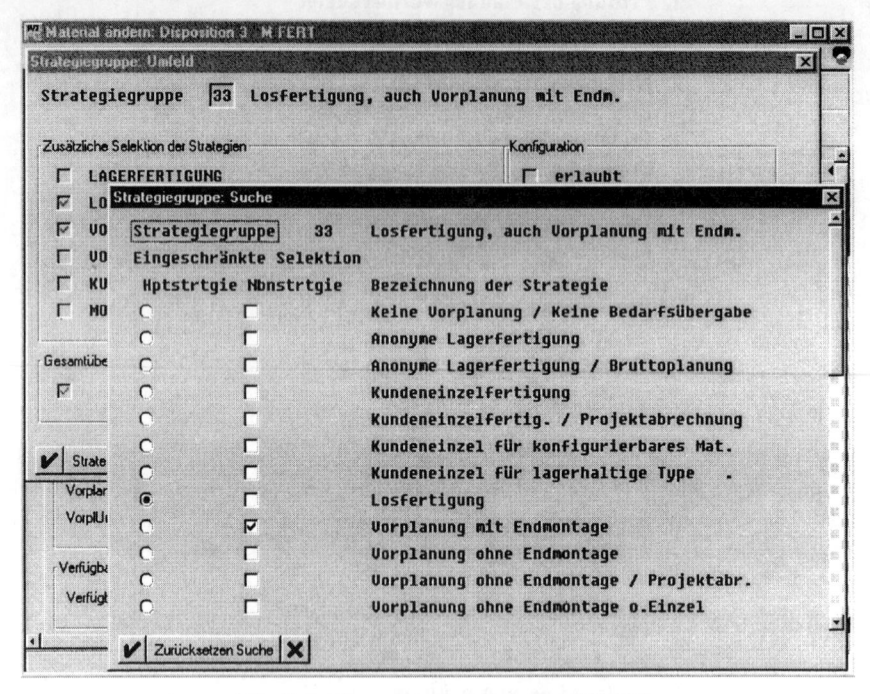

Abb. 8.7: Planungsstrategien (© SAP AG)

Im folgenden werden die wichtigsten Hauptstrategien, die R/3 verwendet, kurz vorgestellt.

Kundenauftragsanonyme Lagerfertigung

Diese Strategie bildet typischerweise Großserien- oder Massenfertigung ab. Dabei werden Planprimärbedarfe direkt in Produktionsmengen umgesetzt. Kundenaufträge werden aus dem Lager bedient und sind somit von den vorgeplanten Mengen durch das Lager entkoppelt.

Losfertigung für Kunden- und Lagerfertigung

Wird im wesentlichen für Großkunden produziert und sollen darüber hinaus kleinere Mengen ab Lager verkauft werden, ist diese Strategie anwendbar. Es werden Kundenbedarfe ausgelöst, die i.d.R. mehrere Kundenaufträge nach Fertigungstermin zusammenfassen. Parallel dazu können Lageraufträge eingeplant werden, die die Produktionsmenge zwar erhöhen, aber nicht mit den Kundenaufträgen verrechnet werden.

Vorplanung mit Endmontage

Sind die Produktionsmengen für das Enderzeugnis relativ gut vorhersehbar, lässt sich diese Strategie anwenden. Dabei wird die Produktion der Enderzeugnisse, um wertvolle

Zeit zu sparen, bereits durch eine Vorplanung angestoßen. Die dann eintreffenden Kundenaufträge werden den aus der Vorplanung resultierenden Planprimärbedarfen zugeordnet. Diesen Vorgang bezeichnet man als Verrechnung, wobei R/3 wieder verschiedenen *Verrechnungsstrategien* anbietet. Abweichungen zwischen Vorplanung und tatsächlichen Kundenbedarfen führen entweder zur Erhöhung der Bestände bzw. zur Erhöhung der Produktionsmengen.

Vorplanung ohne Endmontage

Diese Strategie ist anzuwenden, wenn ein überschaubares Spektrum an standardisierten Montagevarianten produziert wird und der Bedarf an Enderzeugnissen noch sinnvoll vorgeplant werden kann. Die Vorplanung bewirkt dabei, dass vor dem Eintreffen des Kundenauftrages alle Baugruppen, Teile etc. bis zur Fertigungsstufe vor der Endmontage geplant und produziert werden können. Das Eintreffen des Kundenauftrags führt dann dazu, dass die Endmontage ausgelöst wird. Differenzen zwischen Vorplanung und Kundenaufträgen führen hier zu Beständen auf der Baugruppenebene bzw. zur Anpassung der Produktionsmengen für die Baugruppen.

Vorplanung auf Baugruppenebene

Ist das Spektrum der Varianz für die zu produzierenden Montagevarianten größer als im vorhergehenden Fall und somit die Vorhersagbarkeit des Bedarfs an Enderzeugnissen schlechter, ist diese Strategie empfehlenswert. Hier werden die Planprimärbedarfe nicht für die Enderzeugnisse selbst sonder nur für die Baugruppenebene erzeugt. Für die eingehenden Kundenaufträge wird eine Stücklistenauflösung durchgeführt und die daraus resultierenden Sekundärbedarfe werden mit den Planprimärbedarfen verrechnet. Enthält das Enderzeugnis Komponenten, die kundenspezifisch zu beschaffen oder zu produzieren sind, können bei dieser Strategie noch *Dummybaugruppen* als Platzhalter berücksichtigt werden. Dadurch ist einerseits sichergestellt, dass bereits bekannte Komponenten schon geplant werden können. Andererseits bleibt ein ausreichendes Maß an Flexibilität, um kundenindividuelle Details zu berücksichtigen.

Kundeneinzelfertigung

Bei Kundeneinzelfertigung wird davon ausgegangen, dass das Erzeugnis ausschließlich für einen Kunden produziert wird. Demzufolge werden keine Planprimärbedarfe erzeugt. Der Auftrag wird über sämtliche Stücklistenstufen durchgeplant. Die entstehenden Sekundärbedarfe sowie Kundeneinzelbestände werden nicht mit anderen Bedarfen und Beständen verrechnet.

8.2.5 Produktionssteuerung

Der Weg eines Fertigungsauftrages durch die Produktion besteht prinzipiell aus den Schritten Erstellung, Vorkalkulation und Durchführung (Abb. 8.8). Wobei die Erstellung u.a. die Schritte Planauftragsumsetzung, Fertigungsauftragsumsetzung, -freigabe und -druck umfasst.

Produktionsplanung und -steuerung (PP)

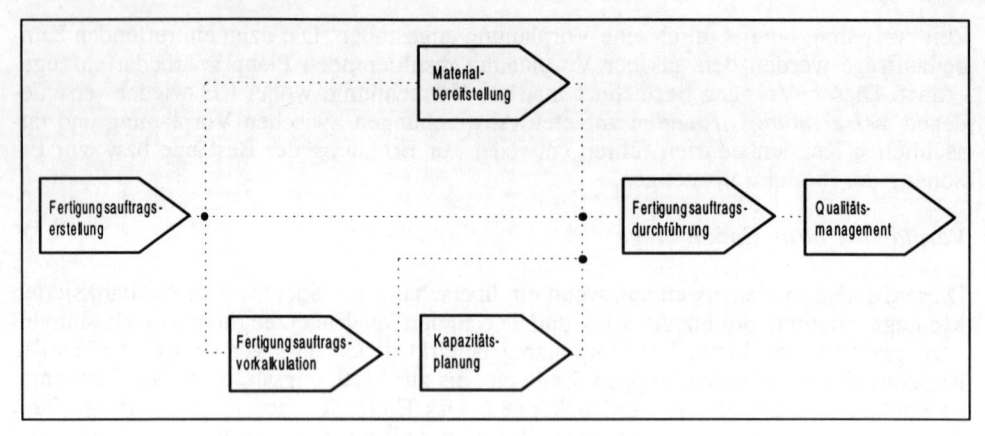

Abb. 8.8: Abwicklung eines Fertigungsauftrages

Erstellen eines Fertigungsauftrages

Die Bedarfsplanung erzeugt entweder Bestellanforderungen, aus denen dann später – im Modul MM – Bestellungen resultieren oder *Planaufträge*, die in Bestellanforderungen (Fremdbezug) oder auch in Fertigungsaufträge umgesetzt werden können. Diese Umsetzung kann als Einzel- oder als Sammelumsetzung durchgeführt werden. Dieser Weg bildet die konsequente Fortsetzung der Top-down-Planung. Fertigungsaufträge können aber alternativ dazu auch manuell erzeugt werden. Die Durchsetzung dieser Aufträge durch die Produktion ist Aufgabe der Produktions- bzw. Fertigungssteuerung, die auch als *Shop Floor Control* (SFC) bezeichnet wird.

Bei der Umsetzung eines *Planauftrages* in einen *Fertigungsauftrag* werden die Daten, wie z.B. Menge, Materialnummer sowie Start- und Liefertermin etc., aus den vorgelagerten Planungsstufen übernommen. Es werden ferner Sekundärbedarfe in Reservierungen umgewandelt. Eine Auflösung der Stückliste ist aber nicht mehr notwendig, da dies bereits beim Anlegen des Planauftrages erfolgt ist.

Als nächster Schritt erfolgt das Anlegen bzw. *Eröffnen* des Fertigungsauftrages. Dies kann auf 3 Arten erfolgen. Ist, wie oben dargestellt, ein Planauftrag umgesetzt worden, so kann der Fertigungsauftrag mit Bezug zu diesem Planauftrag eröffnet werden. Ist kein Planauftrag vorhanden kann, wird der Fertigungsauftrag meist mit Bezug zu einem Material unter Angabe der Auftragsart angelegt. Dann ist aber der Auftragskopf mit Mengen- und Termindaten noch zu pflegen. Es besteht sogar die Möglichkeit, Fertigungsaufträge ohne Bezug zu einem Material anzulegen um mitunter vorkommende ad hoc Maßnahmen flexibel verwalten zu können.

Danach ermittelt das System den passenden Arbeitsplan, übernimmt Arbeitsvorgangs- und ggf. Fertigungshilfsmitteldaten (vgl. Abb 8.9) und führt eine Durchlaufterminierung durch. Vom Vorgangsübersichtsbild aus kann man in zahlreiche vorgangsbezogene Detailbilder verzweigen, in denen z.B. Einzelheiten zur Terminierung eingegeben werden können (z.B. Vorgabewerte, Splittung, Überlappung, etc.).

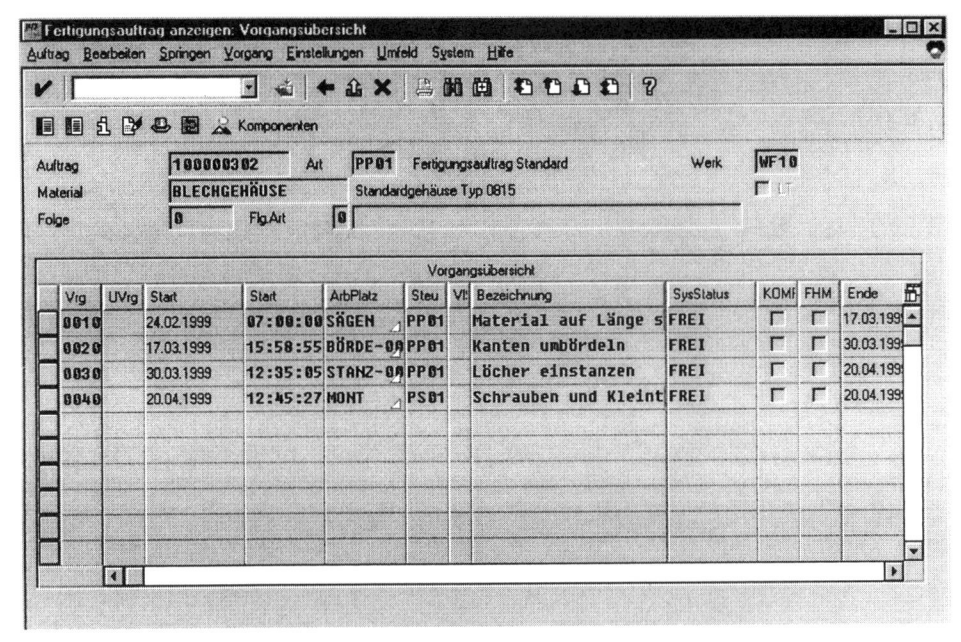

Abb. 8.9: Vorgangsübersicht (© SAP AG)

Zur Bestimmung der notwendigen Materialien wird automatisch die passende Stückliste selektiert. Damit können dann direkt *Lager-* und *Rohmaßpositionen* auf Verfügbarkeit geprüft und reserviert werden. Ebenso werden sofort Bestellanforderungen für *Nichtlagerpositionen* ausgelöst, die Verfügbarkeit der Kapazitätsbedarfe geprüft und die Vorkalkulation angestoßen. Abschließend wird der Auftrag gesichert.

Soll der Auftrag durchgeführt werden, ist er vorher zu drucken und freizugeben. Dies kann gesammelt für mehrere Aufträge, für einzelne Aufträge oder sogar für einzelne Arbeitsvorgänge erfolgen und ist mit einer Verfügbarkeitsprüfung für Material, Kapazitäten, Fertigungshilfsmittel etc. verbunden.

Vorkalkulation

Bei der Eröffnung eines Fertigungsauftrages und bei jeder nachfolgenden Änderung ermittelt das System die Plankosten, die voraussichtlich bei der Fertigung anfallen werden. Das bedeutet, dass auf Basis des vorliegenden Mengengerüsts eine Bewertung der Arbeitsvorgänge mit den Kostensätzen des Gemeinkosten-Controllings sowie eine Bewertung der Stücklistenpositionen mit den Materialpreisen der Materialwirtschaft durchgeführt wird.

Somit kann vor der Freigabe die Wirtschaftlichkeit des Auftrages geprüft werden. Durch Rückmeldung der tatsächlich angefallenen Kosten (z.B. Materialkosten bei der Materialentnahme) kann ferner ein permanenter Plan-/Ist-Kostenvergleich durchgeführt werden.

Auftragsdurchführung

Ist der Fertigungsauftrag freigegeben und der Druck der Papiere erfolgt, wird das Material physisch entnommen, der Warenausgang gebucht, der Arbeitsvorgang durchgeführt und i.d.R. rückgemeldet. Ist der letzte Arbeitsvorgang abgeschlossen, wird der Wareneingang in das jeweilige Lager gebucht.

SAP R/3 bietet mehrere Möglichkeiten für den Umfang der Rückmeldungen, die im Customizing eingestellt werden können. Es können Rückmeldungen zu einem Auftrag, einem Vorgang, einem Untervorgang oder auch einer Einzelkapazität erfasst werden. Dabei können Mengen, Termine, Personal- und Leistungsdaten sowie Warenbewegungen und Abweichungsursachen eingegeben werden.

Nach Abschluss der Produktion wird das produzierte Material in dem dafür vorgesehenen Lager vereinnahmt, so dass für Bestandsführung und Disposition eine Bestandserhöhung erkennbar wird. Dazu wird der Wareneingang zum Auftrag erfasst. Die fertiggestellten Positionen werden direkt aus dem Fertigungsauftrag übernommen, in den jeweiligen Bestand (z.B. WE- oder Qualitätskontrollbestand) gebucht und ggf. weitere Schritte (Fertigungsauftragsabrechnung, Warenbegleitscheindruck etc.) angestoßen.

8.2.6 Besondere Abwicklungsarten

Die bisher beschriebenen Prozesse sind auf die Auftragsfertigung zugeschnitten. Dieser Fall kommt in der Praxis zwar häufig vor, deckt aber nicht die Erfordernisse aller Unternehmen ab. Aus diesem Grund bietet R/3 noch weitere Alternativen an. Dies sind neben der Prozessfertigung, die in Form eines eigenen Moduls PP-PI (Produktion-Prozess) bzw. spezieller Branchenlösungen abgebildet wird, beispielsweise die Serienfertigung, das Kanban-Prinzip oder die Projektabwicklung.

Serienfertigung

Mit zunehmender Losgröße und Wiederholhäufigkeit ist der administrative Aufwand, der durch das Auslösen und Verfolgen einzelner Fertigungsaufträge entsteht, in Frage zu stellen. R/3 bietet für die Serienfertigung besondere Planungsmethoden und Auswertungen an.

Zunächst ist ein Material im Materialstamm durch setzen des *Serienfertigungskennzeichen* und Eingabe eines *Serienfertigungsprofils* vorzubereiten. Die Planung der Mengen erfolgt dann periodenbezogen (z.B. Wochenmengen). Der Produktionsfortschritt wird vereinfacht auf die eingeplanten Mengen rückgemeldet und gleichzeitig erfolgt die retrograde Buchung von Materialentnahmen und Fertigungskosten.

Es existieren zwei unterschiedliche Varianten der Serienfertigung. Die erste Variante unterscheidet noch Plan- bzw. Fertigungsaufträge, fasst diese aber zu Serienaufträgen zusammen. Bei der zweiten Variante wird ein Serienauftrag in Produktionseinteilungen aufgeteilt und die anfallenden Kosten einem *Kostensammler* zugeordnet.

Kanban-Prinzip

Beim Kanban-Prinzip wird die Fertigung durch Karten bzw. Behälter gesteuert. Trifft ein leerer Behälter bzw. ein Kanban-Kärtchen an einer Kapazitätseinheit ein, ist dies der Auftrag, genau die angegebene Menge bzw. genau den Behälterinhalt für das vorgegebene Teil zu fertigen. Sind die Voraussetzungen (größere Wiederholhäufigkeit und Bedarfsmengen sowie geringe Rüstzeiten und begrenzte Variantenvielfalt etc.) für den Einsatz von Kanban erfüllt, kann damit die Steuerung der Fertigung und die Kontrolle der Bestände sehr effizient realisiert werden.

R/3 unterstützt die Kanban-Steuerung. Dazu werden Teile lagerortabhängig aus der normalen MRP-Planung herausgenommen, Regelkreise (Verbraucher und Quelle), Verantwortliche und Behälterzahlen definiert. R/3 übernimmt es dann, die Materialbewegungen anzustoßen und zu verfolgen, was operative Probleme beim Kanban-Einsatz deutlich reduzieren kann.

Projektabwicklung

Werden Erzeugnisse nur einmal bzw. in sehr kleinen Stückzahlen und geringer Wiederholhäufigkeit gefertigt, hat die Auftragsabwicklung Projektcharakter. Das bedeutet u.a. hohe Komplexität, große Unsicherheit bezüglich des Ablaufs, regelmäßige Änderungen und mit zunehmendem Projektstand wachsender Detaillierungsgrad.

R/3 unterstützt die Projektabwicklung mit den klassischen Funktionen einer Projektplanungssoftware. Auf Basis eines *Projektstrukturplanes* können mit Hilfe der Netzplantechnik Termine, Ressourcen und Kosten verfolgt werden, wobei allerdings die Einbindung des Projektes in die MRP-Planung erfolgen kann.

8.2.7 Auswertungen

Ein wesentlicher Bestandteil des R/3-Systems ist das *Logistik-Informationssystem* (LIS). Für den Bereich der Produktion enthält das LIS speziell ein *Fertigungsinformationssystem*. Darin stehen eine Vielzahl von Standardanalysen zur Verfügung. Diese Analysen beziehen sich beispielsweise auf:

- Arbeitsplätze,
- Vorgänge,
- Materialien und Materialverbräuche,
- Fertigungsaufträge oder
- Produktkosten.

Basis dieser Analysen sind *Informationsstrukturen*. Dabei handelt es sich um eine Gruppe von Feldern einer operativen Anwendung bzw. der daraus resultierenden Belege, deren Daten zu Auswertungszwecken periodisch fortgeschrieben werden. Weiterhin enthält eine solche Struktur Informationen darüber, nach welchen Merkmalen die Daten sortiert werden können (z.B. Organisationseinheiten wie Werke, Kostenrechnungskreise, etc.) und zu welchen Kennzahlen sie zu verdichten sind. Auch hier bietet R/3 standardmäßig vorbereitete Informationsstrukturen an, mit denen durch Standardanalysen wichtige Informationen gezielt zusammengetragen und ausgewertet werden können.

Beispielhaft seien hier einiger Informationsstrukturen bzw. Standardanalysen erwähnt:

- Fertigungsauftrag (S021) – Positionsdaten des Fertigungsauftrages zum Material.
- Produktkosten (S027) – Plan- und Istkosten zu Fertigungs- und Prozessaufträgen.
- Materialverbrauch (S026) – Überblick über die verwendeten Komponenten.

Darüber hinaus hat der Benutzer die Möglichkeit, eigene Informationsstrukturen und Analysen zu definieren.

R/3 bietet auch im Bereich Produktion eine Vielzahl Möglichkeiten, insbesondere Entscheidungsträger aller Ebenen mit den gewünschten Informationen zu versorgen. Unerlässliche Voraussetzung für den Einsatz dieser standardisierten Informationssysteme ist jedoch die korrekte Abbildung der vorliegenden Organisationsstrukturen in R/3 und die Pflege der nötigen Felder in den jeweiligen Transaktionen.

Über die Informationssysteme – wie z.B. das LIS – hinaus bietet R/3 dem Anwender noch die Möglichkeit, eigene Auswerteprogramme (ABAP/4-Reports) zu erstellen. Aufgrund der Änderung in R/3, die mit jedem Releasewechsel verbunden sein können, ist es aber möglich, dass diese Auswerteprogramme dem neuen Release mit entsprechendem Aufwand angepasst werden müssen.

8.3 Schnittstellen und Interdependenzen des Moduls PP

Die Integration ist ein zentrales Feature des R/3-Systems. Das bedeutet, dass alle Module miteinander eng verbunden sind. Somit ergeben sich zwangsläufig eine Vielzahl von Verzahnungen. Auch wenn das R/3-System wegen seines Funktionsumfangs häufig getrennt nach Modulen beschrieben wird, werden die einzelnen Module bzw. die Schnittstellen dazwischen vom Benutzer bei seiner täglichen Arbeit kaum wahrgenommen.

8.3.1 FI (Rechnungswesen)

FI repräsentiert das externe Rechnungswesen des Unternehmens, sämtliche Werte bzw. Werteströme müssen dort abgebildet werden. Diese werden zwar bei produzierenden Unternehmen maßgeblich durch die Produktion beeinflusst. Da aber die in der Produktion anfallenden Kosten i.d.R. im Modul CO auf einen Auftrag kontiert werden oder einer Kostenstelle zugerechnet und anschließend umgelegt werden, ergeben sich kaum direkte Schnittstellen zwischen FI und PP.

Lediglich der Bereich der Anlagenbuchhaltung stellt eine direkte Verbindung dar, da die Anlagen, die in PP terminlich und kapazitätsmäßig verwaltet werden, in FI im Anlagenstamm hinterlegt sind und gepflegt werden.

8.3.2 CO (Controlling)

Das interne Rechnungswesen stellt die zentrale Aufgabe von CO dar und umfasst Kostenarten-, Kostenstellen- und Kostenträgerrechnung sowie die Absatz- und Ergebnisplanung. Dadurch ergeben sich zwangsläufig eine Vielzahl von Schnittstellen zum Modul PP.

Wenn die Planung entsprechend dem dargestellten MRPII-Konzept konsequent durchgängig abläuft, liefert CO mit der Absatz- und Ergebnisrechnung CO-PA die Basis für alle folgenden Planungsaktivitäten innerhalb des Moduls PP. Dabei werden die Absatzzahlen eines Materials direkt oder aggregiert als prozentualer Anteil eines Materials am gesamten Absatz einer Produktgruppe an PP übergeben.

Eine weitere wichtige Aufgabe von CO ist die nach Kostenarten getrennte Erfassung der angefallenen Kosten und die Verteilung auf die einzelnen Kostenstellen (Gemeinkosten-Controlling). Ein wesentlicher Anteil der Kosten fällt in der Produktion an. Ebenso besteht häufig ein direkter Zusammenhang zwischen den im Rahmen der Kostenstellenrechnung zu überwachenden Kostenstellen und den in PP verwalteten Arbeitsplätzen. Somit basiert das Gemeinkosten-Controlling bei produzierenden Unternehmen zu einem wesentlichen Teil auf Daten aus dem Modul PP. Und anders herum werden die Kostenstellenverantwortlichen – z.B. aus dem Bereich der Produktion – durch CO mit den zur Überwachung ihres Verantwortungsbereiches notwendigen Berichten versorgt.

Auch in der Kostenträgerrechnung (Produkt-Controlling) bestehen enge Verbindungen zwischen CO und PP. Für die Kalkulation von Fertigungs- und Kundenaufträgen ist ein Zugriff auf Plan- bzw. Istwerte für die an den einzelnen Arbeitsplätzen anfallenden Kosten unerlässlich. Ebenso ist ein Zugriff auf zentrale PP-Stammdaten wie Arbeitspläne und Stücklisten notwendig, um kalkulieren zu können.

8.3.3 SD (Vertrieb)

Im Verkauf werden Kundenaufträge erfasst und dadurch die folgenden Schritte der Auftragsabwicklung angestoßen. Für den Fall der kundenanonymen Lagerfertigung ist die Produktion vom Verkauf durch ein Lager entkoppelt. Für diesen Fall ergeben sich keine direkten Schnittstellen.

Wird aber kundenspezifisch produziert, ist der Auftragsdurchlauf durch die Produktion gezielt zu planen. Insbesondere gilt es im Modul PP festzulegen, ob der durch den Auftrag verursachte Kapazitätsbedarf an den betroffenen Arbeitsplätzen gedeckt werden kann. Dies kann beispielsweise im Rahmen einer Leitteileplanung durchgeführt werden.

8.3.4 MM (Materialwirtschaft)

Das Modul MM in Kombination mit dem Modul PP repräsentiert den Kernbereich klassischer PPS-Systeme. Somit bestehen zahlreiche Verbindungen, die hier nur grob umrissen werden sollen.

Die wichtigsten Verbindungen ergeben sich im Bereich der Disposition. Während MM für die verbrauchsgesteuerte Disposition und die anschließende Abwicklung der aus den Dispositionsentscheidungen resultierenden Bestellanforderungen bzw. Bestellungen zuständig ist, läuft die plangesteuerte Disposition über PP ab.

Verbrauchsgesteuerte Disposition bedeutet, dass für Materialien ein Lagerbestand geführt wird und entsprechend des Verbrauchs dieser Materialien in der Vergangenheit bzw. von Prognoserechnungen neues Material nachbestellt wird. Bei der plangesteuerten Disposition hingegen werden entsprechend konkreter Kundenaufträge oder zukünftiger Absatzerwartungen für Enderzeugnisse Primär- und Sekundärbedarfe erzeugt.

Diese Bedarfe finden sich in der *Dispositionsliste* und der *Aktuellen Bedarfs- und Bestandsliste* als zentraler Output der Bedarfsplanung wieder. Die Bedarfsplanung ist somit der zentrale Verzahnungspunkt von MM und PP. Sowohl die Bedarfe aus der verbrauchsgesteuerten als auch die Bedarfe aus der plangesteuerten Disposition werden bei Fremdbezug anschließend über die Einkaufsfunktionen von MM beschafft bzw. bei Eigenfertigung durch einen in PP abzuwickelnden Fertigungsauftrag gedeckt.

Weiterhin ist noch auf das Zusammenspiel von MM und PP bei der Verfügbarkeitsprüfung und die Vielzahl der Steuerungsparameter (z.B. Dispositionsmerkmal, Serienfertigungskennzeichen, u.v.a.m.), die im Materialstamm (MM) gesetzt werden und die die Planungsaktivtäten in PP steuern, hinzuweisen.

8.3.5 HR (Personalwesen)

Die zentrale Schnittstelle zwischen PP und HR bildet die Leistungsentlohnung. Arbeiten Werker in der Produktion im Leistungslohn, fallen im Modul PP Lohnscheine an, die unter Berücksichtigung von *Leistungsart* und *Personalzeiten* mit den entsprechenden *Leistungslohnarten* in der Zeitwirtschaft des Moduls HR verrechnet werden, so dass dann der auszuzahlende Lohn ermittelt werden kann.

8.3.6 Fremdsysteme

Die Anbindung von Fremdsystemen ist für SAP von zentraler Bedeutung. Demzufolge wurde von SAP das sog. *"Business Framework"* konzipiert, das eine Vielzahl von Realisierungsformen von Schnittstellen zum R/3-System bietet. Dies sind beispielsweise RFC-Verbindungen (*Remote Function Call*), ALE- (*Application Link Enabling*) oder BAPI-Schnittstellen (*Business Application Programming Interfaces*). Welche dieser Schnittstellen in einem konkreten Einsatzfall die günstigste ist, kann nur auf Basis der Anforderungen der Anwender und der vorliegenden Rechnerarchitektur entschieden werden.

Hinsichtlich der technischen und betriebswirtschaftlichen Notwendigkeiten, gibt es aber gerade zum Modul PP zahlreiche Möglichkeiten, Fremdsysteme anzubinden. Dies sind einerseits Systeme, mit denen lokal Planungen durchgeführt werden (z.B. vor dem SAP-Einsatz bereits vorhandene, grafische Plantafeln) oder auch Systeme, mit denen Maschinen oder Lager- und Transportmittel angesteuert werden.

Andererseits spielt die werksübergreifende Logistikplanung eine immer stärkere Rolle (vgl. Erweiterungen in Release 4.0 und 4.5). Daraus ergibt sich die Forderung, bei der Produktionsplanung Informationen versorgungskettenübergreifend – somit häufig auch aus Fremdsystemen oder anderen R/3-Systemen – zu verarbeiten. Dabei ist auch der Einsatz externer Optimierungswerkzeuge, die nicht in R/3 implementierte Algorithmen verwenden, von Bedeutung.

Abschließend ist noch auf die Einbindung von CAD-Systemen (Computer Aided Design) hinzuweisen, durch die das Zusammenspiel zwischen Konstruktion und Fertigung optimiert werden kann. Durch die CAD-Schnittstelle wird ein bidirektionaler Austausch zwischen R/3 und einem CAD-System möglich, um z.B. aus dem CAD-System auf das R/3-Klassifizierungssystem oder die Materialstammdaten und die Stücklisten zugreifen zu können.

8.4 Erweiterungen in Release 4.0, 4.5 und 4.6

Während früher die Optimierung der Logistik im innerbetrieblichen Bereich im Vordergrund stand, ist heute eine unternehmensübergreifende Betrachtung erforderlich, um weitere Rationalisierungspotentiale zu erschließen. Das Schlagwort "Supply Chain Management", das momentan im Bereich Logistik von großer Bedeutung ist, fasst diese Entwicklung zusammen. SAP reagierte darauf mit dem Konzept SCOPE (*Supply Chain Optimization, Planning and Execution*, Abbildung 8.10).

Für den Bereich der Produktionsplanung ist insbesondere das Feature "*Advanced Planner and Optimizer*" von Bedeutung. Dabei handelt es sich um zusätzliche, ab Releasestand 4.0 verfügbare Funktionen, die eine unternehmensübergreifende Mengen- sowie Termin- und Kapazitätsplanung ermöglichen.

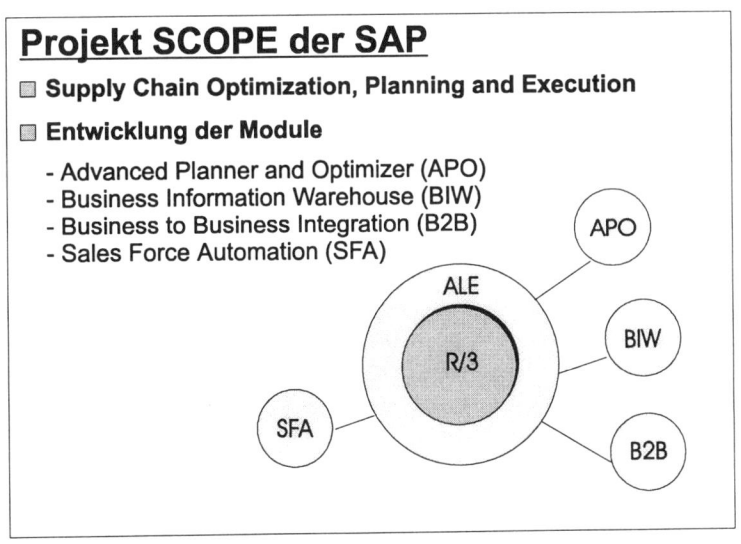

Abb. .8.10: Supply Chain Optimization, Planning and Execution (SCOPE)

Ab dem Releasestand 4.5 wird SAP R/3 im Bereich der Produktion darüber hinaus noch erweiterte Funktionalitäten für die Massenfertigung anbieten. Die Auftragsverwaltung für die Massenfertigung wird dann einen einheitlichen Rahmen für die Ausführung von Massenfertigungsfunktionen bieten. Dazu wird beispielsweise die Umwandlung von Plan- in Fertigungsaufträge, die Ausführung von Verfügbarkeitsprüfungen für Plan- und Fertigungsaufträge sowie das Setzen des Status "technisch abgeschlossen" für Fertigungsaufträge gehören.

Darüber hinaus gibt es ab dem Release 4.6A mehr als 150 vordefinierte Benutzerrollen im Rahmen des neuen Benutzermenüs *SAP Easy Access*. Diese neue Benutzungsoberfläche ist leichter zu bedienen und erlaubt einfacheres Handling in Verbindung mit einer intuitiven Navigation für den Bediener.

8.5 Resümee

Das Modul PP ist ein umfassendes Planungstool, das nahezu alle Anforderungen, die an ein modernes PPS-System gestellt werden, abdeckt. Die Möglichkeiten, die PP bietet, sind ausserordentlich vielfältig und die verwendeten Planungsalgorithmen können relativ komplex werden. Dies ist einerseits notwendig, um die häufig ebenso komplexe betriebliche Realität in der Produktion abdecken zu können. Andererseits führt diese Komplexität gerade bei potentiellen PP-Anwendern durchaus zu Verständnisproblemen. Durch eine konsequente, an betriebswirtschaftlichen Notwendigkeiten orientierte Straffung der Geschäftsprozesse lässt sich die Einführung von PP aber durchaus überschaubar gestalten, beherrschen und erfolgreich abschließen.

8.6 Veröffentlichungen

Pagert, C.; Schotten, M. u.a.: Marktspiegel, PPS-Systeme auf dem Prüfstand, 6. Aufl., Verlag TüV-Rheinland, 1997.

Kernler, H.: PPS der 3. Generation. Grundlagen, Methoden Anregungen, 3. Aufl., Hüthig Verlag, 1995.

Tersine, R.-J.: Principles of Inventory and Materials Management, 4. Aufl., Prentice Hall International Inc., 1994.

Keller, G.; Teufel. T.: SAP R/3 prozeßorientiert anwenden, 2. Auflage, Addison Wesley, 1997.

SAP AG: R/3 System Release 3.1 H, Online Documentation (CD-ROM), SAP AG Walldorf, 1997.

SAP AG: R/3 System Release 4.0 B, Online Documentation (CD-ROM), SAP AG Walldorf, 1998.

9

Personalwirtschaft (HR-PA, HR-PD)

Sabine Jachow

9.1 Generelle Anforderungen an ein DV-gestütztes Personalwirtschaftssystem

9.1.1 Anforderungen zur Unterstützung von Prozessen der Personaladministration

Damit die menschlichen und sozialen Aspekte der Personalarbeit wieder mehr in den Vordergrund treten können, ist es erforderlich, die Mitarbeiter in den Personalabteilungen der Unternehmen von den Routinearbeiten bei der Verwaltung, der Ablage und der Auswertung von Mitarbeiterdaten zu entlasten.

Diese Aufgabenstellung fordert von einer DV-Lösung die Umsetzung von betriebswirtschaftlich komplexen Prozessen der *Personaladministration* in sachlich und logisch zusammenhängende Anwendungen. Ziel ist es, dem Anwender eine DV-Lösung zu bieten, die eine effiziente Unterstützung bei der Personaladministration, wie z. B. der Verwaltung der Mitarbeiterdaten oder der Personalabrechnung, bietet.

Um eine globale Einsatzfähigkeit zu gewährleisten, müssen die entsprechenden nationalen Besonderheiten berücksichtigt werden. Hierzu zählen elementare Voraussetzungen wie die Berücksichtigung der länderspezifischen Gesetzgebungen, wie z. B. des Arbeits- und Steuerrechts, aber auch »Kleinigkeiten« wie der länderspezifische Aufbau von Anschriften.

Eine weitere, nicht weniger wichtige Anforderung an ein DV-gestütztes *Personaladministrationssystem* ist die Umsetzung gesetzlicher und betrieblicher *Datenschutzanforderungen*, um den Zugriff auf die Personaldaten zu steuern.

9.1.2 Anforderungen zur Unterstützung von Prozessen in der Personalplanung

Ein weiterer wesentlicher Aspekt der personalwirtschaftlichen Arbeit ist die *Personalplanung* zur Umsetzung der personalpolitischen Ziele eines Unternehmens.

Zur Bearbeitung dieser Aufgaben durch ein DV-gestütztes System ist es erforderlich, dass das Gesamtunternehmen mit allen existierenden Einheiten abgebildet werden kann. Alle Bereiche und Abteilungen der Unternehmung und ihre organisatorischen Beziehungen untereinander müssen abgebildet werden können, um den aktuellen Ist-Zustand der Unternehmensorganisation darzustellen. Neben dieser Ist-Darstellung muss das System die Möglichkeit bieten, unabhängige Planungen durchzuführen. Der Aufbau von Szenarien zur Planung von Maßnahmen wie Unternehmensumstrukturierungen, Unternehmenswachstum oder -schrumpfung müssen unabhängig vom Ist-Modell darstellbar und auswertbar sein.

Zu den weiteren Leistungsanforderungen an ein DV-gestütztes Personalwirtschaftssystem zur Unterstützung von Aufgaben der Personalplanung und -entwicklung gehören u. a. die Abbildung und Umsetzung von Konzepten zur Mitarbeiterentwicklung und -qualifizierung sowie die Unterstützung von Aufgaben zur Personalkostenanalyse und -planung.

9.2 Das Modul HR

Mit dem Modul HR (Human Resources) stellt die SAP® AG eine Software im System R/3® zur Verfügung, welche die Geschäftsprozesse der Personalwirtschaft von der Administration bis hin zur Planung unterstützt. Zur Umsetzung dieser komplexen Aufgaben stehen die HR-Komponenten *Personaladministration* (PA) und *Personalplanung und -entwicklung* (PD) zur Verfügung. Diese können sowohl einzeln als auch integriert eingesetzt werden.

Die Trennung des Moduls HR in diese beiden Komponenten basiert auf der unterschiedlichen Ausrichtung der Aufgaben. Die Komponente HR-PA ist vorwiegend verwaltungs- und abrechnungsorientiert und weist eine starke Verbindung zum Finanz- und Rechnungswesen auf. Die Aufgaben im HR-PD sind strategisch und konzeptionell orientiert und unterstützen die Umsetzung der Personalpolitik des Unternehmens. Ein weiterer Grund ist der unterschiedliche Aufbau der Organisationsstrukturen und der Datenbanken im HR-PA und HR-PD.

9.2.1 Realisierung der Anforderungen im Modul HR-PA

Die Anforderungen an ein DV-gestütztes Personaladministrationssystem setzt die SAP R/3-Komponente HR-PA mit den im weiteren dargestellten Strukturen und Funktionalitäten um.

Organisationsstrukturen

Die Organisationsstrukturen bilden die Basis für die Abbildung des Unternehmens im SAP R/3-System und können anhand einer fest vorgegebenen Hierarchie, klar definierter Gruppierungen und vorgegebenen Zuordnungsmöglichkeiten die strukturellen Anforderungen aller Unternehmensbereiche abbilden.

Aus personalwirtschaftlicher Sicht sind folgende Gruppierungen und Zuordnungen zum Aufbau der Unternehmensstruktur relevant:

Unternehmensstruktur aus personalwirtschaftlicher Sicht

- *Mandant:* Der Mandant ist der Teilnehmer im SAP-System und stellt als Kopf der Unternehmensstruktur den Gesamtkonzern bzw. die Holding dar.

- *Buchungskreis:* Der Buchungskreis ist eine selbständig bilanzierende Einheit mit eigener Gewinn- und Verlustrechnung. Ein Mandant kann einen oder mehrere Buchungskreise haben. Durch die Definition von Länder-, Währungs- und Sprachschlüsseln bei der Definition der Buchungskreise wird festgelegt, welche länderspezifischen Prüfungen (z. B. Länge und Aufbau der Postleitzahlen) durchgeführt werden, in welcher Währung die Beträge im Buchungskreis geführt und in welcher Sprache Texte in den einzelnen Anwendungen angezeigt und gepflegt werden.

- *Personalbereich:* Diese Gruppierung innerhalb der Unternehmensstruktur hat ausschließlich personalwirtschaftliche Relevanz und ermöglicht die Definition von Personalstandorten. Die hier definierten Personalbereiche sind ein Selektionskriterium bei der Auswertungen von Personaldaten und werden im SAP-Berechtigungskonzept zur Festlegung von Zugriffsrechten genutzt. Einem Buchungskreis können ein oder mehrere Personalbereiche eindeutig zugeordnet werden. Ist ein Buchungskreis aus personalwirtschaftlicher Sicht nicht relevant, kann auf eine Zuordnung verzichtet werden.

- *Personalteilbereich:* Personalteilbereiche ermöglichen eine weitere Untergliederung der Personalbereiche und erlauben die Steuerung von personalwirtschaftlichen Teilbereichen. So können für Personalteilbereiche die entsprechende Tarif- und Lohnartenstruktur sowie Arbeitszeitplanungen gesteuert werden. Ausserdem können über die Personalteilbereiche Auswertungswege und Berechtigungen noch genauer spezifiziert werden.

In Abbildung 9.1 sind die einzelnen Gruppierungen der Unternehmensstruktur aus personalwirtschaftlicher Sicht beispielhaft dargestellt.

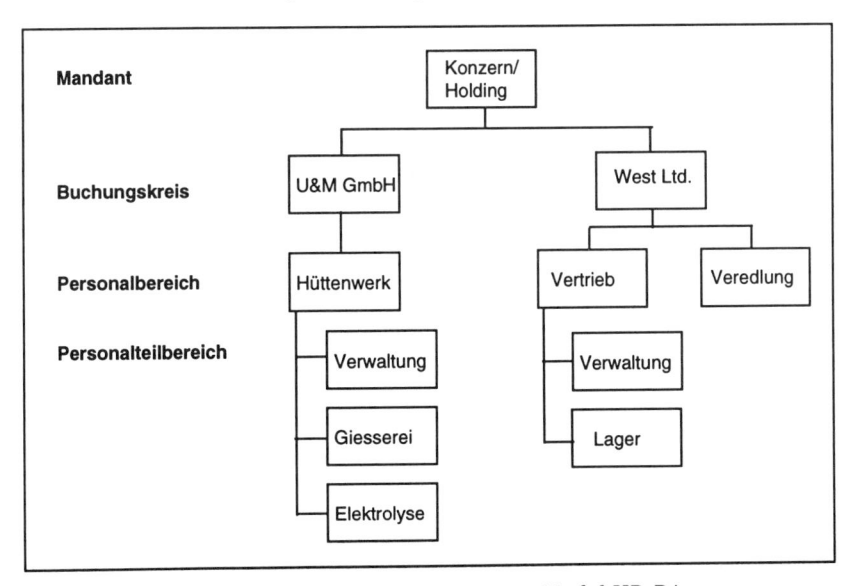

Abb. 9.1: Organisationsstruktur im Modul HR-PA

Die Personalstruktur

Die Personalstruktur eines Unternehmens kann im HR-PA durch die Definition von Mitarbeitergruppen und -kreisen festgelegt werden:

- *Mitarbeitergruppe:* Über diese Gruppierung wird festgelegt, in welcher Form ein Mitarbeiter dem Unternehmen seine Arbeitskraft zur Verfügung stellt, ob z. B. ein Dienstverhältnis besteht oder der Mitarbeiter im Ruhestand ist.

- *Mitarbeiterkreis:* Der Mitarbeiterkreis erlaubt eine genauere Unterteilung der Mitarbeitergruppe sowie die Festlegung von Steuerungsmerkmalen der Personalstruktur hinsichtlich abrechnungs- und zeitwirtschaftlich relevanter Kriterien.

Durch die Zuordnung von Mitarbeiterkreisen zu Mitarbeitergruppen erfolgt die Festlegung der Personalstruktur (Beispiel s. Abbildung 9.2). Über die Zuordnung der Ländergruppierung erfolgt eine Einteilung der Länder nach personalwirtschaftlichen Gesichtspunkten.

Mitarbeitergruppe	Mitarbeiterkreis	Ländergruppierung
Aktive	Aushilfen gew.	01
Aktive	Aushilfen kfm.	01
Aktive	Auszubildende gew.	01
Aktive	Auszubildende kfm.	01
Aktive	Monatslöhner	01
Aktive	Angestellte	01
Aktive	Leitende Angestellte	01
Aktive	AT-Angestellte	01

Abb. 9.2: Personalstruktur

Datenstrukturen /-modelle

Zum Aufbau seiner Mitarbeiter- und *Bewerberdatenbanken* nutzt HR-PA ein relationales Datenmodell. Die erfassten Mitarbeiter- und Bewerberdaten werden in den entsprechenden Datenbanktabellen gespeichert, die über Referenzen miteinander bzw. mit Tabellen aus anderen Anwendungen verbunden sind (z. B. Kostenstellenstamm zur Verprobung der Stammkostenstelle von Mitarbeitern).

HR-PA nutzt zum strukturierten Aufbau der Datenbanken Informationstypen und Informationssubtypen. Über diese Strukturelemente können Mitarbeiter- und Bewerberdaten nach inhaltlichen Gesichtspunkten erfasst werden.

Folgende Strukturelemente stehen in der Personaladministration zum Aufbau der Stammdaten und zur Erfassung von Bewegungsdaten zur Verfügung:

- *Informationstypen:* Informationstypen nehmen nach inhaltlichen Gesichtspunkten gebündelte Datenfelder auf und speichern diese Datenstruktur auf der Datenbank. Mittels verschiedener Zeitbindung der Informationstypen wird festgelegt, wie die einzelnen Datensätze eines Informationstypen zeitlich aufeinander reagieren. Über die Steuerungsinformationen der Informationstypen kann weiterhin bestimmt werden, welche Informationstypen ebenfalls für den Aufbau der Bewerberstammdatenbank genutzt werden können.

- *Informationssubtypen:* Über Informationssubtypen besteht die Möglichkeit, die Datensätze von Informationstypen in Untereinheiten zu gliedern. Diese Vereinfachung der Datenstruktur kann aus Gründen der Übersichtlichkeit erfolgen oder darin begründet sein, dass einzelne Informationssubtypen andere Zeitbindungen aufweisen.

Der so strukturierte Aufbau der Datenbanken ermöglicht dem Anwender eine komfortable Datenerfassung und -pflege. Für die Durchführung von komplexen Aufgabenstellungen, z. B. einer Einstellung, stehen »Maßnahmenarten« zur Verfügung. Diese »Maßnahmenarten« bieten die wesentlichen Informationstypen nacheinander zur Bearbeitung an. Neben der Möglichkeit, »Maßnahmen« zur Datenpflege zu nutzen, können Infotypen und Subtypen auch einzeln gepflegt und angezeigt werden.

Über die Strukturelemente der HR-PA-Datenbank können ebenfalls Zugriffsberechtigungen auf Personaldaten gesteuert werden.

Funktionalitätsumfang und Geschäftsprozesse

Der im folgenden dargestellte Funktionalitätsumfang der SAP R/3-Personaladministration wird gezielt nach der Realisierungsmöglichkeit nationaler bzw. internationaler Anforderungen analysiert.

Wesentliche Voraussetzungen für die Realisierung dieser Anforderungen werden schon bei der Festlegung der Unternehmens- bzw. Personalstruktur getroffen. So werden bei der Definition der Buchungskreise länderspezifische Prüfungen, Währungen und Sprachen festgelegt. Ebenso wird bei der Zuordnung des Personalbereichs zum Buchungskreis und der Mitarbeitergruppe zum Mitarbeiterkreis über das Länderkennzeichen eine Einteilung der Länder nach personalwirtschaftlichen Gesichtspunkten vorgenommen, die sich in erster Linie auf die Lohn- und Gehaltsarten beziehen.

Das Modul HR-PA unterstützt die folgenden Aufgabenbereiche der Personaladministration:

- Personalstammdaten
- Personalabrechnung
- Bescheinigungswesen
- Zeitwirtschaft
- Reisekosten
- Personalbeschaffung

Personalstammdaten

Die Personalstammdaten sind die Basis für die personalwirtschaftliche Arbeit. Die SAP-Anwendung der Komponente HR-PA bietet hier eine komfortable Möglichkeit, Daten für Mitarbeiter zu erfassen und zu bearbeiten. Alle die Mitarbeiter betreffenden Informationen werden zu sachlich und inhaltlich logischen Einheiten (Informationstypen bzw. Infotypen) gebündelt. Dieses Vorgehen hat den Vorteil, dass der Umfang der im Unternehmen benötigen Mitarbeiterinformationen individuell bestimmt werden kann.

Das Vorgehen bei der Datenbearbeitung ist von dem Bearbeitungsgrund abhängig. Die SAP-Anwendung bietet die Möglichkeit, Infotypen einzeln anzulegen /zu ändern oder komplexe Maßnahmen durchzuführen.

Beispiel 1: Pflegen eines Einzelbilds

Die Adresse eines Mitarbeiters hat sich geändert. Über die Aktivität »Personalstamm pflegen« wird der entsprechende Infotyp zur Bearbeitung aufgerufen, und die Adressänderung mit dem entsprechenden Datum kann eingegeben werden. Es erfolgt eine automatische zeitliche Abgrenzung der alten Adresse. Zusätzlich wird die alte Adresse archiviert und kann jederzeit mit einer Listbildfunktion angezeigt werden.

Beispiel 2: Durchführen einer Maßnahme

Ein neuer Mitarbeiter wird eingestellt, und seine Daten sollen in das SAP-System übernommen werden. Über die Aktivität »Personalmaßnahmen« wird eine Auswahl von Maßnahmenarten vorgeschlagen. Durch das Markieren der Maßnahme »Einstellung« wird dem Personalsachbearbeiter eine Abfolge von Infotypen zur Bearbeitung dieser Aufgabe angeboten.

Die Reihenfolge und die Anzahl der benötigten Infotypen für die einzelnen Maßnahmenarten können individuell bestimmt werden. So kann die Maßnahme »Einstellung« z. B. folgenden Aufbau haben:

Infotyp 0000	Maßnahmen (dieser Infotyp ist als einziger fest vorgegeben)
Infotyp 0001	Organisatorische Zuordnung (u. a. Personalbereich, Personalteilbereich, Kostenstelle)
Infotyp 0002	Daten zur Person (u. a. Name, Vorname, Geburtsdatum)
Infotyp 0006	Anschrift
Infotyp 0007	Arbeitszeit
Infotyp 0008	Basisbezüge
Infotyp 0009	Bankverbindung
Infotyp 0012	Steuerdaten Deutschland
Infotyp 0013	Sozialversicherungsdaten Deutschland

Ist der SAP-Standard nicht ausreichend, um alle Unternehmensanforderungen abzubilden, besteht die Möglichkeit, Infotypen an die Unternehmensspezifika anzupassen. Ist auch diese Möglichkeit nicht ausreichend, so können unternehmenseigene Infotypen erstellt und eingesetzt werden.

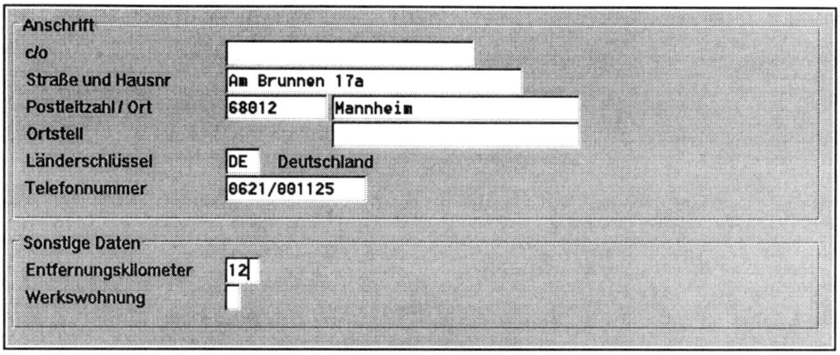

Abb. 9.3: Aufbereitung der Adressdaten für Deutschland (© SAP AG)

Für den Einsatz von HR-PA in international operierenden Konzernen können die länderspezifischen Infotypen über entsprechende Systemeinstellungen berücksichtigt werden. Im SAP-Standard steht eine Vielzahl von länderspezifischen Infotypen zur Verfügung, wie z. B. für Steuer- und Sozialversicherungsangaben. Diese können entsprechend in die einzelnen Maßnahmenmenüs eingebunden werden. Andere Infotypen, z. B. Daten zur Person und Adressdaten werden entsprechend der länderspezifischen Anforderungen umgesetzt. (Beispiele siehe Abbildungen 9.3 und 9.4).

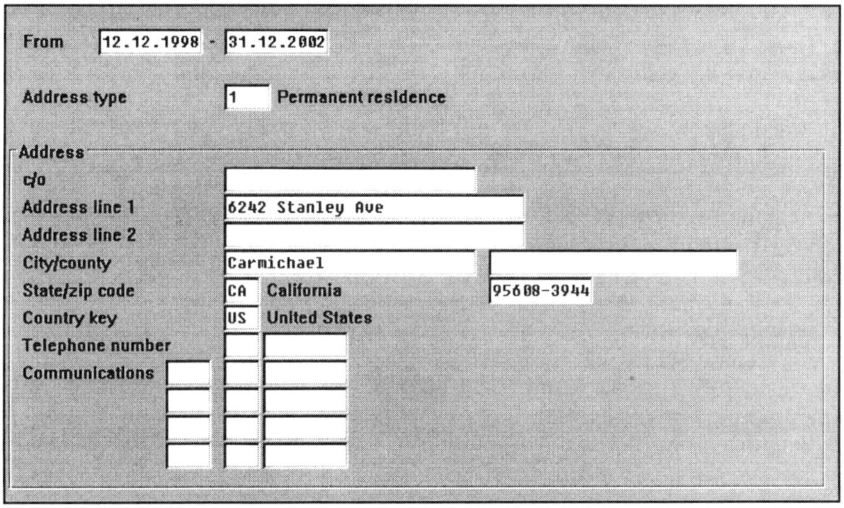

Abb. 9.4: Aufbereitung der Adressdaten in der Landesversion für die USA (© SAP AG)

Personalabrechnung

Die SAP R/3 Personalabrechnung unterstützt eine umfassende Lohn- und Gehaltsabrechnung. Neben der Brutto-/ Nettoentgeltfindung wird ebenfalls die stetig wachsende Bedeutung der *Arbeitgeberfürsorgepflichten* aus Steuerrecht, Arbeitsrecht etc. berücksichtigt. Notwendige Änderungen basierend auf gesetzlichen- und/oder unternehmensspezifischen Anforderungen können aufgrund der flexiblen Steuerung für den entsprechenden Zeitpunkt umgesetzt werden und die Auswirkungen dieser Änderungen im Online-Betrieb getestet werden.

Wesentliche Bedeutung für die Durchführung und Steuerung der Abrechnung haben Informationen aus den Stammdateninfotypen und die Lohnarten. Ein Großteil der Stammdateninfotypen aus dem Bereich der persönlichen Daten, organisatorischen Daten, Abrechnungsdaten, Zeitwirtschaftsdaten und Bewegungsdaten wird zur Personalabrechnung herangezogen.

Beispiel:

Aus dem Infotyp 0001 »Organisatorische Zuordnung« werden zur Bruttoermittlung die Kostenstelle, der Abrechnungsstatus und der Abrechnungskreis des Mitarbeiters gelesen. Zur Ermittlung der Nettobezüge wird u. a. der Infotyp 0013 »Steuerdaten« gelesen, um z. B. die abzuführende Lohn- und Kirchensteuer zu ermitteln.

Neben den Informationen aus den Stammdaten haben die *Lohnarten* eine wichtige Steuerungsfunktion im Rahmen der Personalabrechnung. So wird über die Lohnartendefinition u. a. festgelegt, in welchem zeitlichen Rhythmus (monatlich/jährlich) Lohnarten bei der Abrechnung berücksichtigt werden, ob es sich um eine Be- oder Abzugslohnart handelt oder ob sie steuerpflichtig bzw. steuerfrei ist. Über die Zuordnung von Lohnarten zu bestimmten Länderversionen ist es für global operierende Unternehmen möglich, die länderspezifischen Anforderungen zu erfüllen.

Abgesehen von der Möglichkeit, Lohnarten für bestimmte Länderversionen zu definieren, wird der internationale Einsatz durch länderspezifische *Abrechnungstreiber* unterstützt. Diese ermöglichen eine komplette Brutto-/Nettoabrechnung, die entsprechend der landesüblichen Vorgehensweise getrennt oder gemeinsam durchführt werden kann.

Das Personalabrechnungssystem ist voll rückrechnungsfähig und berücksichtigt alle gesetzlichen Anforderungen einer Brutto-/Nettorückrechnung.

Die Abrechnungsergebnisse werden in Ergebnistabellen gespeichert und stehen für die Weiterverarbeitung, wie Entgeltnachweise, Überweisungen an die Mitarbeiter, Beitragsabführung an die Krankenkassen usw. zur Verfügung.

Bescheinigungswesen

SAP R/3 stellt eine große Anzahl von Standardbescheinigungen, wie z. B. Arbeitsbescheinigungen oder Verdienstausfallbescheinigungen, zur Verfügung. Werden weitere Bescheinigungen zur Vorlage bei Institutionen oder für firmenspezifische Belange benötigt, können diese im System erstellt werden.

Zeitwirtschaft

Mit der SAP R/3-Zeitwirtschaft können die Arbeitszeiten der Mitarbeiter erfasst und bewertet werden. Dies geschieht auf der Basis von *Arbeitszeitmodellen, Arbeitszeitplänen* zur Festlegung von Sollarbeitszeiten, Pausen, Vorholzeiten usw. Durch die Definition von Ausnahmeregeln und die Festlegung der Zahlungsrelevanz von An-/Abwesenheiten wird die Arbeitszeitgestaltung des Unternehmens im SAP-System abgebildet.

Zur Erfassung von Arbeitszeiten stehen in der HR-Zeitwirtschaft zwei Methoden, die *Negativzeiterfassung* und die *Positivzeiterfassung*, zur Verfügung. Bei der Negativzeiterfassung wird davon ausgegangen, dass alle Mitarbeiter nach der Sollarbeitszeit arbeiten. Die tatsächlichen Kommt-/Gehtzeiten werden nicht erfasst. Es erfolgt ausschließlich eine Erfassung von Abweichungen von der Sollarbeitszeit wie Krankheit, Urlaub, Mehrarbeit usw. im persönlichen Kalender des Mitarbeiters. Die Positivzeiterfassung erlaubt die genaue Erfassung der täglichen Kommt-/Gehtzeiten bzw. An-/Abwesenheiten der einzelnen Mitarbeiter. Zur Berücksichtigung von länderspezifischen Anforderungen ist eine Variante der Positivzeiterfassung entstanden, die in einem Arbeitszeitblatt die genauen An-/Abwesenheitszeiten erfasst und eine Verknüpfung der Zeiten mit Lohnarten und Projektnummern zulässt.

Unabhängig von der Methode der Zeiterfassung erfolgt die Zeitbewertung durch einen Abgleich von Arbeitszeitplänen und erfassten An-/Abwesenheitszeiten. Ist die HR-Personalabrechnung im Einsatz, werden Zeitdaten und generierte Lohnarten in die Personalabrechnung übergeleitet.

Reisekosten

SAP bietet dem Anwender mit den Reisemanagement eine Komponente an, die die kompletten betriebswirtschaftlichen Prozesse vom Reiseantrag, der Genehmigung, der Erfassung von Reisefakten, der Abrechnung, Auszahlung und Buchung der Reisekosten abbilden kann.

Neben verschiedenen Customizingeinstellungen zur Abbildung von gesetzlichen und betrieblichen Regelungen muss der Infotyp 0017 »Reiseprivilegien« im Personalstamm angelegt werden, um die Reisekostenabrechnung durchführen zu können. Über diesen Infotyp wird gesteuert, in welchem Umfang die einzelnen Mitarbeiter ihre Reisekosten abrechnen können.

Beispiel: Abrechnen von Spesenbelegen

Ist das Einreichen von bestimmten Spesenbelegen (z. B. Taxi) von der Position des Mitarbeiters abhängig, kann die Abrechnung dieser Belege über das Feld »Spesenberechtigung« im Infotyp 0017 gesteuert werden. Wird ein solcher Beleg eingereicht, wird die im Stammsatz erteilte Spesenberechtigung mit dem entsprechenden Eintrag in der Spesenartentabelle verglichen. Ist die Verprobung positiv, kann der Beleg abgerechnet werden.

Der Anwender hat mit dem SAP-Reisemanagement ein komfortables Hilfsmittel zur Unterstützung seiner Arbeit. Mit der Anwendung können Reisekostenvorschüsse abgewickelt werden. In- und Auslandsreisen mit komplexen Reisesachverhalten, wie z. B. Reisen mit mehreren Zielorten oder abweichender Kostenverteilung, können erfasst und abgerechnet werden.

Das SAP-Reisemanagement erkennt anhand der Statusangaben, in welchem Bearbeitungsstadium sich die einzelnen Reisen befinden. So ist automatisch gewährleistet, dass beim Starten der Programme zur Reisegenehmigung, -abrechnung oder Überleitung der Abrechnungsergebnisse an die Finanzbuchhaltung alle entsprechenden Reisen berücksichtigt werden.

Eine nachträgliche Änderung oder Korrektur einer schon abgerechneten und/oder übergeleiteten Reise ist möglich. Es erfolgt ebenfalls eine automatische Korrektur der Buchhaltungsbelege.

Durch die entsprechenden Systemeinstellungen ist es für national und international operierende Unternehmen möglich, gesetzliche wie firmenspezifische Regelungen zur Erfassung und Abrechnung von Reisekosten abzubilden.

Personalbeschaffung

Diese Komponente des HR bildet die kompletten Personalbeschaffungsprozesse in einem Unternehmen ab. Dazu zählen:

- Feststellung des *Personalbedarfs* und die Unterstützung von Maßnahmen zur Personalakquisition. Ist die Integration von Personaladministration und -abrechnung (PA) und Personalplanung und -entwicklung (PD) aktiviert, werden die vakanten Planstellen vom PD zur Verfügung gestellt.
- Die gesamte Administration der Bewerber (*Bewerberverwaltung*), von der Erfassung der Bewerberdaten, der Erkennung von Mehrfachbewerbern sowie Bewerbungen von ehemaligen Mitarbeitern sowie die Strukturierung des Bewerberpools zur Unterstützung von Auswahlprozessen.
- Unterstützung bei der Auswahl von Bewerbern über den Gesamtstatus des Bewerbers sowie durch den Status der Vakanzzuordnung. Ist die PD-Komponente *Qualifikationsmanagement* im Einsatz, so kann der Auswahlprozess durch einen Profilabgleich der vakanten Planstelle mit den Bewerbern unterstützt werden.
- Die automatisierte Korrespondenz unterstützt die Kommunikation des Unternehmens mit den Bewerbern.
- Durch entsprechende Systemeinstellungen wird die Korrespondenz in der entsprechenden Landessprache erstellt.
- Automatisierte Übernahme von Bewerberdaten in den Personalstamm.

9.2.2 Realisierung der Anforderungen im Modul HR-PD

Wie die SAP R/3-Komponente HR-PA ermöglicht auch das Modul HR-PD die Unterstützung aller wesentlichen Geschäftsprozesse im Umfeld der Personalplanung und -entwicklung. Dies gelingt aufgrund des strukturierten Datenaufbaus und eines großen Angebots an Funktionalitäten, die den Anwender bei der Bewältigung seiner Aufgaben unterstützen.

Die Komponenten der HR-Personalplanung und -entwicklung sind sowohl für den nationalen wie auch für den internationalen Einsatz geeignet. Es werden ausschließlich unternehmensindividuelle Voraussetzung abgebildet.

Strukturen und Objekte

Die in der Personalplanung und -entwicklung aufzubauende Organisationsstruktur ist wesentlich komplexer und umfangreicher als die Strukturen der Personaladministration. So kann durch die Verbindung von verschiedenen Objekten, wie z. B. Unternehmensbereichen, Abteilungen, Stellen und Planstellen, ein detailliertes Unternehmensmodell aufgebaut werden (Beispiel s. Abbildung 9.5).

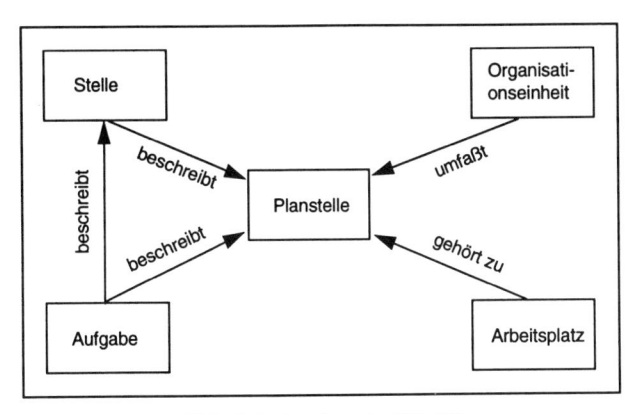

Abb. 9.5: Struktur in HR-PD

- *Organisationsstruktur:* Das Unternehmensmodell mit der genauen Beschreibung der Beziehung der einzelnen Einheiten untereinander.
- *Objekte:* Sie dienen zur Darstellung der einzelnen für ein Unternehmen erforderlichen Einheiten.
- *Verknüpfungen:* Sie beschreiben die Beziehungen zwischen den Objekten.

Stammdaten

Der objektorientierte Aufbau der Personalplanungs- und -entwicklungsdatenbank bietet viele Vorteile. Die Planungsobjekte der einzelnen HR-PD-Komponenten erlauben alle eine einheitliche Vorgehensweise zur Bearbeitung und Auswertung. Die Einführung neuer Komponenten des Moduls HR-PD bzw. eine Erweiterung schon eingeführter Komponenten um weitere Planungsobjekte kann sukzessive durchgeführt werden (Beispiel s. Abbildung 9.6).

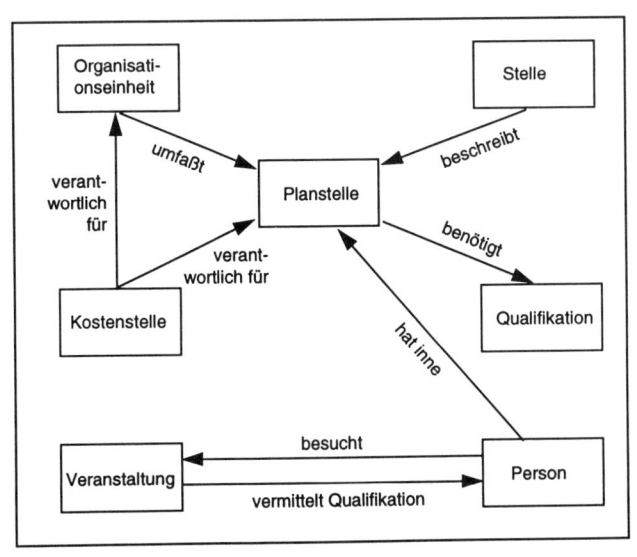

Abb. 9.6: Erweiterung der Struktur

Wie beim Aufbau der Stammdaten für die Personaladministration stehen auch in der Personalplanung und -entwicklung Infotypen zur Verfügung, die die inhaltliche Gruppierung der Daten ermöglichen. Alle Objekte im Modul HR-PD definieren sich über die Infotypen »Objekt« und »Verknüpfung«. Ansonsten stehen je nach Objekttyp noch weitere Infotypen zur Verfügung, wie z. B. »Kontierungsmerkmale«, »Arbeitszeit« oder »Sollbezahlung«, die den einzelnen Datensätzen weitere Informationen hinzufügen.

Funktionalitätsumfang und Geschäftsprozesse

HR-PD bietet folgende Komponenten zur Unterstützung der Prozesse in der Personalplanung und -entwicklung an:

- Organisationsmanagement
- Qualifikationsmanagement
- Karriere- und Nachfolgeplanung
- Veranstaltungsmanagement
- Personalkapazitätsplanung
- Personaleinsatzplanung
- Personalkostenplanung

Organisationsmanagement

Das Organisationsmanagement ist die Basis für den kompletten Funktionsumfang der Personalplanung und -entwicklung und stellt die Aufbauorganisation des Gesamtunternehmens im SAP-System dar. Es stehen mehrere Objekttypen zur Verfügung, die zum Aufbau der Strukturen genutzt werden können:

- *Organisationseinheiten:* zur Darstellung von Unternehmensbereichen und Abteilungen
- *Stellen:* zur Klassifikation von Planstellen
- *Planstellen:* beschreiben Positionen im Unternehmen, die von einem Mitarbeiter besetzt sind, besetzt werden sollen usw.
- *Arbeitsplatz:* dient zur generellen/genauen Ortsbeschreibung
- *Aufgaben:* dienen aus personalwirtschaftlicher Sicht zum einen zur Stellen-/Planstellenbeschreibung und zum anderen als Referenz zur Erstellung von Qualifikationen.

Die im SAP-System aufgebaute Struktur kann unter verschiedenen Gesichtspunkten sowohl in Listform als auch grafisch ausgewertet und bearbeitet werden. Mit Unterstützung der Planungshilfen ist es möglich, den aktuellen Aufbau der Organisationsstruktur darzustellen sowie unabhängige Planungsszenarien für zukünftige Strukturen zu erstellen. Ausserdem bildet das Unternehmensmodell eine unbedingte Voraussetzung für den Einsatz von Komponenten wie Business Workflow, Personalinformationssystem und Personalkostenplanung.

Qualifikationsmanagement

Der Aufbau eines Qualifikationskataloges und die Erstellung von Qualifikations- und Anforderungsprofilen hat ebenfalls eine zentrale Bedeutung in der HR-Personalplanung und -entwicklung.

Durch die Zuweisung von Qualifikationen und Anforderungen an die entsprechenden Objekttypen können Profilvergleiche erstellt werden. So können z. B. die Profile von Mitarbeitern mit ihrer aktuellen Planstelle oder mit ihrer zukünftigen Planstelle verglichen werden. Diese Profilvergleiche können zur Unterstützung von Qualifizierungsmaßnahmen der Mitarbeiter genutzt werden. Im Zusammenhang mit dem Bewerbermanagement können die Profilabgleiche den Auswahlprozess unterstützen.

Karriere- und Nachfolgeplanung

Die Karriere- und Nachfolgeplanung bezieht neben den Profilen aus dem Qualifikationsmanagement noch andere Kriterien zur Besetzung von Planstellen mit ein. So werden zum einen personenunabhängige *Laufbahnmodelle* genutzt, um Entwicklungsmöglichkeiten aufzuzeigen oder Nachfolgeproblematiken zu lösen. Zum anderen kann die Suche durch die Berücksichtigung von personenabhängigen Kriterien, wie Interessen und Wünschen von Mitarbeitern, oder, von unternehmensabhängigen Gründen, wie die Suche nach Inhabern von in Zukunft wegfallenden Planstellen, unterstützt werden.

Zeigen die Profilvergleiche bei Mitarbeitern und Bewerbern Qualifikationsdefizite auf, kann der Weiterbildungsbedarf ermittelt werden. Ist die Komponente Veranstaltungsmanagement aktiv, werden automatisch die Veranstaltungen angeboten, die diese Defizite beheben können.

Veranstaltungsmanagement

Das Veranstaltungsmanagement bietet eine umfangreiche Funktionalität an und ist sowohl für die unternehmensinterne Aus- und Weiterbildung, als auch für professionelle Veranstalter von Schulungen, Seminaren und Kongressen einsetzbar, da von der Planung bis zur Durchführung von Veranstaltungen alle Aktivitäten unterstützt werden.

Aufbau eines Veranstaltungskatalogs:
Durch die inhaltliche und fachliche Gruppierung der Thematik in Veranstaltungsgruppen und -typen wird ein Gerüst erstellt.

Veranstaltungsplanung und -verwaltung:
Bei der Veranstaltungsplanung können für frei zu definierende Planungszeiträume Seminare, Schulungen und Kongresse unter Berücksichtigung folgender Voraussetzungen geplant werden:
- Veranstaltungsabläufe (halbe oder ganze Tage, Wochen, ...)
- Termine unter Berücksichtigung von Sonn- und Feiertagen
- Planung und Belegung von Ressourcen (Schulungsräume, Ausstattung der Schulungsräume, Referenten, ...)
- Bei der Veranstaltungsverwaltung, die die Administration von internen und externen Veranstaltungen unterstützt, können ebenfalls Kosteninformationen hinterlegt werden.

Teilnehmerverwaltung:
Erlaubt das Buchen, Umbuchen, Stornieren, Vormerken von internen und externen Teilnehmern und die Abwicklung der Teilnehmerkorrespondenz.

Abrechnung der Teilnehmerkosten:
Bei Mitarbeitern über die Leistungsverrechnung, für externe Teilnehmer durch die Faktura.

Die im Veranstaltungsmanagement hinterlegten Informationen können vielseitig ausgewertet werden.

Personalkapazitätsplanung

Die Personalkakazitätsplanung bietet die Möglichkeit, unter Berücksichtigung der persönlichen Verfügbarkeit und Qualifikation, eine auftragsbezogene Personalplanung durchzuführen.

Für diese auftragsbezogene Planung stehen mehrere Alternativen zur Verfügung:

- Produktionsplanungsaufträge
- Instandhaltungs- bzw. Serviceaufträge
- Netzpläne

Personaleinsatzplanung

Mit der Personaleinsatzplanung ist eine rein arbeitszeitbezogene Planung von Mitarbeitern möglich, die die Personaleinsätze auf der Grundlage eines definierten Personalbedarfs, den Arbeitszeitplänen aus den Stammdaten der Mitarbeiter und den Abwesenheiten (z. B. Urlaub) plant.

Personalkostenplanung

Die Personalkostenplanung ermöglicht die Hochrechnung von Ist- und Soll-Kosten unter verschiedenen Bedingungen, z. B. durch eine zu erwartende Tariferhöhung. Die Basis dieser Hochrechnung können die im Infotyp »Sollbezahlung« hinterlegten Lohn- und Gehaltsbestandteile von Planstellen oder der im Personalstammsatz gepflegte Infotyp »Basisbezüge« der einzelnen Mitarbeiter bzw. die aktuellen Abrechnungsergebnisse aus der Personalabrechnung sein. Zur Durchführung der Hochrechnungen können Varianten erstellt werden, die entweder einzeln oder im Vergleich simuliert und analysiert werden.

9.2.3 Integrierter Einsatz von HR-PA und HR-PD

Die Integration dieser beiden Komponenten bietet dem Anwender eine Vielzahl von Vorteilen:

- Die Anwendungen der Personalplanung und -entwicklung können auf die Mitarbeiterdaten aus der Personaladministration zugreifen.
- Aus der Personalkostenplanung heraus kann auf die aktuellen Abrechnungsergebnisse der Mitarbeiter zugegriffen werden.

- Gibt es vakante Planstellen im Unternehmen, wird bei einem integrierten Einsatz sofort eine Beschaffungsaktivität im Bewerbermanagement ausgelöst.
- Der integrierte Einsatz bietet auch für den Einsatz des Veranstaltungsmanagements Vorteile. Werden Mitarbeiter des Unternehmens als Teilnehmer von Veranstaltungen gebucht oder als Referenten geplant, können diese Sachverhalte als An-/Abwesenheiten direkt in der Zeitwirtschaft gebucht werden bzw. direkt auf Unverträglichkeit geprüft werden.
- Von der Seite der Personaladministration kann auf die Planstellen zugegriffen werden. So wird bei der Einstellung neuer Mitarbeiter oder bei einem organisatorischen Wechsel durch die Zuordnung der Planstelle u. a. automatisch die Kostenstelle in den Infotyp 0001 »Organisatorische Zuordnung« eingestellt.
- Der Zugriff auf die Zeitwirtschaft ist ebenfalls für die Personaleinsatzplanung und die Personalkapazitätsplanung erforderlich. So greift die Personaleinsatzplanung auf die Arbeitszeitpläne der Mitarbeiter zu, plant die Einsätze und meldet diese an die Zeitwirtschaft zurück
- Es besteht die Möglichkeit, Auswertungen aus der Personaladministration über die Strukturen des Organisationsmanagements zu starten. Sie bieten dem Unternehmen eine genauere Analysemöglichkeit von Mitarbeiterdaten in einzelnen Organisationseinheiten bzw. Organisationsteilstrukturen.

Die Integration der beiden HR-Komponenten kann unabhängig von der Reihenfolge der Einführung durchgeführt werden. Hierzu müssen Integrationsschalter zur Personaladministration und Zeitwirtschaft aktiviert werden. Zur Verknüpfung und Aktualisierung von Stammdaten aus der Personaladministration, Personalplanung und -entwicklung stehen Standardprogramme zur Verfügung.

9.3 Einsatzmöglichkeiten des Personalinformationssystems

Das *Personalinformationssystem* (HIS) ist ein Teil des *Unternehmensinformationssystems* (EIS), das eine einfache und komfortable Auswertung aller im Personalsystem gepflegten Informationen ermöglicht.

Die Komponente der Personalplanung und -entwicklung ist logisch zugeordnet, da die Organisationsstruktur des Unternehmens eine zwingende Voraussetzung für die Einsetzbarkeit des Personalinformationssystems ist. Über das Personalinformationssystem können Daten aus der Personaladministration und der Personalplanung und -entwicklung über die Organisationsstruktur des Unternehmens grafisch ausgewertet werden. Es ist hierbei nicht erforderlich, zwischen den einzelnen Anwendungen hin- und herzuspringen, um die benötigte Auswertung zu erhalten.

Der Start der *Auswertungsreports* erfolgt über ein vereinfachtes Selektionsbild, in dem erstens der Auswertungsweg der Organisationsstruktur festgelegt wird (nur Organisationseinheiten, Organisationseinheiten mit Planstellen usw.) und zweitens definiert wird, ob die Gesamtstruktur oder eine Teilstruktur ausgewertet werden soll. Als weitere Selektionskriterien können die gewünschte Anzeigetiefe und der Auswertungszeitraum angegeben werden (s. Abbildung 9.7 und 9.8). Weitere Angaben sind zum Start des Personalinformationssystems nicht nötig, da die meisten Selektionsparameter automatisch vom System gesetzt werden. Neben einer Vielzahl von Standardauswertungen, die im SAP-System vorhanden sind, können auch individuelle Auswertungen eingebunden werden, die den spezifischen Bedarf der einzelnen Unternehmen berücksichtigen.

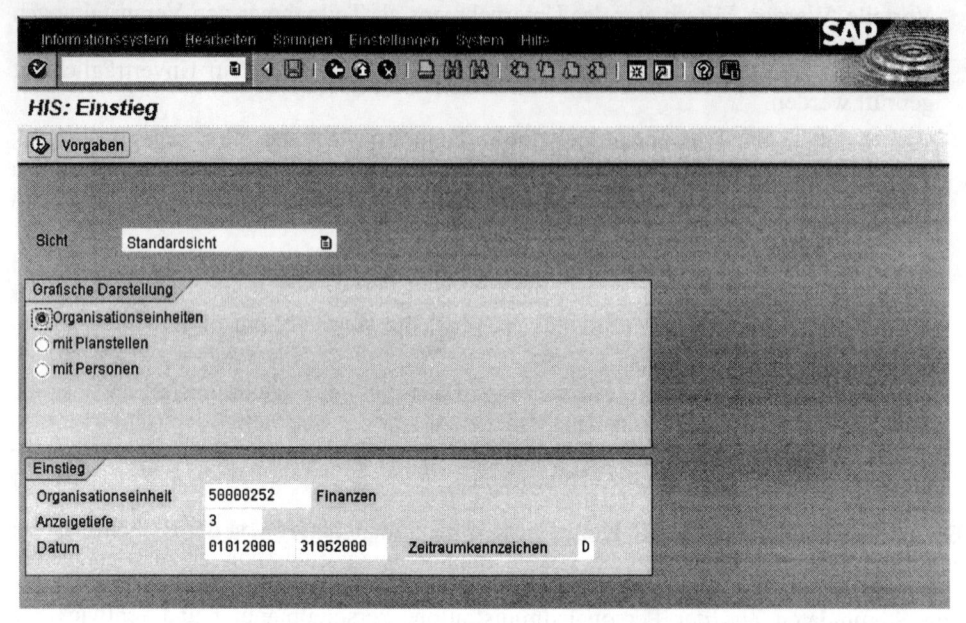

Abb. 9.7: Einstiegsbild Personalinformationssystem (© SAP AG)

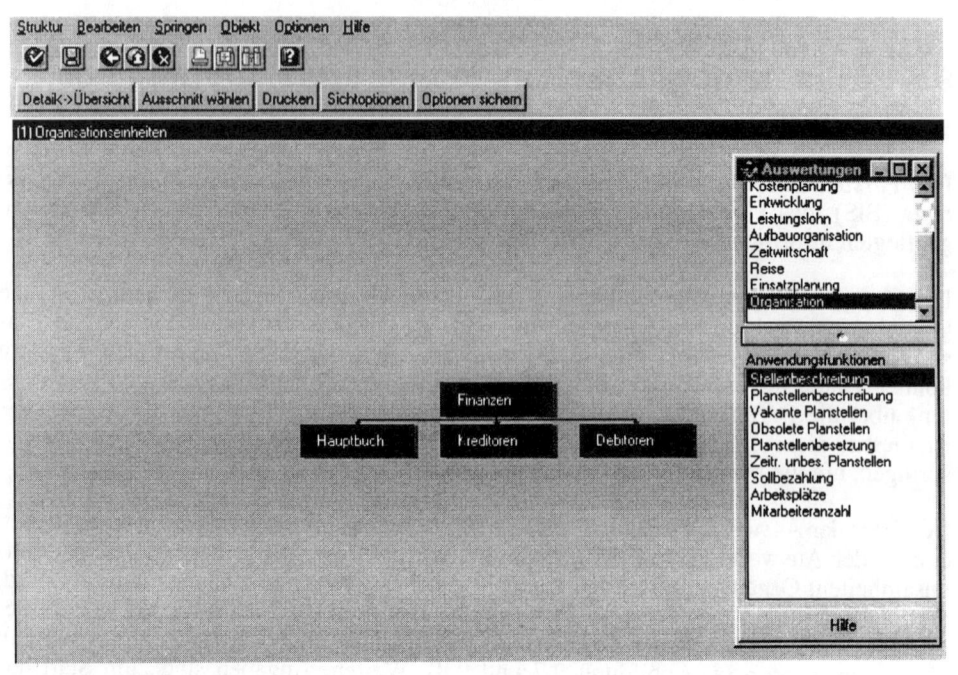

Abb. 9.8: Strukturgrafik mit Werkzeugkasten für die weitere Bearbeitung (© SAP AG)

Die ausgewählte Struktur/Teilstruktur wird grafisch aufbereitet und kann weiterbearbeitet werden. Über einen Werkzeugkasten werden dem Anwender Auswertungsmöglichkeiten aus verschiedenen Anwendungen angeboten. So können z. B. Daten von Mitarbeitern ausgewertet werden, ohne Personalnummern angeben zu müssen, da automatisch alle Mitarbeiter der ausgewählten Struktur berücksichtigt werden.

9.4 Schnittstellen zu anderen SAP®-Modulen

Das SAP R/3-Modul HR ist über verschiedene Schnittstellen, die Daten an andere Module übergeben oder zur Weiterverarbeitung übernehmen, in das SAP R/3-Gesamtsystem integriert.

9.4.1 FI (Finanzbuchhaltung)

Die SAP R/3-Komponenten Personalabrechnung und Reisemanagement übergeben vorbereitete Buchungssätze über eine Batch-InputSchnittstelle an das Modul FI. Über die Einstellung von bestimmten Steuerungsparametern wird eine automatische Kontenfindung für die Buchung auf die entsprechenden Kostenarten-, Verrechnungs- und Personenkonten unterstützt. Die mit den Buchungssätzen übergeleiteten Kontierungen, z. B. Kostenstellen, unterstützen die Weiterverarbeitung der Daten in der Kostenrechnung.

Aus der *Personalabrechnung* werden in der Regel kumulierte Werte, wie z. B. Löhne/Gehälter oder Mehrarbeit, übergeben. Personenkonten werden nur bebucht, wenn ein Unternehmen beispielsweise die Möglichkeit des Personalkaufs anbietet und diese Beträge über die Personalabrechnung verrechnet werden.

Die Buchung der Reisekosten ist von dem verwendeten Auszahlungsverfahren abhängig. Werden die Reisekosten über die Personalabrechnung oder über DTA ausgezahlt, werden kumulierte Werte übergeben. Bei der Auszahlung der Reisekosten über den Zahlungslauf der Finanzbuchhaltung werden die Belege einzeln an die entsprechenden Aufwands- und Personenkonten übergeben.

9.4.2 CO (Kostenrechnung)

Eine direkte Schnittstelle zwischen den SAP R/3-Modulen HR und CO besteht über die HR-PD-Komponenten Personalkostenplanung und Veranstaltungsmanagement. Die Ergebnisse aus der Personalabrechnung und dem Reisemanagement können über die entsprechende Kostenkontierung des Buchungsstoffs vom CO weiterverarbeitet werden.

Für die Gesamtkostenplanung des Unternehmens können die Ergebnisse aus der Personalkostenplanung direkt übernommen werden, sobald die Budgetplanung der Personalkosten abgeschlossen ist. Im Rahmen des Veranstaltungsmanagements werden Kostendaten im CO über die »interne Leistungsverrechnung« verarbeitet. Hier wird die Veranstaltungskostenstelle entlastet und die Kostenstelle des Mitarbeiters belastet.

9.4.3 PP (Produktionsplanung)

Diese Schnittstelle ist nur relevant, wenn im Unternehmen *Leistungslohn* gezahlt wird. Unter dieser Voraussetzung holt sich das Modul HR-PA die Lohnscheine aus dem PP, um diese in Abhängigkeit von der Leistungsart und den Personalzeiten mit den entsprechenden Leistungslohnarten in der HR-Zeitwirtschaft zu bewerten, in der HR-Personalabrechnung abzurechnen und den Mitarbeitern auszuzahlen.

9.4.4 SD (Vertrieb)

Die HR-PD-Komponente Veranstaltungsmanagement nutzt das Modul SD in zweifacher Hinsicht. Zum einen nutzt es die Kundenstammsätze des SD bei der Teilnehmerbuchung, zum anderen zur Fakturierung der Veranstaltungskosten von externen Teilnehmern.

9.5 Erweiterungen in Release 4.0, 4.5 und 4.6

Das Release 4.0 weist eine Vielzahl von Änderungen und Weiterentwicklungen im SAP R/3-Modul HR auf. Im folgenden wird auf einige wesentliche Weiterentwicklungen hingewiesen.

- Mit dem Release 4.0 ist es möglich, das SAP R/3-Modul HR auf einem eigenen System zu betreiben und über ALE mit anderen R/3-Anwendungen zu kommunizieren. Hierzu wurde das Verteilungsszenario »HR-only« erweitert.

- Infotypen in der Personaladministration und -beschaffung können um unternehmensspezifische Verprobungen sowie um beliebige zusätzliche Felder erweitert werden. Durch dieses Erweiterungskonzept entfällt die Nachpflege der Einstellungen nach einem Put- oder Release-Wechsel.

- Der neue Infotyp »Ergänzende Maßnahmen« erlaubt das automatische Protokollieren aller Maßnahmenarten, die für einen Mitarbeiter durchgeführt werden. Damit ist es jetzt möglich, für einen Mitarbeiter mehrere Personalmaßnahmen an einem Tag durchzuführen und zu dokumentieren.

- Zur Erfüllung der Anforderungen der Europäischen Wirtschafts- und Währungsunion gibt es eine neue HR-Tabelle (T500C). Alle HR-Anwendungen, die bis dato auf die Buchungskreistabelle (T001) referiert haben, beziehen ihre Informationen nun aus der HR-Währungstabelle.

- Mit dem Release 4.0 gibt es die Möglichkeit, Stellenangebote im *Internet* zu veröffentlichen; ebenso haben Bewerber die Möglichkeit, über das Internet auf diese Stellenangebote zu reagieren. Weiterhin ist es möglich, die Bewerberkorrespondenz alternativ als Fax oder E-Mail über SAPconnect zu versenden sowie Bewerber über SAPphone direkt aus der Stammdatenpflege anzurufen.

- Personalrechenregeln werden teilweise durch Customizingtabellen abgelöst.

- Einführung eines anwendungsübergreifenden Arbeitszeitblatts (CATS) zum vereinfachten Erfassen von Arbeitsstunden entsprechend den Vorgaben der Anwendungen HR, CO, PM, PS und SM.

Mit Release 4.5/4.6 kommen weitere neue Funktionen hinzu:

- Im *Vergütungsmanagement* können unternehmensindividuelle Gehaltsstrukturen mit dem neuen Werkzeug zur Stellenbewertung definiert werden. Mittels multidimensionaler Kalkulationsregeln ist eine Anpassung an individuelle Anforderungen möglich.
- Ein neues *Beurteilungssystem* unterstützt die Planung, Durchführung und Analyse von Personalbeurteilungen, z. B. 360° Feedback-Beurteilungen oder Umfragen.
- Mit der Funktion *Entwicklungspläne* können einfach individuelle und allgemeine Entwicklungs- und Ausbildungspläne erstellt und verwaltet werden.
- Der *HR Manager's Desktop* unterstützt Leitungskräfte bei der Personalarbeit; er enthält die Sichten auf die Organisationsstruktur, gibt einen schnellen Zugriff auf Mitarbeiterinformationen und gestattet Links auf Internet-Seiten.
- Mit dem *Employee Self-Service* (ESS) wird jedem Mitarbeiter die Möglichkeit gegeben, bestimmte eigene Personaldaten selbst zu verwalten. Hierfür ist kein SAP-GUI nötig.
- Die globale HR-Lösung wurde um folgende Länderversionen ergänzt: Argentinien, Brasilien, Hong Kong, Irland, Italien, Mexiko, Norwegen, Philippinen, Portugal, Schweden, Taiwan, Thailand und Venezuela.
- *Neue Benutzungsoberfläche:* Sie ist leichter zu bedienen und macht weniger Bildwechsel erforderlich. Darüber hinaus gibt es ab dem Release 4.6A mehr als 150 vordefinierte Benutzerrollen im Rahmen des neuen Benutzermenüs *SAP Easy Access* sowie die *Favoritenliste* der gebräuchlichsten Transaktionen.

9.6 Resümee

Das SAP R/3-Modul HR bietet dem Anwender eine komfortable Unterstützung bei der Bearbeitung der Prozesse in der Personaladministration sowie bei den Prozessen der Personalplanung und -entwicklung. Durch die verschiedenen Systemeinstellungen, die Einbindung von länderspezifischen Infotypen und die Möglichkeit, die Korrespondenz in der jeweiligen Landessprache abzuwickeln, ist das SAP R/3-Modul HR für den lokalen und globalen Einsatz geeignet.

10

ALE – Verteilung von R/3®-Anwendungen

Thomas Respondek

10.1 Von der Integration zur Verteilung

Während die SAP® AG in den früheren Jahren der Entwicklung ihrer Systeme den größten Wert darauf legte, einen möglichst hohen Integrationsgrad der Software zu erzielen, erscheint es unter heutigen Gesichtspunkten oftmals erwägens- und wünschenswert, integrierte Anwendungen betriebswirtschaftlich und technisch zu verteilen. Gründe dafür können in den mittlerweile räumlich weit auseinanderliegenden Geschäftseinheiten liegen, wie sie z. B. weltweit angesiedelte Produktionsstandorte der Chemie- oder Automobilindustrie darstellen. Gleichermaßen ausschlaggebend für derartige Überlegungen ist die vergrößerte Selbständigkeit von Geschäftseinheiten, die über eigene Hard- und Softwareausstattung verfügen.

Aus diesen Gründen entwickelt und implementiert die SAP AG seit einigen Jahren unter dem Namen *ALE* (Application Link Enabling) ein Konzept, mit dessen Hilfe betriebswirtschaftliche Vorgänge über Systemgrenzen hinweg auf der Grundlage einer losen Kopplung der beteiligten Systeme abgewickelt werden können. Da bei diesem Konzept jedes System über eine eigene Datenbank verfügt, ist aus Konsistenzgründen eine ständige Synchronisation der Datenbestände erforderlich, die die Transaktionssicherheit auch bei momentan nicht erreichbaren Partnern sicherstellt.

Ziel der Softwareentwicklung ist es, die Verteilung der Daten zwischen unterschiedlichen Systemen – z. B. R/2® und R/3® – auf eine modellbasierte Grundlage mit möglichst komfortabler Konfiguration und technischer Handhabbarkeit zu stellen. Dabei werden Verteilungsszenarien nicht mehr ausschließlich für SAP R/2- und R/3-Systeme (auch mit unterschiedlichen Release-Ständen) entwickelt, vielmehr werden in zunehmendem Umfang auch Fremdsysteme einbezogen (z. B. in den Bereichen Lagerverwaltungs- oder Transportsysteme), um so den Auf- und Ausbau betriebswirtschaftlicher Applikationsnetzwerke voranzutreiben.

10.2 Entwicklungsgeschichte

Erste Ansätze zur Verteilung von Anwendungen im Verbund verschiedener SAP-Systeme liegen bereits einige Jahre zurück und betreffen die Kopplung von R/2- mit

R/3-Systemen. Diese Ansätze resultierten aus der Forderung, bestimmte Logistiksysteme im *24-mal-7-Betrieb* rund um die Uhr im Einsatz zu haben. Da R/2-Systeme in der Regel für einen gewissen Zeitraum des Tages im Batchbetrieb zur Belegverarbeitung offline gefahren werden, R/3-Systeme aber im Normalbetrieb rund um die Uhr verfügbar sind, entstanden folgende Standardschnittstellen:

- R/2-System mit R/3-System zur dezentralen Lagerverwaltung
- R/2-System mit R/3-System zur dezentralen Versandabwicklung

Diese Schnittstellen sind zwar nicht sehr verbreitet, befinden sich aber auch heute noch bei einigen Kunden im Einsatz. Technisch beruht das Konzept dieser Schnittstellen auf dem *Queue Application Programming Interface* (QAPI). SAP stellt für diese Form der bidirektionalen Kommunikation diverse Kommunikationssatzstrukturen mit fest definierten Satzbetten zur Verfügung. Die zu übertragenden Belege werden in die Kommunikationsstrukturen und anschließend in eine Queuedatei gestellt. Die Queuedatei wird je nach Customizing-Einstellung automatisch oder manuell zwischen den Systemen ausgetauscht. Die Pufferung der Daten in der Queuedatei und die damit verbundene asynchrone Übertragung gewährleisten die Transaktionssicherheit, d. h. die Übertragung der Belege nur bei Erreichbarkeit des jeweiligen Partnersystems mit Überwachung der Vollständigkeit der übertragenen Daten.

Zusätzlich ist es mit Hilfe der QAPI-Funktionalitäten auch möglich, eigene Übertragungsszenarien zu entwickeln, wobei die Kommunikation nicht nur auf die Kopplung von R/2- mit R/3-Systemen beschränkt ist, sondern auch eine R/3-R/3-Kommunikation sowie die Kommunikation von R/3 mit Fremdsystemen möglich ist.

Das technische Konzept der Datenübertragung beruht auf dem *CPIC-Verfahren* (*Common Programming Interface Communication*). Nachteilig an der Datenübertragung mittels QAPI-Verfahren ist, dass zur Implementierung der Übertragungsfunktionalität lediglich das sogenannte CPIC-Starter-Set genutzt wird. Dieses besteht aus einigen grundlegenden Funktionen, die eine Nachrichtenübertragung nach dem Halbduplex-Verfahren ermöglichen. Hierbei hat der die Verbindung eröffnende Partner die Rechte für Datenübertragung, für die Abgabe der Senderechte an den Partner und für den geordneten Abbau der Verbindung. Der gerufene Partner besitzt zunächst nur Rechte für den Empfang von Daten und darf selbst erst dann Daten senden, wenn der sendende Partner seine Senderechte abgibt.

Für die Programmierung der Kommunikation steht die Programmiersprache ABAP/4® zur Verfügung. Sie enthält Sprachelemente, mit denen die Initialisierung der Kommunikation, das Anmelden am Partnersystem, die eigentliche Datenübertragung, das Abgeben der Senderechte an den Partner, das Empfangen von Daten und der Abbau der Verbindung implementiert werden können. Die Programmierung des Wechselspiels der Datenübertragung und darüber hinaus die Überprüfung der Korrektheit der übertragenen Daten liegen jedoch weitgehend in der Hand des Programmierers. Sämtliche Programme zur Datenübertragung mit dem QAPI-Verfahren beruhen auf der beschriebenen Funktionalität des CPIC-Starter-Sets.

Eine wesentlich besser handhabbare Alternative zur Kommunikation mittels CPIC stellt bereits seit früheren R/3-Versionen die Datenübertragung mittels des sogenannten *Remote Function Call* (RFC) dar. Hierbei wird im fernen System ein Funktionsbaustein (eine in sich geschlossene Programmeinheit mit fest definierten Schnittstellen) aufgerufen, der für die Verarbeitung der übertragenen Daten im entfernten System sorgt. Der RFC benutzt die volle Funktionalität der CPIC-Schnittstelle, der Programmierer übergibt dem Funktionsbaustein im fernen System nur noch die zu übertragenden Daten. Das heisst, Vergabe bzw. Entzug von Sende- und Empfangsrechten, Sicherheitsmechanismen etc. sind im Gegensatz zur Funktionalität des CPIC-Starter-Sets systemseitig implementiert. Informationen über die Erreichbarkeit des Partners und über Störungen bei der Übertragung werden in Form von sogenannten Returncodes an den Aufrufer zurückgereicht.

Während bis zur R/3-Version 3.0 die Kommunikation mittels RFC ausschließlich synchron zur Verfügung stand, besteht ab Version 3.0 für die gepufferte Datenübertragung die Möglichkeit, Remote Function Calls auch asynchron abzusetzen, womit letztendlich die Grundlage für die Gewährleistung der Transaktionssicherheit und damit für die komfortable Verteilung von Daten im ALE-Umfeld gelegt wurde.

10.3 Verteilungsszenarien und Verteilungsmodell

Voraussetzung für die Implementierung von *ALE-Szenarien* ist – wie in allen anderen Bereichen der Abbildung von Geschäftsprozessen mit SAP-Systemen – die Modellbildung. Hierfür stellt die SAP AG ein Referenzmodell zur Verfügung, das allgemein als *Verteilungsreferenzmodell* bezeichnet wird. Dieses Modell beinhaltet sämtliche zum jeweiligen Release-Stand abbildbaren *Verteilungsszenarien*. Das Modell unterliegt einer ständigen Weiterentwicklung und Optimierung. So werden neue Geschäftsprozesse aufgenommen und bereits bestehende im Sinne einer Vereinheitlichung und Vereinfachung überarbeitet. Mit dem R/3-Release-Stand 3.0 waren bereits grundlegende *Anwendungsszenarien* implementiert, und zwar aus den Bereichen:

Rechnungswesen

- verteilte Hauptbuchhaltung
- dezentrale Kontierung im Controlling
- verteilte spezielle Ledger
- Verteilung von Konsolidierungsdaten
- Produktkostenübernahme in die Ergebnisrechnung

Logistik

- Umlagerung zwischen verteilten Systemen
- dezentraler Versand
- zentral geführte Einkaufskontrakte mit dezentralem Abruf
- Verteilung von Produktionsplänen

Planung

- verteilte SOP-Szenarien

- Informationssysteme
- systemübergreifende Unterstützung der Logistikinformationssysteme (Bestand, Einkauf, Vertrieb)

Lagerverwaltung

- Schnittstellen für externe Lagersteuersysteme
- mobile Datenbeschaffung

Mit dem R/3-Release 3.1 erweiterte SAP die Funktionalitäten erneut. Daher kamen folgende Anwendungsszenarien hinzu:

Rechnungswesen

- verteilte Kostenstellenrechnung
- verteilte Profit-Center-Rechnung
- Rechnungswesen-Schnittstelle zur Ankopplung von Fremdsystemen

Personalwirtschaft

- Stammdaten
- Organisationsdaten
- Unterstützung eines zentralen HR-Moduls mit Überleitung von Ergebnissen der Gehalts- und Reisekostenabrechnung

Logistik allgemein

- Stammdaten:
  Konditionen (Preise),
  Erweiterung der Kundenstammdaten um beispielsweise Exportdaten, Bankstammdaten, Kundenstammtexte
- Stücklisten
- Beziehungswissen für konfigurierbare Materialien, externes Beziehungswissen

Materialwirtschaft

- Einkaufsinfosätze
- Orderbuch
- Leistungsstämme

Controlling

- Profit-Center
- Profit-Center-Hierarchien
- Kostenstellenhierarchie

Produktionsplanung

- Anschluss von Fremdsystemen zur Optimierung von Plan- und Fertigungsaufträgen

Versand

- Anschluss von Fremdsystemen zur Transportplanungsoptimierung

Diese Entwicklung wird fortgesetzt. So kommen unter Release 4.0 wiederum neue Funktionalitäten hinzu, z. B. das Anlegen von CO-Innenaufträgen, die systemübergreifende Kreditlimitprüfung etc.

Aus dem *SAP-Referenzmodell* wählt der Kunde die für seine Belange erforderlichen Szenarien aus und erstellt auf diese Weise sein *Kundenverteilungsmodell*. Dieser Vorgang erfolgt entweder mit einem PC-Tool, dem sogenannten »Organizational Architect«, mit dessen Hilfe das Verteilungsmodell grafisch am PC-Bildschirm entworfen und dann ins (führende) SAP-System übertragen wird, oder aber direkt im Implementation Guide (IMG) des SAP-Systems. Das Kundenverteilungsmodell wird dann an alle am Verbund beteiligten Systeme über Remote Function Calls übermittelt, um die logische Konsistenz zu gewährleisten. Zusätzlich sind natürlich diverse organisatorische und technische Maßnahmen erforderlich. Dazu gehören u. a. die Vergabe logischer Systemnamen, die Herstellung einer TCP/IP-Verbindung zwischen den Systemen, die Festlegung der Verbindungsparameter, der Abgleich der Nummernkreise aller Systeme sowie die Einführung eines systemübergreifenden globalen Buchungskreises.

10.4 Logische und technische Sicht der Kommunikation

Damit die genannten ALE-Szenarien wirkungsvoll ablaufen können, ist es aus Sicht des R/3-Systems erforderlich, im Verteilungsverbund den Austausch folgender Informationen zu ermöglichen:

- Steuerdaten (Customizing-Informationen)
- Stammdaten
- Bewegungsdaten

Um den Anwender bei der Implementierung durch eine möglichst weitgehende Astraktion von der technischen Datenebene zu unterstützen, erfolgt die Kommunikation auf logischer Ebene bezüglich der Stamm- und Bewegungsdaten über sogenannte Nachrichtentypen. Als ein Beispiel dafür sei die Versendung von Materialstammdaten über den Nachrichtentyp MATMAS *(Material Master)* genannt. Technisch ist jedem Nachrichtentyp ein Datensatz mit genau definierter Struktur zugeordnet. Diese Informationsstruktur bezeichnet man allgemein als »Intermediate Document« (IDOC). Ein IDOC besteht normalerweise aus diversen hierarchisch strukturierten Segmenten. Jedes dieser Segmente beinhaltet einen 55 Byte langen Datenvorspann, der u. a. die Strukturinformationen enthält, mit einem anhängenden maximal 1000 Byte langen Nutzdatenteil. Sämtliche Felder innerhalb der IDOC-Segmente sind vom Typ »Character«, um die Verbindung auch unterschiedlicher Systemplattformen zu ermöglichen.

Innerhalb der IDOCs gibt es Muss- und Kannsegmente, die einmal oder teilweise auch öfter vorkommen können. So ist beispielsweise bei der Materialstammübertragung das Segment mit den Schlüsselinformationen (der Materialnummer) das in der Hierarchie am höchsten aufgehängte Segment, das natürlich auch nur einmal vorkommt. Das Segment mit den Materialkurztexten zu einer Materialnummer ist mindestens einmal vorhanden (in der Originalsprache), kann aber auch öfter enthalten sein, falls der Materialkurztext in weiteren Sprachen gepflegt ist. In der Hierarchie ist das Segment mit den Kurztexten unterhalb des Segmentes mit der Materialnummer eingeordnet, es besteht hier eine sogenannte Parent-Child-Beziehung.

10.5 Ablauf der Verteilung

Die Organisation der Verteilung verläuft über drei Schichten, die bei der Kommunikation von SAP-Systemen auf allen beteiligten Partnern vorhanden sind (Abbildung 10.1):

- Anwendungsschicht
- ALE-Schicht
- Kommunikationsschicht

Die Ausgangsverarbeitung übernimmt dabei folgende Aufgaben:

Bereits beim Buchen eines Beleges in der Anwendungsschicht wird überprüft, ob ein IDOC erzeugt werden muss. Falls ja, dann wird ein sogenanntes *Master-IDOC* erzeugt, das zunächst einmal alle nur möglichen Informationen aus der zugehörigen Anwendung enthält. Die eigentliche Anwendungsbuchung wartet, bis das IDOC versandfertig aufbereitet ist. Der Empfänger wird aus der Anwendungsbuchung selbst oder aus dem in der ALE-Schicht liegenden Verteilungskundenmodell ermittelt.

Die ALE-Schicht überprüft anhand des Modells, ob das Master-IDOC vollständig an den/die Empfänger zu übermitteln ist, oder ob lediglich bestimmte Segmente zu übertragen sind, d. h. es findet eine Segmentfilterung statt. Dies kann erforderlich sein, wenn beispielsweise im Rahmen eines dezentralen Verkaufs das zentrale System den kompletten Kundenstamm mit den Sichten auf allgemeine Kundendaten, Finanzbuchhaltungs- und Vertriebsbereichsdaten führt, das dezentrale Verkaufssystem aber lediglich die Vertriebsinformationen benötigt.

Im weiteren Verlauf der Verarbeitung des IDOC in der ALE-Schicht kann eine Feldumsetzung stattfinden, wie es bei der Kommunikation R/3 mit R/2 z. B. bei dem Schlüssel erforderlich ist, der ein Werk kennzeichnet. Dieser Schlüssel wird im System R/3 vierstellig, im R/2 aber nur zweistellig geführt. Anschließend ist für den Fall unterschiedlicher Release-Stände der Partner gegebenenfalls eine Versionswandlung möglich. Damit liegt das IDOC als sogenanntes *Communication-IDOC* vor, es erhält eine eindeutige Transaktionskennung zur späteren Identifizierung, ist mit dem ursprünglichen Anwendungsbeleg verknüpft und wird innerhalb derselben Verarbeitungseinheit gebucht. Tritt innerhalb dieser Verarbeitungseinheit bei einem der Buchungsvorgänge ein Fehler auf, so sorgt das Datenbanksystem für die Rücknahme aller in dieser Verarbeitungseinheit vorgenommenen Buchungen. Vor der Übergabe des IDOC an die Kommunikationsschicht ermittelt die ALE-Schicht im Rahmen der Versendesteuerung, ob das IDOC einzeln oder im Paket versendet wird.

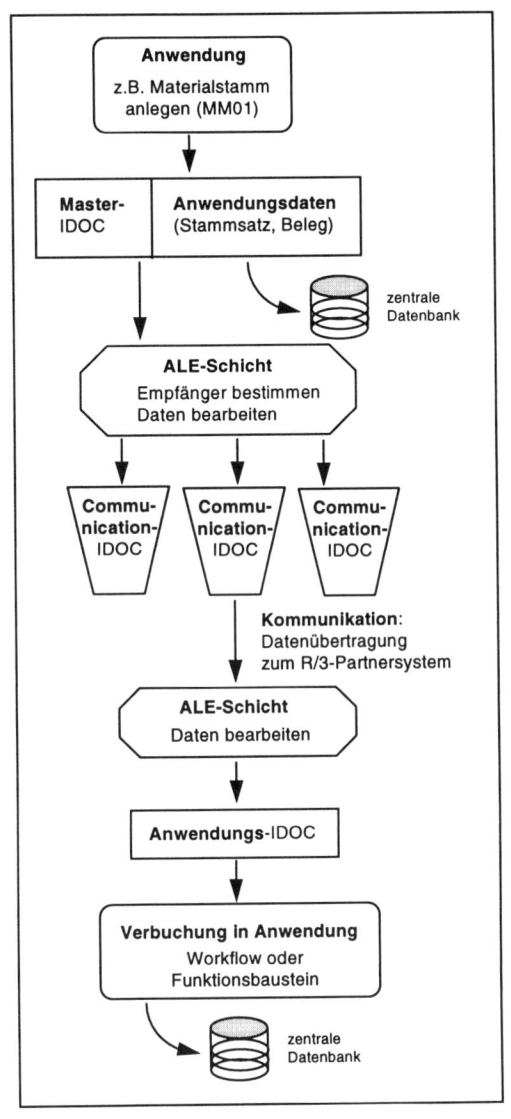

Abb. 10.1: Austausch von Nachrichten bei verteilten Systemen via IDOCs

Die Kommunikationsschicht ermittelt den Ausgangsport für IDOCs. Als Port bezeichnet man die Art der Versendung. Hier bietet die SAP AG mehrere Möglichkeiten an: unternehmensintern werden IDOCs meist über den bereits erwähnten asynchron arbeitenden Remote Function Call versendet, während bei der Kommunikation mit Fremdsystemen oftmals ein *EDI-Port* verwendet wird. Des weiteren stehen Ports für einen Internet-Anschluss oder CPIC-Verbindungen zur Verfügung.

Wird die Übertragung per EDI (Electronic Data Interchange) gewählt, so ist zusätzlich ein externer Translator erforderlich, der die IDOCs in das EDI-Format übersetzt. Translatoren werden nicht von der SAP AG angeboten, sondern von Fremdanbietern zur Verfügung gestellt. Die SAP AG übernimmt jedoch die Zertifizierung dieser Fremdprodukte. Damit liegt ein breites Spektrum an Möglichkeiten vor, firmeninterne und firmenexterne Systeme in betriebswirtschaftliche Applikationsnetzwerke einzubinden.

Die Eingangsverarbeitung nimmt bei SAP-Systemen im Prinzip genau den umgekehrten Weg, d. h. über die Kommunikations-, ALE- bis hin zur Anwendungsschicht. Die Kommunikationsschicht reicht das eingehende Communication-IDOC an die ALE-Schicht weiter. Falls Versionswandlung, Segmentfilterung und Feldumsetzung nicht auf der Ausgangsseite stattgefunden haben, besteht die Möglichkeit hierzu nochmals auf der Eingangsseite der ALE-Schicht. Dann liegt das IDOC als Application-IDOC vor und wird verbucht.

Die Übergabesteuerung ermittelt, ob die Anwendungsbelegerzeugung per *Funktionsbaustein*, *Workflow* oder *Workitem* angestoßen werden soll und ob die Verbuchung sofort oder im Batchbetrieb erfolgt. Damit verbunden ist natürlich die Ermittlung eines für die Fehlerbehandlung zuständigen Sachbearbeiters. Zusätzlich steht für viele Anwendungen ein Mechanismus zur Serialisierung zur Verfügung, der überprüft, ob es sich bei dem zu verbuchenden IDOC wirklich um das aktuelle handelt, oder ob aufgrund der Netzübertragung vielleicht ein anderes, älteres IDOC vor dem aktuellen angekommen ist.

Den Abschluss der Verarbeitung bildet das Verbuchen des aus dem IDOC erzeugten Anwendungsbeleges. War die Verbuchung erfolgreich, so wird in derselben Verarbeitungseinheit ein entsprechender Status in die IDOC-Tabelle geschrieben.

10.6 Fehlerbehandlung und Sicherheitsmechanismen

Wie bereits im vorhergehenden Abschnitt angedeutet, unterliegen sowohl Ausgangs- als auch Eingangsverarbeitung einer Statusverwaltung. Ausgehende IDOCs werden nur fehlerfrei an die Kommunikationsschicht weitergereicht, und nur ein erfolgreich gesendetes IDOC erhält einen fehlerfreien Status. Treten beim Versenden des IDOC Fehler auf, so können fehlerhafte IDOCs zu einem späteren Zeitpunkt erneut gesendet werden. Schlägt das Verbuchen im empfangenden System fehl, so besteht die Möglichkeit, zu einem späteren Zeitpunkt die Verbuchung erneut zu veranlassen oder eine Fehlerbehandlung zu starten.

Die SAP AG bietet umfangreiche Monitoring-Funktionen zur Überwachung der Kommunikation an. Hierzu gehören Reports zur Anzeige von Inhalt und Status der IDOCs im eigenen System sowie Reports, die vergleichbare Funktionen im empfangenden System anbieten. Da aufgrund des ALE-Konzepts grundsätzlich physische Verknüpfungen zwischen den IDOCs im sendenden und empfangenden System bestehen, können bei Fehlern auf der Eingangsseite das Original-IDOC des Senders sowie der Originalanwendungsbeleg eingesehen werden. Zusätzlich ist ab Release 3.0c ein ALE-Audit verfügbar. Dies bedeutet, dass die Empfängerseite über einen eigenen Nachrichtentyp Audit-Nachrichten an das Sendersystem mit Informationen über den aktuellen Status der Verarbeitung des IDOC übermittelt.

10.7 Resümee

Mit dem ALE-Konzept bietet die SAP AG ein ausbaufähiges Konzept zur Implementierung lose gekoppelter, räumlich verteilter betriebswirtschaftlicher Software an. Der derzeitige Ausbaustand erlaubt die systemgrenzenübergreifende, modellbasierte Abbildung zahlreicher Geschäftsprozesse aus den Bereichen Finanz- und Rechnungswesen einschließlich Ergebnisrechnung, Logistik und Personalwesen. Dabei wird der Nachteil der Verwendung verteilter Datenbanken durch ein hohes Maß an Sicherheitsvorkehrungen hinsichtlich Konsistenz und Synchronisation aufgefangen.

Für Kunden besteht die Möglichkeit, Anpassungen vorzunehmen oder im Rahmen von Eigenentwicklungen komplett neue Szenarien abzubilden. Das Konzept erlaubt sowohl die Kopplung von SAP-Systemen mit unterschiedlichen Release-Ständen als auch die Einbeziehung von Fremdsystemen und trägt damit der Forderung nach integrierten, aber dennoch aufgrund ihrer Funktionsweise heterogenen Systemen Rechnung, die über standardisierte Kanäle miteinander kommunizieren.

11

Der Einsatz von SAP R/3 im Rahmen von E-Business und E-Market Places

Michael Rebstock

11.1 Betriebswirtschaftlicher Hintergrund

E-Commerce, E-Business und E-Market Places lauten die *Buzzwords* der neuen Ökonomie. Kaum ein Unternehmen scheint es sich noch leisten zu können, entsprechende Anwendungen nicht zu realisieren. Die Nutzung elektronischer Medien, vor allem des Internet, verspricht eine verbesserte Kommunikation sowohl innerhalb des Unternehmens als auch mit Partnern außerhalb. Es entstehen Chancen zur Prozessoptimierung durch informationstechnische Integration innerhalb eines Unternehmens, zwischen Unternehmen innerhalb eines Konzernverbundes und zwischen Geschäftspartnern. Die Verfügbarkeit von Informationen dort, wo sie benötigt werden, kann gesteigert werden. Datenredundanzen werden abgebaut, Fehlerquellen und Mehrfacherfassungsaufwand werden eliminiert.

All diese Vorteile werden jedoch nur dann realisiert, wenn Inhouse-Systeme, also ERP-Systeme wie SAP R/3, mit den neuen Anwendungen des elektronischen Geschäftsverkehrs verbunden werden. Ist dies nicht der Fall, so bleiben Medienbrüche, Mehrfacherfassung, Zeitverlust und Fehlerquellen erhalten. Gehen bspw. Online-Bestellungen auf einem Internet-PC ein und werden dann in das interne System erneut eingegeben, so bietet das Online-Geschäft keinerlei Vorteile gegenüber einer Bestellung etwa per Fax oder Telefon. Nur eine nahtlose elektronische Weiterverarbeitung (die natürlich auch Möglichkeiten einer manuellen Online-Kontrolle enthalten kann) schafft weitergehende Zeit-, Kosten- und Qualitätsvorteile. Auch innerhalb des Unternehmens hat heute noch nicht jeder Mitarbeiter Zugang zu einem R/3-System, da der Schulungs- und Ausstattungsaufwand dazu in der Regel zu hoch ist. Daraus resultiert eine Zentralisation von Systembedienungsaufgaben. Diese hat jedoch zur Folge, dass auch einfache Informationen nicht aus dem oder in das System gebracht werden können. Brüche im Prozessablauf und erhöhte Informations- und Transaktionskosten sind die Folge. Durch eine Anbindung des R/3-Systems an ein Intranet lassen sich auch diese Folgen vermeiden.

Die Realisierung einer Internet- oder Intranet-Anbindung des R/3-Systems erfolgt immer häufiger vor dem Hintergrund einer Gesamtstrategie für die elektronische Geschäftsabwicklung eines Unternehmens. Internetdienste lösen dabei ältere elektronische Kommunikationsverfahren ab, da sie leistungsfähiger, offener, und gleichzeitig kostengünstiger sind. Die Öffnung des Systems R/3 durch die Nutzung von Internet-Technologien steht dabei im größeren Zusammenhang der Öffnung des Unternehmens und der integrierten unternehmensübergreifenden elektronischen Abwicklung von Geschäftsvorgängen. Ein Teil der E-Business-Strategien von Unternehmen schlägt dabei genau deshalb fehl, weil die genannte Integration der Internet-Frontend-Lösungen mit den Back-Office-Lösungen der ERP-Systeme nicht berücksichtigt wird. Gerade diese Integration ist es, die es dann auch erlaubt, den Kunden im Internet individuell anzusprechen und ihm diejenigen Informationen, die er von einem Unternehmen braucht, maßgeschneidert und aktuell zu liefern.

11.2 Elektronische Geschäftsmodelle

Wird die Online-Anbindung eines R/3-Systems geplant, so ist zu entscheiden, welche Art von Online-Szenarien für diese Anbindung relevant sind. In jüngerer Zeit ist eine große Zahl unterschiedlicher Online-Anwendungsszenarien entstanden. Allen gemeinsam ist, dass sie auf dem Einsatz von Internet-Technologien beruhen. Der Einsatz von Internet-Technologien kann dabei im Rahmen dreier verschiedener Umgebungen erfolgen:

- *Internet:* Das klassische Internet-Szenario umfasst die Beziehungen eines Unternehmens zu Konsumenten (*Business-to-Consumer, B2C*) oder Geschäftskunden (*Business-to-Business, B2B*). Der Zugang zu einem System ist hierbei zumindest zu Beginn einer Transaktion auch bisher nicht identifizierten, anonymen Kommunikationspartnern möglich.

- *Extranet:* Hierbei handelt es sich um die Kommunikation eines Unternehmens mit einem Kreis von bekannten, benannten Partnern, in der Regel anderen Unternehmen (Inter-Company, *Business-to-Business*). Aufgrund der vorhandenen Identifizierung des Partners wird eine deutlich umfangreichere Palette von Anwendungen möglich.

- *Intranet:* Bei diesem dritten Szenario handelt es sich schließlich um die internen Kommunikationsbeziehungen des Unternehmens (Intra-Company, *Business-to-Employee*, Employee-to-Employee). Dieses Szenario ist in der Regel leichter umzusetzen, da keine Partner außerhalb des Unternehmens zu berücksichtigen sind.

Der Einsatz der Internet-Technologien in Unternehmen findet seinen Ausdruck in neuen Formen der Abwicklung von Geschäftsprozessen, die als Electronic Commerce oder Elcctronic Business bezeichnet werden:

- *Electronic Commerce (E-Commerce)* bezeichnet elektronischen Handel oder elektronischen Verkauf, also die Unterstützung von Kommunikations- und Geschäftsprozessen im Absatzbereich durch elektronische Kommunikationsdienste, i.d.R. auf Basis von Internet-Technologien.

- *Electronic Business* (*E-Business*) bezeichnet dagegen die Optimierung beliebiger Kommunikations- und Geschäftsprozesse durch den Einsatz elektronischer Kommunikationsdienste. E-Business ist damit potentiell relevant für alle betrieblichen Funktionsbereiche. Die Unterstützung der gesamten Wertschöpfungskette (Electronic Business Value Chain) ist möglich.

- *Electronic Procurement (E-Procurement)* bezeichnet die Nutzung elektronischer Kommunikationsdienste im Bereich der Beschaffung, und ist damit, wie auch E-Commerce, Teil des E-Business.

Die Anwendungen, die im Rahmen dieser Konzepte im einzelnen eingesetzt werden, decken in der Zwischenzeit eine große Bandbreite ab:

- Ein *Online-Katalog* hält die Produktdaten eines Unternehmens online bereit und erlaubt unter Umständen auch die *Online-Konfiguration* eines Produkts.

- Ein *Online-Shop* ermöglicht die elektronische Bestellung eines oder mehrerer Artikel. Die Unterstützung des vollständigen Verkaufsprozesses - von der Produktauswahl über eine etwaige Produktkonfiguration bis hin zum Kauf der Artikel und der Zahlungsabwicklung – erfordert ein umfangreiches Funktionsspektrum.

- Eine *Electronic Shopping Mall* vereint mehrere Online-Shops in einer Web Site oder bietet Verweise zu diesen Online-Shops. Bei den Produkten kann es sich um beliebige, konkurrierende oder ergänzende Angebote handeln. Bei sich ergänzenden Produkten wird das Konzept des *Cross-Selling* im Online-Verkauf praktiziert.

- *Elektronische Marktplätze* (E-Market Places) bringen Online-Angebote (E-Commerce) und Online-Nachfrage (E-Procurement) zusammen. Nach dem Verständnis von einem Markt als dem Ort, an dem Angebot und Nachfrage aufeinander treffen, bezeichnet ein *elektronischer Markt* eine informationstechnische Anwendung, die Angebot und Nachfrage elektronisch (im Internet) zusammenbringt. Alle zahlenmäßigen Kombinationen von Angebot und Nachfrage (im Sinne der volkswirtschaftlichen Einteilung von Märkten also auch Nachfrage-, Angebots- oder bilaterale Monopole oder Oligopole) sind dabei denkbar. Das Bild des Markt*platzes* impliziert dagegen das Zusammentreffen *vieler* Anbieter und Nachfrager. Die verschiedenen, oben genannten Formen des elektronischen Geschäftsverkehrs können demnach unter dem Begriff elektronische Märkte subsumiert werden. Ein elektronischer Markt*platz* jedoch erweitert die Funktionalität über die bereits genannten Formen hinaus, indem die Angebote mehrerer Lieferanten und die Nachfrage mehrerer Kunden an einem virtuellen Ort zusammenkommen. Darüber hinaus bieten diese Systeme teilweise Verhandlungsfunktionen, Zahlungsabwicklung und Logistikfunktionen an.

- *Online-Auktionen* stellen eine Sonderform der elektronischen Märkte dar. Diese bezeichnen die Durchführung von Auktionen unter Nutzung neuer elektronischer Medien. Verschiedene Auktionsformen (steigende, fallende; offene, verdeckte Gebote) werden praktiziert.

Die verschiedenen Formen elektronischer Geschäftsabwicklung sind nicht zeitgleich entstanden, sondern haben sich nacheinander entwickelt. Abbildung 11.1 gibt einen Überblick. Die Evolution der Geschäftsmodelle folgte dabei einem Verlauf von unten nach oben; im Diagramm durch Pfeile gekennzeichnet.

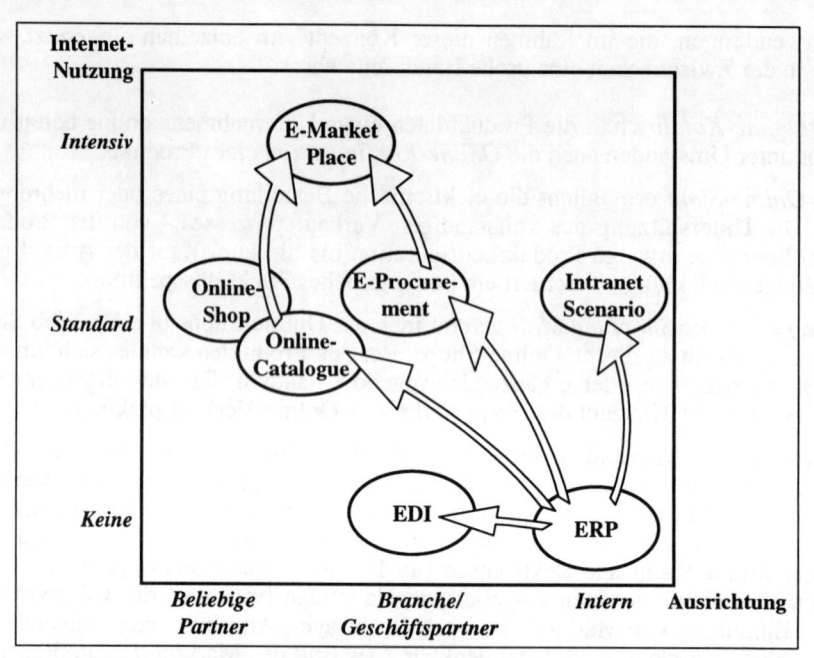

Abbildung 11.1: Entwicklungspfade elektronischer Geschäftsabwicklung

11.3 SAP R/3 und Internet-Technologien

Eine Einbindung des Systems SAP R/3 in Online-Angebote kann verschiedene Ziele verfolgen und auf technisch unterschiedliche Art und Weise umgesetzt werden. Folgende Möglichkeiten sind zu unterscheiden:

- *Anbindung des R/3-Systems an Internet oder Extranet.* In diesem Fall erstellt das Unternehmen eine eigene Web Site, die etwa einen Online-Shop enthält. Das R/3-System kommuniziert mit dem Server dieser Web Site und stellt über diesen die benötigten Informationen im Internet bereit. Drittsysteme sind nicht involviert. Zur Realisierung dieser Alternative werden die von SAP entwickelten vorgefertigten Internet-Anwendungskomponenten *(Internet Application Components, IAC)* und der *SAP Internet Transaction Server (ITS)* eingesetzt.

- *Anbindung an das Intranet.* Hier stellt das Unternehmen einen Teil der Funktionalität des R/3-Systems über das Intranet den Mitarbeitern zu Verfügung. Interne Bestellungen, Personalverwaltungsvorgänge, Berichtswege und ähnliches können dadurch beschleunigt und kostengünstiger realisiert werden. Auch hier werden *IAC* und *ITS* eingesetzt.

- *Anbindung an einen elektronischen Marktplatz.* Über das Internet oder ein Extranet wird in diesem Fall eine Verbindung zu einen Dritt-System geschaffen, an dem verschiedene Anbieter und Nachfrager partizipieren. Die SAP AG selbst bietet mit *mySAP Marketplace* ein solches Marktplatzprodukt an (sowie mit *mySAP.com* einen elektronischen Marktplatz selbst). Dieses elektronische Marktplatzsystem ist ein eigenständiges System und demnach unabhängig von der Anbindung des jeweiligen internen R/3- oder auch anderweitigen ERP-Systems zu sehen. Der *ITS* wird auf der SAP R/3-Seite zur Kommunikation mit dem Marktplatzsystem verwendet.

Nicht zu vergessen ist, dass die Realisierung eines elektronischen Markts – nicht Markt*platzes* – auch mittels einer direkten Kommunikation mit Geschäftspartnern über bereits etablierte Techniken wie *EDI* erfolgen kann. In diesem Falle ist jedoch i.d.R. nicht die Internet-Schnittstelle des R/3-Systems betroffen. Diese Variante wird hier nicht weiter betrachtet.

Abbildung 11.2 zeigt die verschiedenen Möglichkeiten der *unternehmensübergreifenden* Integration inklusive der Möglichkeit der direkten Kommunikation.

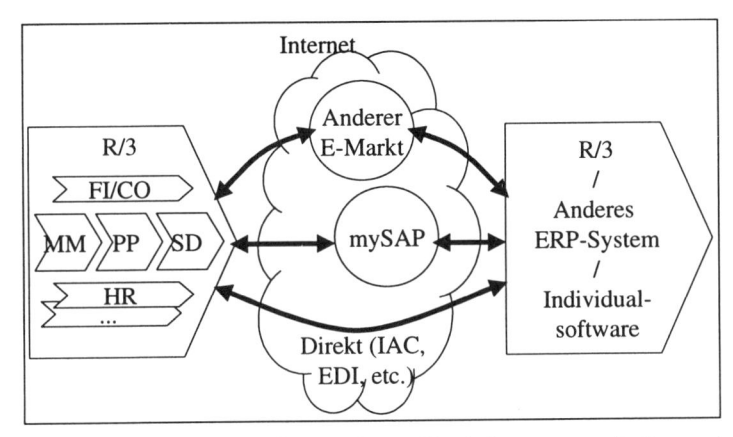

Abbildung 11.2: Unternehmensübergreifende Integration via Internet

Wie erfolgt die Anbindung des R/3-Systems an das Internet technisch? Es bestehen zwei Optionen. Neben dem bereits genannten *SAP Internet Transaction Server* existiert die Möglichkeit, über externe Internet-Programme direkt auf einzelne Funktionen des R/3-Systems zuzugreifen. Während im ersten Fall gewissermaßen die im R/3-System vorhandene Funktionalität nach draußen, also in das Internet, übertragen wird, reagiert das R/3-System im zweiten Fall auf eine Anfrage von außen. Die SAP bezeichnet daher auch den ersten Fall als *Inside-Out-Ansatz* und den zweiten als *Outside-In-Ansatz*.

- **Inside-Out mit SAP ITS:** Der ITS übernimmt die Steuerung der Kommunikation des Web-Servers (*HTTP-Server*, etwa Microsoft Internet Information Server) mit dem eigentlichen R/3-System. Der ITS selbst wiederum besteht aus mehreren Software-Komponenten mit verschiedenen Teilaufgaben. Bei kleiner bis mittlerer Transaktionshäufigkeit können HTTP-Server und ITS auf einem physikalischen Rechner ablaufen. Erst bei großen bis sehr großen Transaktionshäufigkeiten ist eine Trennung der Rechner, gegebenenfalls sogar der Einsatz eines Mehrprozessorsystems, sinnvoll.

- **Outside-In:** Neben der Nutzung des ITS ist die Entwicklung von Internet-Anwendungen auch über Systeme von Drittanbietern möglich. Diese Option ist dann sinnvoll, wenn die Entwicklung einer durchgängigen Internet-Anwendung im Vordergrund steht, die nur einzelne Transaktionen des Systems R/3 nutzt, ansonsten aber einen großen Teil der Anwendungslogik in anderen Systemen vorhält. Der Zugriff auf einzelne Transaktionen ist via *BAPI (Business Application Programming Interface)* möglich. Ein BAPI ist eine objektbezogene Funktion des Systems R/3, beispielsweise "Kundenauftrag – Anlegen". Dieser Funktionsaufruf kann mit entsprechenden Parametern in eine beispielsweise mit *Visual Basic, C++* oder *Java* erstellte Applikation eingebettet werden. Werden in einem Unternehmen nur einzelne Module des Systems R/3 neben eigenerstellten oder fremden Softwareprodukten genutzt, so können auf diese Weise Funktionen des Systems R/3 mit Funktionen der anderen Systeme unter einer gemeinsamen Internet-Benutzeroberfläche vereint werden. Auf diese Weise können auch Fremdprodukte wie etwa externe Produktkataloge mit den Internet-Funktionen des Systems R/3 gekoppelt werden.

11.4 SAP E-Business im Überblick

Fasst man die einzelnen Produkte der SAP AG zum E-Business zusammen, so ergibt sich folgendes Bild: Im Rahmen der reinen *Internet-Anbindung* des Systems R/3 bietet die SAP vorgefertigte Komponenten (IAC) für den *Online-Verkauf an den Endverbraucher*, für die *unternehmensübergreifende Integration* auf der Vertriebs- wie auf der Beschaffungsseite, sowie für *Intranet-Anwendungen*. Ferner bietet die SAP einen *elektronischen Marktplatz* als *Anwendungssystem* und als von ihr selbst betriebene *Handelsplattform* an. Ein dritter Bereich ist die Zurverfügungstellung von Funktionen des R/3-Systems über das Internet als *Application Service Provider*.

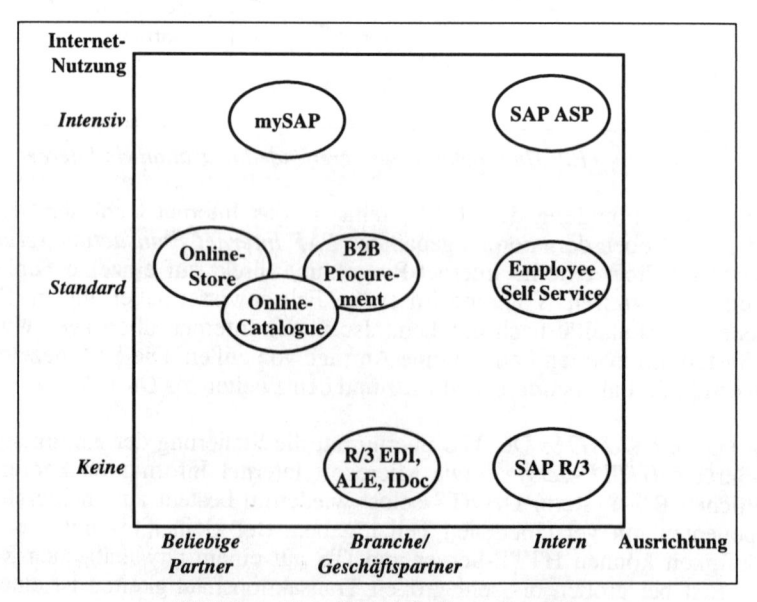

Abbildung 11.3: SAP E-Business Portfolio

Anwendungskomponenten für den Online-Verkauf an Endverbraucher

Der Fokus der Anwendungen liegt in diesem Fall auf dem Absatzbereich. Zielgruppe sind Unternehmen, die ein R/3-System im Einsatz haben und dieses für einen Direktvertrieb über das Internet öffnen möchten. Wichtige Anwendungskomponenten in diesem

Zusammenhang sind etwa der *Online-Store* oder der *Online-Katalog*. Technisch erfolgt die Anbindung entweder über den Inside-Out-Ansatz unter Nutzung des ITS oder über den Outside-In-Ansatz unter Nutzung einer fremderstellten Internet-Anwendung.

Anwendungskomponenten für unternehmensübergreifende Integration

In diesem Fall erfolgt der Einsatz sowohl im Absatzbereich, beim Verkauf an Firmenkunden, als auch im Beschaffungsbereich. Insbesondere die Einkaufsabwicklung von C-Materialien erscheint hierbei interessant, da diese weitgehend automatisiert werden kann. Zielgruppe für diese Produkte der SAP sind potentiell alle R/3-Kunden. Neben den bereits genannten Anwendungen Online-Store und Online-Katalog sind hier die Funktionen des *Business-to-Business-Procurement* zu nennen. Technisch ist die Anbindung wiederum über den Inside-Out-Ansatz oder den Outside-In-Ansatz möglich.

Anwendungskomponenten für das Intranet

Ziel in diesem Fall ist die Optimierung interner Kommunikation und Prozesse. Auch dies ist für potentiell alle R/3-Kunden interessant. Die vorhandenen Komponenten ermöglichen einen *Employee Self Service (ESS)*, also etwa die interne Erfassung von Bestellanforderungen über das Intranet oder Anwendungen im Personalbereich. Auch in diesem Fall erfolgt die Anbindung des R/3-Systems entweder nach dem Inside-Out-Ansatz oder nach dem Outside-In-Ansatz.

Elektronische Marktplätze

Das Ziel dieser Anwendungen ist die Bündelung von Angebot und Nachfrage – etwa einer bestimmten Branche – auf einem Internet-Marktplatz. Auf diese Weise werden integrierte, friktionslose unternehmensübergreifende Geschäftsprozesse möglich. Zielgruppe für diese Produkte der SAP – die über das R/3-System hinausgehen und von ihm unabhängig sind – sind sowohl R/3-Kunden als auch Nicht-R/3-Kunden. *mySAP Marketplace* ist dabei ein Produkt, das den Betrieb von kundeneigenen Internet-Marktplätzen und Handelsplattformen erlaubt. *mySAP Workplace* ist ein Frontend-System, mit dem ein unternehmensspezifisches und individuell auf den einzelnen Mitarbeiter zugeschnittenes Portal für den mySAP Marketplace realisiert werden kann. Die Workplace-Komponenten werden über einen Internet-Browser genutzt. Der Marketplace übernimmt neben der eigentlichen Vermittlung von Angebot und Nachfrage auch das automatische Einbuchen der realisierten Transaktionen in die internen Systeme des Anbieters und des Nachfragers. *mySAP.com* schließlich ist der von der SAP selbst betriebene Marktplatz rund um Beratungs- und sonstige Dienstleistungen und Produkte.

Internet-basiertes Application Service Providing

Dieses Dienstleistungsangebot der SAP unterscheidet sich von den anderen Produkten. Auch in diesem Fall wird zwar das Internet als Trägermedium eingesetzt. Der Fokus ist hierbei jedoch nicht unternehmensübergreifend: *Application Service Providing* (ASP) für das R/3-System als internes System wird von der SAP als Alternative zum Eigenbetrieb beim Kunden angeboten. Zielgruppe sind also SAP-Kunden, die nach einer Alternative zum Eigenbetrieb suchen, sowie Unternehmen, die SAP R/3 bisher nicht einsetzen, insbesondere kleinere und mittelständische Unternehmen. Auf diese Weise wird eine aufwändige eigene Technik beim Kunden überflüssig, lediglich ein Rechner mit Internet-Zugang ist notwendig. Der Zugriff sowohl auf elektronische Marktplätze als auch auf R/3-Anwendungen erfolgt in diesem Fall über das Internet, die Erfassung und Verbuchung im R/3-System wird online durchgeführt.

Abbildung 11.3 zeigt das SAP E-Business Portfolio im Überblick. Das Diagramm enthält dabei auch die klassischen Möglichkeiten der unternehmensübergreifenden Integration mit SAP R/3 wie EDI, ALE und IDoc.

11.5 Betriebswirtschaftliche Beurteilung der Internet-Anbindung

In welchen Fällen ist nun die Nutzung der Internet-Anwendungen des R/3-Systems sinnvoll? Zur Beurteilung dieser Frage ist eine Kategorisierung von Nutzern nach den Kriterien Komplexität und Häufigkeit hilfreich:

- *Komplexität der Anforderungen* bedeutet, welchen Funktionsumfang der Anwender vom System benötigt.
- *Häufigkeit der Nutzung* beschreibt, wie oft innerhalb einer bestimmten Zeitspanne ein Nutzer auf das System zugreift.

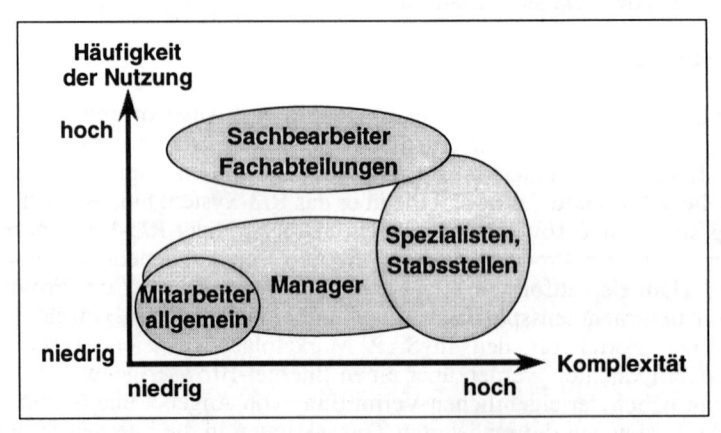

Abbildung 11.4: Nutzerkategorien

Zur groben Einteilung von Nutzern kann eine Unterscheidung zwischen Mitarbeitern allgemein, Managern, Spezialisten und Sachbearbeitern vorgenommen werden. *"Mitarbeiter allgemein"* meint dabei diejenigen Anwendungsfälle, in denen das System für allfällige, sporadisch benötigte Dienste wie Telefonbuch, Reisekostenabrechnung oder zum Abruf von aktuellen Firmeninformationen genutzt wird.

Anwender, die das System häufig und nahezu in seiner vollen Funktionalität nutzen – bestimmte *Sachbearbeiter* in Fachabteilungen oder manche *Spezialisten* in Stabsstellen etwa –, profitieren wenig von einer Internet-Anbindung des Systems. Für sie müsste der komplette Funktionsumfang im Intranet wieder abgebildet werden. Da sie das System häufig nutzen, kennen diese Anwender auch alle Aspekte der herkömmlichen Bildschirmmasken des Systems und können sich in diesen routiniert bewegen.

Es ist der eher sporadische Nutzer mit weniger komplexen Anforderungen (*Standardgeschäftsvorfälle*), dessen Anbindung an das System R/3 per Intranet sinnvoll sein kann. *Mitarbeiter allgemein*, aber oft auch *Manager*, die das System hin und wieder zum Abruf oder zur Eingabe bestimmter Daten benötigen, die sich aber nicht mit der Bedienungskomplexität des R/3-Systems auseinandersetzen wollen oder sollen, sind die geeignete Zielgruppe für Internet-Applikationen. Das gleiche gilt für *mobile* oder andere *externe Nutzer* des Systems.

Eine Internet-Anbindung des Systems R/3 kann auch aus Kostengründen sehr reizvoll sein:

- Vorhandene Hardware und Netzwerke können genutzt werden, selbst wenn es sich etwa um UNIX- oder Apple-Systeme handelt.
- Eine Wartung auf der Nutzerseite entfällt weitgehend.
- Schulungskosten entfallen ebenfalls weitgehend, da entsprechend gut gestaltete, in der Anwendungskomplexität reduzierte, intuitiv navigierbare Internet-Anwendungen auch für ungeschulte Mitarbeiter zu bedienen sind.

Gründe für die Realisierung eines Internet-Auftrittes und Einbindung eines ERP-Systems wie SAP R/3 liegen schließlich auch in den strategischen Potenzialen, die dadurch aktiviert werden können:

- Verbesserte Marktposition durch neue Kunden und größere Reichweite
- Kundengewinnung (E-Business als Akquisitionsinstrument und –argument)
- Vermeidung einer Kundenabwanderung
- Stärkere Kundenbindung durch besseren Service und größere Kundennähe
- Bessere Lieferantenanbindung durch den Support (globaler) Supply Chains
- Erhöhte Planungs- und Distributionssicherheit
- Nachhaltige Imagesicherung
- Ggf. Eliminierung von Handelsstufen durch die Erschließung neuer Vertriebswege
- Verbessertes Informationsmanagement im Unternehmen

11.7 Resümee

Die Anbindung von Internet-Anwendungen an Inhouse-Systeme wie SAP R/3 aktiviert erst das eigentliche Potenzial von E-Business- und E-Marketplace-Konzepten. Ohne diese Anbindung bleiben Medienbrüche, Fehlerquellen und Mehraufwand erhalten. Der Einsatz der Internet-Anbindung des Systems SAP R/3 ermöglicht es, externen Partnern (Kunden, Lieferanten), sowie sporadischen Anwendern innerhalb des Unternehmens einzelne Funktionen des Systems verfügbar zu machen. Elektronische Marktplätze erlauben die Koordination von Angebot und Nachfrage zwischen mehreren Unternehmen. Der Zugriff ist dabei von jedem Rechner mit Anschluss an Internet, Extranet oder Intranet möglich. Jederzeit und von beliebigen Orten aus können sekundenaktuelle Informationen aus den Anwendungen gelesen bzw. in die Anwendungen eingetragen werden. Nicht nur Kostengründe, sondern besonders auch strategische Erfolgspotenziale sprechen für den integrierten Einsatz von ERP- und E-Business-Anwendungen in Unternehmen.

11.8 Literatur

Kalakota, Ravi/ Robinson, M. (1999): e-Business. Roadmap for Success, Reading, Mass.

Krause, Jörg (1999): Electronic Commerce und Online-Marketing, München/ Wien.

Perez, Mario/ Hildenbrand, A./ Matzke, B. (1998): Geschäftsprozesse im Internet mit SAP R/3, Bonn/ Reading, MA.

Picot, Arnold/ Reichwald, Ralf/ Wigand, Rolf T. (1996): Die grenzenlose Unternehmung: Information, Organisation und Management, 2. Aufl., Wiesbaden.

Rebstock, Michael (1998): Electronic Commerce, in: Die Betriebswirtschaft, 58. Jg., Nr. 2, S. 265-267.

Rebstock, Michael/ Hildebrand, Knut (Hrsg.) (1999): E-Business für Manager, Bonn.

SAP AG (2000a): E-Business Solutions, http://www.sap.com/mysap/.

SAP AG (2000b): R/3 Online Bibliothek (CD-ROM), Walldorf.

Teufel, Thomas/ Röhricht, J./ Willems, P. (2000): SAP- Prozesse: Planung, Beschaffung und Produktion. Grundlagenprozesse von 'mySAP.com', München.

12

Das Business Information Warehouse (BW) für den Aufbau von Management-Informationssystemen (MIS)

Joachim Tako

12.1 Data Warehousing – eine neue Chance für MIS?

Die Schlagworte wechseln – das Problem bleibt: Wie können Informationssysteme das Management wirksam unterstützen, also zeitnah, fehlerfrei, flexibel, ergonomisch, gezielt, effizient, effektiv, inspirativ? Viele der fehlenden Voraussetzungen, die den MIS-Ansatz der 60er Jahre zur Utopie werden ließen, sind heute erfüllt und werden zudem mit wachsender Geschwindigkeit immer weiter verbessert, z.B.:

- Schnelle und flächendeckende Netz-Technologien,
- Graphische Benutzeroberflächen,
- Ausreichender und kostengünstiger Platten- und Arbeitsspeicher,
- Integrierte OLTP-Systeme[1], z.B. R/3.

Unter den Begriffen „Data Warehouse", „OLAP"[2] und „Business Intelligence" hat sich ein Segment auf dem Softwaremarkt etabliert, das den Aufbau von benutzergruppenspezifischen Management-Informationssysteme (MIS)[3] unterstützt. Die Zahl der Anbieter in diesem Marktsegment wächst und deren Innovationsrate ist sehr dynamisch.

Im Oktober 1998 hat SAP mit dem ersten Release (1.2a) des Business Information Warehouse (BW)[4] einen neuen Anlauf genommen, um sich auch in diesem Marktsegment zu etablieren. Das gegenwärtige Release 1.2b hat sich vor allem hinsichtlich Performan-

---

[1] OLTP heißt Online Transaction Processing

[2] OLAP heißt Online Analytical Processing

[3] Der Begriff „Management-Informationssystem (MIS)" wird hier im weitesten Sinne verstanden, d.h. es geht nicht nur um die Unterstützung des Top-Managements, sondern um eine adäquate Informationsversorgung überall dort, wo Personen etwas eigenverantwortlich managen, also planen, kontrollieren und (gegen-) steuern.

[4] Zunächst wurde von SAP das Akronym „BIW" verwendet. Jetzt wird „BW" verwendet.

ce und Stabilität stark verbessert. Für Herbst ist das Release 2.0 mit verbesserter Funktionalität angekündigt. Bei dem intensiven Entwicklungs-Aufwand, den SAP für das BW betreibt, ist es momentan ratsam, möglichst oft nach neuen Patches im SAP-Online-Service-System (OSS)[5] Ausschau zu halten, um immer die aktuelle Funktionalität nutzen zu können.

Im Gegensatz zum früheren SAP-Konzept *Open Information Warehouse* mit dem Modul SAP-EIS[6] an der Spitze, ist das BW lösgelöst vom laufenden R/3-Betrieb und läuft auf einem eigenen Server, mit eigener Datenbank und eigenem R/3-Basissystem. Mit dem BW werden die Reporting- und Analyse-Funktionen in ein separates Data-Warehouse-System ausgelagert, wobei auch Daten aus nicht R/3-Quellen integriert werden können. BW ist also kein weiteres R/3-Modul im eigentlichen Sinne, sondern Teil des sogenannten Business-Framework-Konzeptes von SAP. Typische Merkmale dieses Konzeptes sind separate Entwicklung, Einführung und Wartung sowie unabhängige Release-Zyklen der einzelnen Bereiche des Frameworks. Als Mittelpunkt der SAP-New-Dimension-Initiative hat SAP das BW als eine der Säulen ihrer zukünftigen Produktstrategie proklamiert.

Gerade das lukrative Geschäft mit der *Datenextraktion* aus den operativen R/3-Systemen will SAP damit nicht mehr länger allein Dritten überlassen. Nur SAP selbst weiß genau, wo und was sich alles in den zigtausend Tabellen des R/3-Systems verbirgt.[7] Diesen Know-how-Vorsprung nutzt SAP, in dem es zusammen mit dem BW bereits fertige entscheidungsorientierte R/3-Extrakte, sogenannte Business Contents, mit ausliefert und den Umfang dieser Templates von Release zu Release weiter ausbaut und differenziert. Der Weg zu einem ersten vorzeigbaren Data-Warehouse-Prototypen ist für die Entwickler damit häufig stark vereinfacht, da ein mehr oder weniger großer Teil der benötigten Informationen bereits in einer analysegerechten Form vorliegt.

Deshalb soviel vorweg: Wer überwiegend oder ausschließlich R/3 einsetzt, der ist bei der Suche nach geeigneten Data-Warehouse-Tools gut beraten, das BW in die engere Wahl zu nehmen.

---

5 Jeder SAP-Kunde hat über das OSS Zugang zu aktuellen Informationen und kann mit Entwicklern und Beratern der SAP in Kontakt treten.

6 EIS heißt Executive-Information-System

7 SAP selbst spricht davon, dass das aus über 25 Jahren betriebswirtschaftlicher Softwareentwicklung in Form eines Metadaten-Repositorys vorliegende Know-how durch den Einsatz des BW greifbar wird.

12.2 Komponenten des BW

BW ist eine End-to-End-Lösung, d.h. SAP strebt eine Data-Warehouse-Lösung aus einer Hand an, in der alle Komponenten einer Data-Warehouse-Systems enthalten sind. (vgl. Abb. 12.1) Die nachhaltige Harmonisierung einzelner, dezidierter Tools verschiedener Anbieter für alle Phasen des Data-Warehouse-Prozesses, von der ETL-Komponente8 über die Datenhaltungs-Komponente bis zur Analyse- & Präsentation-Komponente, verursacht häufig zusätzlichen Aufwand; sowohl bei der Entwicklung des Data Warehouse als auch bei der Installation eines flexiblen Change-Managements nach Produktivschaltung des Systems.

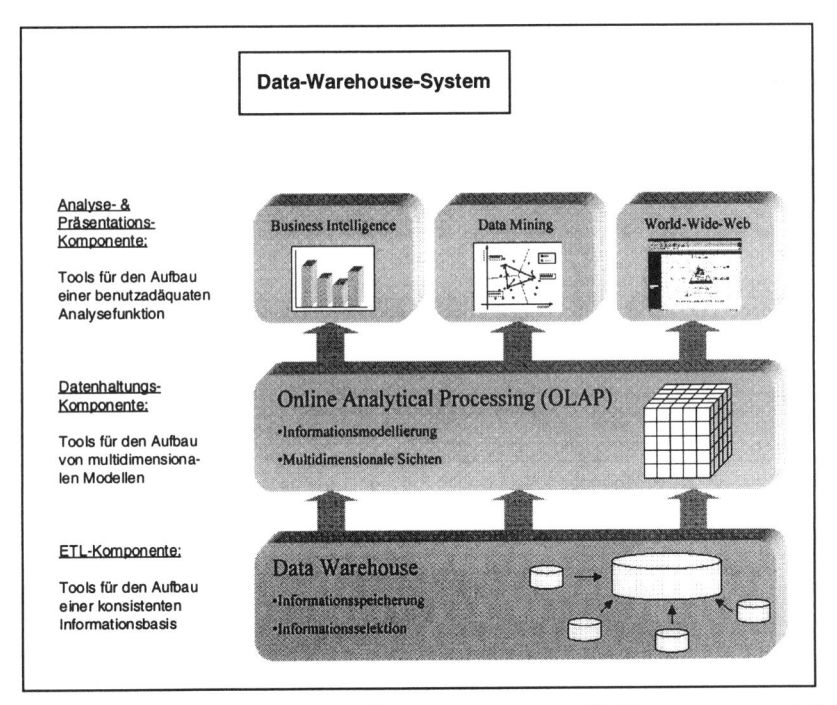

Abb. 12.1: Komponenten eines Data-Warehouse-Systems (ähnlich bei Schinzer 1997)

Trotz dieser End-to-End-Philosophie schließt das BW allerdings den Kundenbedarf nach Special-Purpose-Produkten nicht aus. Dazu hat SAP sowohl auf der ETL-Seite als auch auf der A&P-Seite[9] sogenannte BAPI[10]-Schnittstellen definiert und veröffentlicht. SAP bietet anderen Anbietern von Data-Warehouse-Tools an, sich das Funktionieren der jeweiligen Schnittstelle nach Durchlaufen eines strukturierten SAP-Test-Schemas zertifizieren zu lassen.

---

8 ETL heißt Extraktion, Transformation, Laden.

9 A&P heißt Analyse und Präsentation.

10 BAPI heißt Business Application Programming Interface.

12.3 Funktionen des BW im Data-Warehouse-System

12.3.1 Extraktion, Transformation, Laden: - Aufbau einer Informationsdatenbank

Ein *Data Warehouse* ist das Ergebnis eines Datenintegrations-Prozesses, in dem aus verschiedenen internen und externen Quellsystemen problemlösungsrelevante Daten ausgewählt, transformiert, aggregiert, geladen und - im Sinne einer Datendistribution - ganz unterschiedlichen Bedarfsträgern über jeweils adäquate Benutzerschnittstellen zugänglich gemacht werden.

Die Implementierung des Extraktions-, Transformations- und Ladeprozesses macht dabei in der Regel ca. 70% des Gesamtaufwandes aus:[11] ETL im weiteren Sinne umfasst auch die Recherche, welche entscheidungsrelevanten Informationen gewünscht werden, und welche davon wo vorhanden sind bzw. fehlen. Fehlende Informationen können Änderungsbedarf in den OLTP-Systemen auslösen. Gleichzeitig wird auch recherchiert, welche externen Informationen zweckmäßig sind. Im engeren Sinne bezieht sich ETL dann darauf, dass vor der Integration von Daten aus internen und externen Quellen in ein Data Warehouse formale, logische und soweit wie möglich auch inhaltliche Fehler im Datenbestand beseitigt werden müssen. Von der Datenqualität ist direkt die Entscheidungsunterstützungsqualität und damit die Benutzerakzeptanz abhängig.

Mit Hilfe der Administrator Workbench im BW kann der Entwickler den *ETL-Prozess* (i.e.S.) gestalten. Das BW macht den ETL-Prozess für die Datenextraktion aus R/3-Systemen ab dem Release 3.0D höchst effizient und gewährleistet die zukünftige Stabilität dieser Datenanbindung. Bei der Extraktion aus anderen Quellen ist eine direkte Anbindung nicht möglich. Das BW bietet hier lediglich den Datentransfer über ASCII-Files (Flat-Files), ohne dass *Meta-Daten* automatisch mit ins System geladen werden. Für Transformationen während des Ladeprozesses ist darüber hinaus ABAP-Coding nötig. Gehört ein größerer Teil der Quellsysteme nicht zur R/3-Welt, dann ist als Ergänzung zum BW häufig die Anschaffung eines speziellen ETL-Tools zweckmäßig; denn: Ein wesentlicher Bestandteil des Data Warehouses ist, neben den eigentlichen Daten, das sogenannte Repository, das die Meta-Daten möglichst umfassend enthält.[12] Ohne Repository ist ein Data Warehouse nicht effizient zu administrieren.

12.3.2 Datenhaltung: Modellierung multidimensionaler Info-Cubes

Neben dem Laden der Daten in ein Data Warehouse besteht die nächste Aufgabe darin, einen Planungs- und Steuerungsbereich in geeigneter Weise zu modellieren und bei Strukturänderungen zu pflegen. Ziel ist eine globale, flexible und interaktive Sicht aller Informationsnutzer eines Unternehmens auf eine einheitliche Informationsbasis. Im

---

11 Vgl. Inmon 1996

12 Meta-Daten sind Informationen über die eigentlichen Daten, z.B. Begriffsdefinitionen, Wertebereiche, Gültigkeitsregeln, File- und Satzstrukturen, Quellsystem und Transformationsregeln.

Zentrum eines Data Warehouses steht daher immer eine in der Regel sehr umfangreiche Informationsdatenbank. Für das BW gilt laut SAP zur Zeit eine Obergrenze von ca. 100 Gigabyte.

Für performante Antwortzeiten beim Abrufen von Informationen mit ad-hoc veränderbaren Sichten, eignet sich besonders die multidimensionale Datenstrukturierung als Datenmodell für die Informationsdatenbank. Bei drei Dimensionen ergibt daraus ein dreidimensionales Koordinatensystem, woraus die bildhaften Begriffe „(OLAP-) Würfel" oder „(Info-) Cube" abgeleitet sind, die Terminus-Technici für derart, auch n-dimensional strukturierte Datenmodelle geworden sind. Multidimensionale Datenmodelle werden gelegentlich auch *Kennzahlendatenbanken* genannt, weil immer eine Dimension mit Kennzahlen[13], die sogenannte Fakten-Tabelle (Fact-Table), in deren Mittelpunkt steht.

Das BW verwendet für die multidimensionale Datenhaltung ein erweitertes Star-Schema innerhalb eines relationalen DBMS.[14] Mit Hilfe der Administrator Workbench kann der Entwickler definieren, welche Elemente (SAP spricht von *Info-Objekten*) jede Dimension enthalten soll, aus welchen Info-Sources (z.B. R/3-Modulen) diese extrahiert werden und zu welchem Zeitpunkten die Extraktion stattfinden soll (z.B. täglich, wöchentlich, monatlich, quartalsweise). Außerdem wird definiert, wie die Elemente innerhalb einer Dimension hierarchisch zusammengefasst werden (z.B. Variante -> Produkt -> Produktgruppe -> Strategisches Geschäftsfeld). Aus mehreren Dimensionen (Dimensionstabellen und Faktentabelle) wird für ein bestimmtes Entscheidungsfeld ein *Info-Cube* definiert. Jede Dimensionen wird nur einmal vorgehalten und bei Bedarf in mehreren Info-Cubes verwendet, die zu ganz unterschiedlichen Entscheidungsfeldern gehören können.

Durch diese analyseadäquate und performante Strukturierung wird ein Online Analytical Processing – kurz OLAP – möglich; man spricht deshalb auch von OLAP-Datenbanken.[15] Die Begriffe OLAP und Data Warehouse gehen häufig Hand in Hand. Allerdings vernachlässigt dies den Aspekt, dass gerade bei sehr großen Data Warehouses, die in mehrere Schichten gegliedert sind, für die Basisschicht oft eine klassisch-relationale Datenmodellierung zweckmäßig ist. Dies ist im BW im ODS[16] möglich, das als Sammelstelle für die aus den OLTP-Systemen extrahierten Daten dient. SAP hat für das nächste Release die Möglichkeit eines sogenannten Drill-Through aus den Info-Cubes in das *ODS* angekündigt. Damit wird ein Durchgriff bis auf die Belegebene möglich.

---

13 Der Begriff „Kennzahl" wird hier in seiner weiteren Begriffsfassung verwendet, d.h. er bezieht auch absolute Zahlen ein. Die engere Begriffsfassung schließt nur Verhältniszahlen ein.

14 DBMS heißt Datenbank-Managementsystem. Neben relationalen DBMS gibt es in diesem Kontext auch dezidierte multidimensionale DBMS.

15 Je nach verwendetem DBMS spricht man von ROLAP (relationales OLAP) oder MOLAP (multidimensionales OLAP). Neuere Ansätze verwenden beide DBMS. Man spricht dann von HOLAP (hybrides OLAP). Ist die Anwendung auf einem PC, z.B. einem Notebook, gekapselt spricht man von DOLAP (Desktop-OLAP).

16 ODS heißt Operational Data Storage.

Für eine gute Performance des BW sind detaillierte Tuning-Analysen nötig, die das BW durch eine Monitorfunktion unterstützt. Die Monitorfunktion zeichnet mit, wie häufig, welche Info-Objekte, in welcher Kombination vom Benutzer abgerufen werden. Eine angemessene Hardwareplattform vorausgesetzt,[17] besteht das Datenbank-Tuning dann darin, geeignete Aggregate zu definieren. Häufig abgefragte Hierarchieebenen in den Dimensionen werden dazu fest in Verdichtungsdatensätzen gespeichert. Dadurch wird die *OLAP-Engine* des BW entlastet, weil diese Hierarchieebenen dann nicht mehr erst zur Laufzeit berechnet werden müssen. Es besteht auch die Möglichkeit, die Analyse nur noch bis zu dieser Verdichtungsebene zuzulassen. In diesem Fall steigt die Performance, weil nur noch eine geringere Anzahl von Datensätzen verarbeitet werden muss.

Ein Feature im BW, das es möglich macht, Joins zwischen einzelnen Cubes herzustellen, fehlt und ist auch bis auf weiteres nicht vorgesehen. Obwohl dies leicht zu realisieren wäre und dies auch auf Platz eins der Wunschliste vieler BW-Kunden steht, schreckt SAP vor der Implementierung zurück, weil bei zu vielen Joins schnell Performance-Probleme auftreten, was ein negatives Produkt-Image zur Folge haben könnte.

12.3.3 Analyse und Präsentation: Gestaltung adressatengerechter Systemzugänge

Auf den Info-Cubes setzt die A&P-Komponente des Data Warehouses auf. Sie kann unterschiedliche Applikationen, z.B. mit folgenden Aufgaben enthalten: Prompte Auskunftsbereitschaft für interne und externe Entscheidungsträger, die keinen Online-Zugriff haben, Online-Reporting mit Hilfe eines EIS,[18] und ex-post und ex-ante[19] Analysen im Rahmen von Steuerungs- und Planungsaufgaben.

Die A&P-Komponente des BW ist über ein VBA-Programm[20] in Microsoft Excel integriert. Der Business-Explorer-Analyzer ermöglicht alle grundlegenden OLAP-Funktionen, wie *Slice&Dice* und *Drill-Down*. Mit dem Business-Explorer-Analyzer können für jeden Benutzer individuelle Queries vorgefertigt und in Info-Catalogs bzw. Arbeitsmappen eingestellt werden. Der unternehmensweite Zugriff auf diese Arbeitsmappen erfolgt mit Hilfe des Business-Explorer-Browsers über sogenannte Business Channels. Die in den Queries definierten Datensichten geben einen Rahmen vor, der mit OLAP-Funktionen des Business-Explorer-Analyzer analysiert und anschließend mit Excel, z.B. für eine grafische Aufbereitung, weiterverarbeitet werden kann. Power-User

---

17 Die Minimal-Konfiguration der Hardware ist: 2 Prozessoren, 2 GB Hauptspeicher, 15 GB Festplattenspeicher, z.B. IBM Unix-RS-6000/SP2. Je nach Umfang des Data Warehouse und der User-Anzahl muss die Hardware nach oben skaliert werden.

18 EIS heißt Executive-Information-System und meint Informationssysteme, die Top-Managern eigenhändig benutzen.

19 Ex-post-Analysen betrachten die Ergebnisse (gerade) abgelaufener Perioden. Ex-ante-Analysen sind zukunftsgerichtet. Gemeint ist hier die Simulation und Analyse verschiedener Planungsvarianten (vor allem mit kurz- und mittelfristigen Planungshorizonten), wobei das dezentrale "Einsammeln" von Einschätzungen und Planwerten durch einen selektiven Schreibzugriff auf einzelne Zellen des Data Warehouses wirksam unterstützt werden kann. Dabei ist es auch möglich, die früher gemachte Einschätzungen für Plan-Plan-Vergleiche im Datenbestand zu halten.

20 VBA heißt Visual Basic for Applications und ist die Makro-Sprache von Microsoft Office.

Das Business Information Warehouse (BW) für den Aufbau von Management-Informationssystemen (MIS)

können mit dem Business-Explorer-Analyzer ihre Queries auch selbst definieren. Für die Vergabe von Zugriffsrechten besteht im BW die Möglichkeit, ein eigenes Berechtigungskonzept zu definieren.

Für die nächsten Releases ist von SAP eine Web-Integration des Business Explorers angekündigt, so dass ein Zugriff auf das BW von Clients möglich wird, die als Zugangsprogramm lediglich einen Internet-Browser installiert haben. Die Administration von Anwendungen mit vielen Clients vereinfacht sich damit erheblich.

12.3.4 Wie funktioniert OLAP im BW?

OLAP ermöglicht dem Anwender eine interaktive Analyse über Techniken, wie Slice&Dice und Drill-Down, um die für ihn relevanten Daten ad hoc aus unterschiedlichen betriebswirtschaftlichen Perspektiven zu betrachten. Durch Interaktion mit dem System kann der Anwender so Erkenntnisse gewinnen, die den Meinungsbildungsprozess zur Beurteilung der Lage und zu dem, was zu tun ist, unterstützen. Auf einer solchen Grundlage sind wirksamere unternehmerische Entscheidungen und bessere Planungen möglich.

Folgendes Beispiel soll das interaktive OLAP mit BW anschaulich machen.

Problemstellung: Analyse des Zeilerreichungsgrades von Produkten, Regionen und Vertriebswegen in der aktuellen Periode (Juni): Der Benutzer startet die ersten Anfragen an das System (warm-up) und erhält folgende tabellarischen Rückmeldungen:

a. Plan-Ist-Abweichung ρ des Umsatzes ρ im Monat Juni ρ für alle Produktgruppen ρ in allen Verkaufsregionen ρ aufgelistet nach Vertriebswegen.

b. Plan-Ist-Abweichung ρ der Kosten ρ im Monat Juni ρ für alle Produktgruppen ρ in allen Verkaufsregionen ρ aufgelistet nach Vertriebswegen.

c. Plan-Ist-Abweichung ρ des Umsatzes und der Kosten in gleicher Schüttung in Spalten nebeneinander.

In der Dimension „Fakten" (Fact-Table) können, neben den absoluten Größen Umsatz und Kosten, auch Kennzahlen sehr einfach programmiert werden, die der Anwender in der gleichen Dimensionsvielfalt analysiert kann. Plan-Ist-Analysen werden jetzt, neben dem Gewinn auch für die Umsatzrendite, Cash-Flow, Deckungsbeitrag und unter Einbezug von Bilanzgrößen z.B. auch für den ROI oder die Eigenkapitalrentabilität möglich.

In der nächsten Abfrage könnte sich der Anwender mit Hilfe der OLAP-Technologie ad hoc folgende Tabelle anzeigen lassen:

Plan-Ist-Abweichung ρ der Umsatzrendite ρ im Monat Juni ρ für alle Produktgruppen ρ in allen Verkaufsregionen ρ aufgelistet nach Vertriebswegen.

a. Zuerst in der Darstellung: Produktgruppen in den Zeilen ρ sortiert nach Plan-Ist-Differenz ρ Vertriebswege in den Spalten.

b. Danach kann der Anwender die Tabelle ad hoc drehen in eine Darstellung: Vertriebswege in den Zeilen ρ sortiert nach Plan-Ist-Differenz ρ Produkte in den Spalten.

Dann entscheidet sich der Anwender für folgende Darstellung und erhält eine unmittelbare Rückmeldung: Veränderung Plan-Ist-Abweichung ρ der Umsatzrendite ρ von Monat Mai auf Monat Juni ρ für alle Produktgruppen ρ in allen Verkaufsregionen ρ aufgelistet nach Vertriebswegen und anschließend für:

Veränderung Plan-Ist-Abweichung ρ der Umsatzrendite ρ von Monat Mai auf Monat Juni ρ für alle Produktgruppen ρ in allen Verkaufsregionen ρ aufgelistet nach Vertriebswegen ρ im Vergleich zum Vorjahr ρ und lässt sich dies nach Höhe der Plan-Ist-Differenz sortieren.

Angenommen die Produktgruppe D und Vertriebsweg 5 haben in dem vorher durchgeführten Zweimonatsvergleich die höchste Abweichung zum Vorjahr, dann kann der Anwender im nächsten Schritt z. B. die Darstellung wählen: Veränderung Plan-Ist-Abweichung ρ der Umsatzrendite ρ von Monat Mai auf Monat Juni ρ für alle Produkte der Produktgruppe D ρ im Vertriebsweg 5 ρ aufgelistet nach allen Verkaufsregionen ρ im Vergleich zum Vorjahr. Bei der schwächsten Verkaufsregion lässt er sich anschließend die Ergebnisse aller Verkaufsstellen anzeigen.

Es ist z.B. auch möglich mit der durchschnittlichen Umsatzrendite der letzten drei Monate oder mit kumulierten Monatswerten zu arbeiten, je nach Gestaltung des Info-Cubes.

Durch Veränderungen in der Unternehmensstruktur, z.B. durch Umgruppierung von Aufwands-, Kosten- oder Erlösarten zu anderen Ergebnispositionen oder von Kostenstellen zu anderen Bereichen oder von Produkten zu anderen Produktgruppen besteht die Gefahr von Verzerrungen, wodurch eine Analyse erschwert oder sogar unmöglich gemacht wird. Durch die Verwaltung der Dimensionshierarchien im Repository des BW werden solche Verschiebungen automatisch in den Dimensionen des Info-Cubes nachgepflegt und ist anschließend auch für die Historie gültig, so dass Zeit- und Plan-Ist-Vergleiche nicht verzerrt sind. Bei Änderungen in den Unternehmensstrukturen durch Zu- oder Verkauf von Unternehmensteilen kann die Vergleichbarkeit und damit die Analysierbarkeit über neu zu definierende Entitäten innerhalb der entsprechenden Dimensionen sichergestellt werden, in dem Aggregationspfade, u.U. auch Parallel-Hierarchien, entsprechend modelliert werden. Die hinzugekommen oder die weggefallenen Teile können auf diese Weise separiert werden, um die Vergleichbarkeit der Struktur zum Zeitpunkt t_1 (heute) zur Struktur zum Zeitpunkt t_0 (Vormonat, Vorjahr) wiederherzustellen.

Auch der Fall, dass z.B. aus einer Kostenart oder Kostenstelle nach einem Update des Kostenarten- oder Kostenstellenplans zwei werden, kann über Transformationsroutinen abgefangen werden. Notfalls kann die Struktur der Historie (mit nur einer Kostenart) an die aktuelle Struktur (jetzt mit zwei Kostenarten) angeglichen werden, indem die Zahlen rückwirkend auf zwei Kostenarten geschlüsselt werden. Die Verzerrung der Analyse durch die Schlüsselung ist in vielen Fällen besser, als überhaupt keine Analyse durchführen zu können, weil die Daten des Vorjahres nicht mehr in der gleichen Schüttung vorliegen, wie die aktuellen Daten. Der Eingriff durch Schlüsselung kann bei den entsprechenden Dimensionselementen durch einen Hinweis angezeigt werden. Durch die separate Datenhaltung im Data Warehouse bleiben die Daten in den OLTP-Systemen in jedem Fall unangetastet.

12.4 Kosten und Nutzen von Data-Warehousing mit dem BW

Mit dem Aufbau eines Data Warehouses wird eine Datenhaltungs- und Auswertungsebene eingeführt, die folgende Vorteile bringt:

Nutzenargumente:

1. Die originären Anwendungssysteme, insb. die OLTP-Systeme (R/3-Module), werden entlastet, d.h. das laufende Geschäft wird nicht durch umfangreiche Systemabfragen (Queries) gestört oder blockiert. Der Zugriff auf die OLTP-System zum Zweck der Datenextraktion für das Data Warehouse erfolgt als Batch-Lauf zu verkehrsarmen Zeiten (Wochenende, Nachts).

2. Die Performance der OLTP-Systeme kann ganz für deren Zwecke optimiert werden (nämlich die Aufzeichnung von Transaktionen), ohne das auf Aspekte der Auswertung Rücksicht genommen werden muss. Dies betrifft z.B. den Zeitraum der Datenvorhaltung oder logische und physische Änderungen an den Speicherstrukturen der Daten. Gleiches gilt mit umgekehrten Vorzeichen für die Data-Warehouse-System.

3. Umfangreiche Operationen im Datenbestand zur Verbesserung der Datenqualität, z.B. infolge von Nach- oder Fehlbuchungen, semantischer Unzulänglichkeiten oder Verzerrungen des Zeit- und des Plan-Ist-Vergleiches durch Strukturänderungen können unter rein betriebswirtschaftlichen Vernunftkriterien durchgeführt werden, ohne rechtliche Restriktionen, z.B. aus der Finanzbuchhaltung zu tangieren, und ohne die OLTP-Systeme zu tangieren.

4. Dispositive Funktionsträger im weitesten Sinne, d.h. vom Sachbearbeiter im Materiallager bis hin zum Topmanager, werden bei ihren Entscheidungen unterstützt, indem ihnen ohne Vorlauf, der Zugang zu allen relevanten, momentan verfügbaren quantitativen[21] Informationen ermöglicht wird Gleichzeitig werden den Benutzern Werkzeuge bereitgestellt, mit denen sie diese Informationsflut beherrschen, d.h. vor allem filtern, lösungsorientiert durchforsten und grafisch aufbereiten können. Neue Fragen und Verdachtsmomente, die sich dem Analysten aus einer Abfrage auftun, kann das System ad hoc durch eine Variation der Sicht auf die Daten beantworten. Der Benutzer erhält ein schnelles Feedback. Die Analyse kann am Stück durchgeführt werden und wird nicht durch Wartezeiten unterbrochen. Die vom System zurückgemeldeten Informationen bleiben damit aktuell hinsichtlich der momentanen Problemstellung und kommen nicht erst auf den Tisch des Benutzers, wenn er das Problem (z.B. die Beurteilung der Lage) aus Termingründen trotz unvollständigen Informationen bereits entschieden hat.

---

21 Weitergehende Ansätze, die im Moment aber erst angedacht werden, beziehen auch (alle relevanten) qualitative Informationen in ein Data Warehouse ein, z.B. aus Workflow-Systemen, aus Dokumenten-Managementsystemen, aus TV (über Video-on-Demand) und aus dem Internet.

5. Ein Data Warehouse ist die Grundlage für Data Mining:[22] Fertige Antworten sind aus den bisher genannten Applikationen nicht zu erwarten, sondern lediglich eine Verbesserung der menschliche Denkprozesse aufgrund einer fundierteren Faktenlage. Nur durch Interaktion mit einem kompetenten und geübten Benutzer, der die Abfrageergebnisse interpretiert und daraus neue zielführende Fragen an das System generiert, kommt das manuelle OLAP zu guten Analyseergebnissen. An dieser Stelle setzt das Data Mining an. Es versucht diese Grenze ein Stück weiter zu verschieben, in dem - grob gesagt – einige der zielführenden Fragen von dem MIS selbst generiert werden, also quasi ein automatisches OLAP durchgeführt wird. Die konsistente und umfassende Datenbasis, die ein Data Warehouse enthält, und die in einem Data-Warehouse-Prozess geschaffen wurde, ist die Voraussetzung dafür, dass die Nutzung von Data-Mining-Methoden überhaupt in rational Erwägung gezogen werden kann.

Kosten:

Die Einführung des BW als Data-Warehouse-Tool im Zusammenhang mit der Durchführung eines Pilot- oder Referenzprojektes, gegebenenfalls gegliedert in koordinierte Teilprojekte, kann überschlägig mit rund 1 Mio. DM kalkuliert werden. Die Summe setzt sich zusammen aus DM 250.000.- für 250 Software-Lizenzen (kleinste Losgröße), 2x ca. DM 140.000.- für Hardware (1.Test- und Entwicklungsumgebung, 2.Produktivsystem) und ca. DM 500.000.- Beraterkosten und interne Personalkosten.

12.5 Resümee

Zielgruppe des BW sind Personen, die Bedarf für eine primär betriebswirtschaftlich-orientierte Entscheidungsunterstützung haben, also für die Suche nach mehr Effektivität und mehr Effizienz. Das SAP BW ist prädestiniert für die Integration von Daten aus R/3-Applikationen in ein Data Warehouse. Die Datenintegration aus anderen interne und/oder externen Quellsystemen ist ebenfalls möglich. Allerdings sind hier deutliche Einschränkungen beim Komfort der Datenquellenanbindung gegeben.

Management-Informationssysteme (MIS) auf Basis von Data-Warehouse-Technik haben unbestreitbar ein großes Potential hinsichtlich besserer Entscheidungen. Sie werden damit zu einem kritischen Wettbewerbsfaktor. Wer die Technik beherrscht kann sich Vorteile vor Konkurrenten verschaffen. Grundsätzlich gilt allerdings, dass der Nutzen jedes Data Warehouse mit seiner Datenqualität steht und fällt. Die Qualität der Quelldaten bestimmt maßgeblich die Qualität der Daten im Data Warehouse. Auch wenn durch die Möglichkeit von Transformationen Qualitätsmängel geglättet werden können, so liegt doch ein entscheidendes Gewicht darauf, wie zweckmäßig die OLTP-Systeme implementiert und gepflegt werden, und wie sorgfältig die Datenerfassung auf Transaktionsebene vorgenommen wird.

---

22 Zu Data-Mining-Methoden zählen Neuronale Netze, Entscheidungsbäume aus dem Bereich der Künstlichen Intelligenz und statistische Verfahren wie Cluster- und Assoziationsverfahren.

12.6 Literatur

Inmon, William H. (1996): Building the data warehouse, 2. Aufl., New York, NY, Wiley.

SAP AG (1999): Business Information Warehouse, Release 1.2b, Online Documentation (CD-ROM), Walldorf.

Schinzer, Heiko D. (1997): Management mit Maus und Monitor: ausgewählte Businessintelligence-, OLAP- und Data-Warehouse-Werkzeuge im Vergleich, München, Vahlen.

Glossar

Zu jedem deutschsprachigen Begriff steht in Klammern die englische Übersetzung. Die Übersetzung gibt die Begriffe so an, wie sie in der SAP-Welt verwendet werden. Ein gesuchter englischer Begriff kann über den Index alphabetisch nachgeschlagen werden.

ABAP/4 (Advanced Business Application Programming):
Von der SAP AG entwickelte Programmiersprache der vierten Generation, die zur Realisierung der R/3-Anwendungsprogramme verwendet wird.

Abladestelle (Unloading Point):
Die Abladestelle wird im Modul SD verwendet, um die Warenannahmestelle beim Warenempfänger (z.B. Rampe 7) abzubilden.

Absprache (Agreement):
Vereinbarung zwischen Geschäftspartnern über die Gewährung von Konditionen für einen festgelegten Zeitraum, z.B. ein Bonus.

Abstimmkonto (Reconciliation Account):
Sachkonto der Finanzbuchhaltung, auf dem Buchungen der Nebenbücher (z. B. Debitoren) automatisch mitgeführt werden (Mitbuchkontentechnik). Das Abstimmkonto wird im Stammsatz eingetragen.

ALE (Application Link Enabling):
Ein Konzept, mit dessen Hilfe betriebswirtschaftliche Vorgänge über Systemgrenzen hinweg auf der Grundlage einer losen Kopplung der beteiligten Systeme abgewickelt werden können.

AM (Assets Management):
Frühere Bezeichnung des Moduls Anlagenbuchhaltung des R/3-Systems (jetzt FI-AA). Bewertung und Abschreibung des Anlagevermögens.

API (Application Programming Interface):
APIs dienen als Programmschnittstellen für die Datenübergabe vom bzw. zum R/3-System.

APO (Advanced Planner and Optimizer):
Produkt der SAP, das die betriebs- und unternehmensübergreifende Optimierung von Produktions-, Lager- und Transportvorgängen ermöglichen soll. Der *Advanced Planner and Optimizer* ist ein Planungswerkzeug für das *Supply Chain Management*.

ASAP (AcceleratedSAP):
Methode zur beschleunigten Einführung des R/3-Systems, bestehend aus Projektplan, Richtlinien und Checklisten. Um den Einführungsaufwand gering zu halten, werden

Anforderungen eines Unternehmens mit Hilfe der Business-Engineering-Werkzeuge der SAP AG direkt gegen die Funktionsmerkmale des Systems R/3 geprüft.

ATP-Menge (Available-To-Promise-Menge, Available-To-Promise Quantity):
Verfügbare Menge in der Verfügbarkeitsprüfung des Moduls SD. Sie setzt sich aus dem Lagerbestand zuzüglich der geplanten Zugänge (Bestellungen usw.) und abzüglich der geplanten Abgänge (Lieferungen usw.) zusammen.

Authentifizierung (Authentification):
(Methode zum) Belegen der Echtheit eines elektronischen Dokuments oder einer Nutzerangabe.

BAPI (Business Application Programming Interface):
Definierte Methoden des Zugriffs auf betriebswirtschaftliche Objekte (*Business Objects*) durch Anwendungsprogramme. Bsp.: "Kundenauftrag-Anlegen" als eine mit bestimmten Parametern definierte Methode des Zugriffs auf das Objekt "Kundenauftrag".

Batch-Input:
Schnittstelle zur Datenübernahme in das System R/3. Hierbei werden dieselben Transaktionen durchlaufen wie bei der manuellen Dateneingabe im Dialogbetrieb. Eingesetzt wird der Batch-Input bei der Altdatenübernahme (Einmalschnittstelle) oder für eine regelmäßige (periodische) Datenübernahme.

BC (Basic Components):
Unter der Bezeichnung BC werden die Basiskomponenten des R/3-Systems zusammengefasst.

Beleg (Document):
Dokumentiert einen betriebswirtschaftlich relevanten Geschäftsvorfall, erfasst in einem Buchungssatz.

Belegprinzip (Document Principle):
Jede Buchung wird als Beleg gespeichert. Dieser Beleg hat eine Belegnummer, Kopf- und Positionsdaten und in der Finanzbuchhaltung einen Saldo von Null. Unvollständige Belege können im System vorerfasst werden.

Benutzerstammsatz (User Master Record):
Der Benutzerstammsatz enthält wichtige Stammdaten eines Benutzers, z. B. Berechtigungen, Parameter u. ä.

Bewertungsebene (Valuation Level):
Die Bewertungsebene gibt an, wo die Materialbestände bewertet werden: auf der Ebene Werk (= Bewertungskreis) oder Buchungskreis (= Bewertungskreis).

Bewertungskreis (Valuation Area):
Der Bewertungskreis gibt die Bewertungsebene an: Werk oder Buchungskreis.

Bewertungsplan (Valuation Plan):
Dieses Organisationselement dient der getrennten Verwaltung von Abschreibungsvorschriften.

Browser:
Software zum Abrufen und Visualisieren von Daten (Text, Grafik etc.) aus dem *WWW*. Z.B. Netscape Navigator oder Microsoft Internet Explorer.

Buchungskreis (Company Code):
Der Buchungskreis bildet eine selbständig bilanzierende Einheit mit eigener GuV (Gewinn- und Verlustrechnung) ab und ist die kleinste Einheit mit vollständigem externen Rechnungswesen. Es ist die grundlegende Organisationseinheit im gesamten Rechnungswesen. Ein Buchungskreis bildet im allgemeinen eine Firma ab.

Buchungsperiode (Account Period):
Periode, auf die sich eine Buchung bezieht.

Business Information Warehouse (BW):
Data Warehouse-Produkt der SAP AG. Vgl. auch *Open Information Warehouse*.

Business Object (BO):
Betriebswirtschaftliches Objekt (wie bspw. Kunde, Kundenauftrag, Material) innerhalb des Systems SAP R/3.

BW:
S. *Business Information Warehouse*.

CA (Cross Application):
Unter diesem Begriff werden im R/3-System die anwendungsübergreifenden Funktionen zusammengefasst.

CCMS (Computing Center Management System):
Das CCMS dient zur Überwachung des R/3-Systems durch Performance- und Frühwarn-Monitore.

CGI (Common Gateway Interface):
CGI-Skripte sind Programme, die auf einem Web-Server ausgeführt werden, um die Daten eines Formulars, das über das WWW ausgefüllt wurde, weiterzuverarbeiten.

Charge (Batch):
Teilmenge eines Materials, die bestandsmäßig getrennt geführt wird (z.B. bei Arzneimitteln, Chemikalien). Die wesentliche Eigenschaft einer Charge ist ihre Homogenität.

Client:
Je nach Zusammenhang bezeichnet der Begriff in der Informationstechnologie Rechner (Hardware) oder DV-Programme (Software), die auf Ressourcen eines *Servers* zurückgreifen, die über ein Netzwerk bereitgestellt werden.

Client-Server-Architektur (Client-Server Architecture):
Architektur von verteilten DV-Systemen, in der DV-Aufgaben von mehreren Rechnern übernommen werden. *Client*-Rechner übernehmen i. d. R. Präsentations- und teilweise Verarbeitungsaufgaben, während *Server* i. d. R. Verarbeitungs- und Datenhaltungsaufgaben übernehmen.

CO (Controlling):
Modul, in dem das interne Rechnungswesen abgebildet wird. Dazu zählen: Kostenartenrechnung, Erlösartenrechnung, Kostenstellenrechnung, Prozesskostenrechnung, Innenaufträge, Kostenumlageverfahren, Gemeinkostenzuschlagsrechnung, starre Plankostenrechnung, Grenzplankostenrechnung, Kalkulation und Ergebnisrechnung.

CpD (Conto pro Diverse, One-Time Account):
Konto zur Abwicklung von Geschäften mit Einmalkunden oder -lieferanten, für die die Anlage eines eigenen Stammsatzes nicht sinnvoll ist. Die Adreßdaten werden in diesem Fall dem Beleg zugeordnet.

CSCW (Computer Supported Co-operative Work):
Einsatz von Informations- und Kommunikationstechnologie zur Unterstützung der Zusammenarbeit von Mitarbeitern.

Customer Exit:
Funktionsbaustein mit eigenem Quellcode zur Erweiterung des Systems.

Customer Includes:
Customer Includes sind von der SAP AG entworfene Tabellenerweiterungen zur kundenspezifischen Anpassung des Systems.

Customizing:
Customizing beinhaltet die kundenspezifische Ausprägung des Systems durch die Parametrisierung von Tabellen (Eintrag der individuellen Werte). Mittels Customizing lassen sich einstellen: Organisationseinheiten, betriebswirtschaftliche Funktionen, Stamm- und Bewegungsdaten, Belege, Masken (Feldstatus), Formulare, Berechtigungen, Konditionen u. a. m., teilweise mit eigenem Namensraum, um die Release-Fähigkeit (Aufwärtskompatibilität) nicht zu gefährden.

Data Mart:
Teilbereich eines *Data Warehouse*. Die teilbereichabdeckenden Data Marts müssen so gestaltet sein, dass sie später zu einem Data Warehouse zusammengeführt werden können.

Data Warehouse:
Ein Data Warehouse ist der grundlegende Teil eines *Data-Warehouse-Systems*. Es ist ein "Datenlager", in dem alle entscheidungsrelevanten Daten eines Unternehmens konsistent zusammengeführt werden. Deckt dieses Datenlager nur einen bestimmten Entscheidungsbereich ab, spricht man von einem *Data Mart*. Ein Data Warehouse entsteht durch die Integration von Daten aus internen und externen Quellen. Es stellt eine globale Sicht auf eine konsistente Datenbasis für Endanwender für unterschiedliche Verwendungszwecke zur Verfügung.

Data Warehousing:
Alle Tätigkeiten zur Implementierung und zum Betrieb eines *Data-Warehouse-Systems*.

Data-Warehouse-System:
Umfasst alle Komponenten, die zum Betrieb eines Data Warehouse (bzw. *Data Marts*) notwendig sind. Vgl. auch *ETL, Info-Cube, ODS, Informationsdatenbank, Repository, OLAP-, EIS, MIS*.

Debitorenbuchhaltung (Accounts Receivable):
Umfasst vor allem die Funktionen der Debitorenstammdaten, das Buchen von Belegen, Einzelposten- und Saldenanzeige, Ausgleichen offener Posten, Anzahlungen, Mahnprogramm und Kreditmanagement.

Drill Down/Roll Up:
Ein beim *OLAP* eingesetzter Navigationsprozess, um Fragen nach dem "Warum" einer beobachteten Erscheinung zu recherchieren. Hierzu wird auf Detailinformationen tieferer Ebenen innerhalb des *Info-Cubes* "gezoomt" (Drill Down). Mit Roll Up bewegt sich der Anwender in die entgegengesetzte Richtung. Der Navigationsweg ist durch eine zu definierende Hierarchie innerhalb jeder Dimension bestimmt.

Drill Through:
Ein beim *OLAP* eingesetzter Navigationsprozess, der den Durchgriff auf die Daten der Quellsysteme (*OLTP*) bzw. auf deren Kopie in der *Informationsdatenbank* ermöglicht.

Dynpro (Dynamisches Programm, Dynamic Program):
Als Dynpro wird eine Bildschirmmaske inklusive ihrer Ablauflogik im Rahmen der Dialogverarbeitung des R/3-Systems bezeichnet.

Dynpro Exit:
Ein Dynpro Exit beinhaltet eine eigene Logik und eigene Felder in Subscreens zur Erweiterung des Systems.

EC (Enterprise Controlling):
Modul, welches das *Unternehmenscontrolling* umfasst, d.h. das *Führungsinformationssystem* und die *Profit-Center-Rechnung*.

EDI (Electronic Data Interchange):
Elektronischer Austausch von (strukturierten und normierten) Geschäftsdaten. Standards sind etwa EDIFACT, ANSI X.12, EANCOM oder SEDAS.

Einführungsleitfaden (Implementation Guide, IMG):
Leitfaden für die *Customizing*-Transaktionen zur Einstellung aller Anwendungskomponenten (Module) des R/3-Systems. Er dient auch zur Projektdokumentation (Statusinformationen). Man unterscheidet vier Arten: SAP-Referenz-IMG (vollständiger Umfang), Unternehmens-IMG (Teilmenge für die Einführung im Unternehmen), Projekt-IMG (Teilmenge des Unternehmens-IMG für ein Projekt) und Release-spezifischer IMG (Informationen bei Release-Wechseln).

Einkaufsinfosatz (Purchasing Info Record):
Einkaufsinfosätze stellen die Beziehung zwischen Material und Lieferant dar und sind daher vielfältige Informationsquellen für den Einkauf. Sie können manuell oder maschinell gepflegt werden.

Einkaufsorganisation (Purchasing Organization):
Organisationseinheit der Logistik, zuständig für den Einkauf von Materialien und Dienstleistungen.

EIS (Executive Information System):
Führungsinformationssystem, das entscheidungsrelevante Informationen fachbereichs-

übergreifend zusammenführt und für das Top-Management zur Verfügung stellt. Auf der Basis von Merkmalen und Kennzahlen können Datenstrukturen ausgewertet werden, sowohl in Form einer interaktiven Recherche als auch mit vordefinierten Berichtsheften.

Electronic Business (E-Business):
Sammelbegriff für den Einsatz elektronischer Kommunikationsmedien zur Unterstützung beliebiger Kommunikations- und Geschäftsprozesse eines Unternehmens, in potentiell allen betrieblichen Funktionsbereichen.

Electronic Commerce (E-Commerce):
Elektronischer Handel; Sammelbegriff für den Einsatz elektronischer Kommunikationsmedien zur Unterstützung der Absatz- und Vertriebsaktivitäten eines Unternehmens.

Electronic Mail (E-Mail):
Versenden und Empfangen von Nachrichten mittels elektronischer Kommunikationsmedien.

Electronic Market Place (E-Market Place):
Informationstechnische Anwendung, die Angebote mehrerer Lieferanten und die Nachfrage mehrerer Kunden an einem virtuellen Ort elektronisch (im Internet) zusammenbringt.

Elektronische Kommunikationsmedien (Electronic Communication Media):
In der Regel sind die auf dem Kommunikationsstandard des Internet, dem *TCP/IP*, basierenden Netzwerktechnologien gemeint. Solche Technologien erlauben die Nutzung eines oder mehrerer *Internetdienste*. Daneben aber auch *EDI* und *Online-Dienste*.

Enjoy R/3 Release (Release 4.6):
Release (Version) des Systems SAP R/3, das eine grundsätzlich überarbeitete und nach Design- und Ergonomiekriterien optimierte Benutzeroberfläche enthält.

EnjoySAP:
Initiative der SAP zur Verbesserung der Bedienbarkeit des Systems R/3 für Endbenutzer. Eine Neugestaltung der Benutzeroberfläche sowie Verbesserung von Prozessstrukturen sind die Hauptmerkmale. Ergebnis ist das Enjoy R/3 Release.

ERP System (Enterprise Resource Planning System):
Bezeichnung für betriebswirtschaftliche Standardsoftwaresysteme, die sich im angelsächsischen Raum eingebürgert hat.

Erweiterung (Extension):
Anpassung des R/3-Systems durch Kunden oder Dritte, soweit sie von der SAP AG vorgesehen ist. Zu den Erweiterungen zählen: *Customer Exits* (Funktionsbausteine mit eigenem Quellcode), *Dynpro Exits* (eigene Logik und eigene Felder in Subscreens), *Menü Exits* (in R/3-Menüs sind eigene Punkte anlegbar) und *Field Exits* (Prüfungen auf Feldebene).

ETL (Extraktion, Transformation, Laden; Extraction, Transformation, Load):
Komponenten eines *Data-Warehouse-Systems*, die dafür sorgen, dass *Informationsdatenbank*, *ODS*, *Repository* und *Info-Cubes* regelmäßig mit konsistenten Daten gefüllt werden.

Extranet:
Elektronisches Netzwerk mit geschlossenem Nutzerkreis über Unternehmensgrenzen hinweg. Baut auf den Kommunikationsstandards und Softwareprodukten des *Internet* auf. Das Internet kann, muß jedoch nicht als technische Infrastruktur genutzt werden.

Faktentabelle (Fact Table):
Tabelle, deren Zeile eine *Zelle* des *Info-Cubes* repräsentiert. Eine Zeile enthält n Dimensionswerte (diese bilden den sogenannten Primary Key) sowie ein oder mehrere dazugehörige betriebliche Kennzahlen.

Feldstatus (Field Status):
Der Feldstatus gibt an, wie ein Bildschirmmaskenfeld erscheint: ausgeblendet, nur Anzeigefeld, Kann-Eingabefeld oder Muss-Eingabefeld.

FI (Finance and Accounting):
Das Modul FI ist das zentrale Modul des SAP R/3-Systems, hier befindet sich die Finanzbuchhaltung (externes Rechungswesen) mit ihren Sachkonten.

Field Exit:
Ein Field Exit ermöglicht Prüfungen auf Feldebene in Bildschirmmasken und dient zur Erweiterung der Funktionalität des Systems.

Finanzkreis (Finance Area):
Organisationselement der Finanzmittelrechnung (Modul Treasury), dem ein oder mehrere Buchungskreise zugeordnet werden.

Firewall:
Sicherheitsvorkehrung (Hardware und Software) zum Schutz eines firmeninternen Netzwerks, das an externe Netze (insbesondere das Internet) angeschlossen ist.

FTP (File Transfer Protocol):
Standard zur Übertragung von Dateien zwischen Rechnern über *TCP/IP*-Netzwerke (insbesondere *Internet*).

Geschäftsbereich (Business Area):
Der Geschäftsbereich ist eine organisatorische Einheit des externen Rechnungswesens zur Abbildung von Verantwortungsbereichen. Innerhalb eines Geschäftsbereiches kann der Buchungsstoff wertmäßig getrennt werden.

Geschäftsprozess (Business Process):
Ein Geschäftsprozess ist eine Kette von Einzelaktivitäten, die in der Summe eine bewertbare Leistung für einen Kunden erbringen. Der Kunde kann dabei ein Kunde am Markt, aber auch ein interner Kunde sein.

GUI (Graphical User Interface):
Grafische Benutzeroberfläche von Programmen, im Gegensatz zu zeichenorientierten. Heute i. d. R. am Windows- oder Internet-Standard orientiert.

Hauptbuch (General Ledger, G/L):
Sachkonten im Modul FI, enthält die Verkehrszahlen als Basis für Bilanz und GuV. Die Struktur des General Ledger kann frei definiert werden.

Hauptbuchhaltung (G/L Accounting):
Sachkontenstämme/Kontenplan (GKR, IKR usw.), Buchen von Belegen, Einzelposten- und Saldenanzeige, Bankenstammdaten usw.

Homepage:
Titelseite einer elektronischen Publikation im World Wide Web mit Verweisen zu weiteren Informationen.

HR (Human Resources):
Modul für die Geschäftsprozesse der Personalwirtschaft von der Administration bis hin zur Planung. Zur Umsetzung dieser komplexen Aufgaben stehen die HR-Komponenten (bzw. die Module) *Personaladministration* (PA) und *Personalplanung und -entwicklung* (PD) zur Verfügung.

HTML (Hypertext Markup Language):
Sprache zur Beschreibung von Seiten im World Wide Web.

HTTP (Hypertext Transfer Protocol):
Protokoll zum Austausch von Daten über das Internet.

Hyperlink:
Verweisstelle in einer *HTML*-Seite, die auf eine andere *HTML*-Seite zeigt. Durch einfaches Anklicken der Verweisstelle mit der Computermaus wird die andere Seite aufgerufen.

IDES (International Demo and Education System):
Musterunternehmen, das von der SAP AG zur Verfügung gestellt wird. Es enthält vielfältige Beispieldaten und vorkonfigurierte Geschäftsprozesse, die einen Großteil des Funktionsumfangs der Software demonstrieren. Wird insbesondere auch zu Schulungszwecken verwendet.

IDoc (Intermediate Document):
Informationsstruktur für den Datenaustausch im Rahmen von *ALE*.

IM (Investment Management):
Das Modul IM unterstützt Investitionsprogramme (Budgets) und Investitionsmaßnahmen (Aufträge, Projekte) im Sachanlagenbereich.

IMG (Implementation Guide):
S. Einführungsleitfaden.

Info-Cube:
Mehrdimensionale Matrix, deren *Zellen* ein oder mehrere Fakten enthalten (z.B. Umsatz, Erlös usw.) und deren Achsen den Dimensionen (z.B. Produkt, Kunde, Zeit) mit ihren jeweiligen Ausprägungen entsprechen. Siehe *Star-Schema*, *Snowflake-Schema*. Synonyme Begriffe sind Datenquader, Daten-Würfel, OLAP-Würfel, Data-Cube.

Informationsdatenbank (Information Database):
Basisstufe der Datenhaltung in großen, mehrschichtig aufgebauten *Data Warehouses*, in der Daten aus internen Quellen (*OLTP*, *Data Mart*) und aus externen Quellen (*Internet*,

Informationsdienste) konsistent zusammengeführt werden und aus der die *Info-Cubes* gespeist werden.

Internet:
Zusammenschluß zahlreicher Netzwerke zu einem weltweiten Netzwerkverbund auf Basis eines einheitlichen Kommunikationsprotokolls (*TCP/IP*).

Internetdienste (Internet Services):
Elektronische Dienste, die auf dem *TCP/IP* basieren. Die wichtigsten dieser Dienste sind *WWW* und *E-Mail*, daneben auch *FTP* und *News*.

Intranet:
Firmeninternes Netzwerk, das auf den ursprünglich für das Internet entwickelten Kommunikationsstandards (*TCP/IP*, *HTML*) und Softwareprodukten aufbaut.

ISAPI (Internet Server Application Interface):
Software-Schnittstelle zum beschleunigten Austausch von Daten zwischen einem *Server* und dem *Internet*.

ITS (Internet Transaction Server):
Diese Software übernimmt die Steuerung der Kommunikation eines Internet-Servers (*HTTP-Servers*) mit dem R/3-System.

Java:
Programmiersprache, die insbesondere zur Entwicklung von Internet-Applikationen verwendet wird. Sie ist (in Grenzen) maschinenunabhängig einsetzbar.

JavaScript:
Von Netscape entwickelte Programmiersprache für das Internet.

Kalkulationsschema (Pricing Procedure):
Das Kalkulationsschema legt fest, wie die Preisfindung durchgeführt wird, d. h. welche Preise, Zu- und Abschläge usw. (Konditionsarten) worauf und in welcher Reihenfolge berücksichtigt werden müssen. Es können mehrere Kalkulationsschemata verwandt werden, die in unterschiedlichen Situationen zum Einsatz kommen. Im Modul SD beispielsweise hängt die Ermittlung des Kalkulationsschemas vom Vertriebsbereich, der Belegart und dem Kundenschema ab.

Konditionentechnik (Condition Method):
Mit Hilfe der Konditionentechnik lassen sich Konditionsvereinbarungen abbilden. Typische Konditionsarten sind: Preise, Steuern, Rabatte, Ab- und Zuschläge.

Kontenfindung (Account Determination):
Die Kontenfindung ist ein automatisiertes Verfahren, das im Hintergrund die Konten ermittelt, die bestimmten Geschäftsvorfällen zugeordnet werden. Die Kontenfindung wird im *Customizing* eingestellt.

Kontengruppe (Account Group):
Die Kontengruppe steuert die Vorgehensweise beim Anlegen von Stammsätzen (Debitoren, Kreditoren), z. B. die Art der Nummernvergabe (intern, extern) oder ob es sich um ein *CpD-Konto* handelt.

Kontenplan (Chart of Accounts):
Der Kontenplan dient der Schematisierung von Konten. Er gilt für das gesamte Rechnungswesen. Beim *Customizing* wird ein *Buchungskreis* einem Kontenplan zugeordnet.

Kostenart (Cost Element):
Kostenarten stehen in engem Zusammenhang mit den Sachkonten der Finanzbuchhaltung und zeigen, welche Kosten angefallen sind.

Kostenrechnungskreis (Controlling Area):
Der Kostenrechnungskreis bildet eine Einheit eines Unternehmens ab, innerhalb der eine vollständige, in sich abgeschlossene *Kostenrechnung* durchgeführt werden kann. Einem Kostenrechnungskreis können mehrere Buchungskreise unterschiedlicher Währung zugeordnet werden.

Kostenstelle (Cost Center):
Kostenstellen sind zentrale Objekte des Controllings. Ihre Stammsätze müssen in der Regel einmal erfasst werden. Dabei können ein Buchungskreis, ein Geschäftsbereich und eine Kostenstellenwährung eingetragen werden.

Kreditkontrollbereich (Credit Control Area):
Über diese Organisationseinheit werden Kreditlimits – im Rahmen der Funktionalität des *Kreditmanagements* im Vertriebsmodul – für Debitoren verwaltet. Mehrere Buchungskreise können dabei zu einem Kreditkontrollbereich zusammengefasst werden.

Kreditorenbuchhaltung (Accounts Payable):
Die Kreditorenbuchhaltung umfasst die Kreditorenstammdaten, das Buchen von Belegen, die Einzelposten- und Saldenanzeige, das Ausgleichen offener Posten, das Zahlungsprogramm usw.

Kryptographie (Cryptography):
(Methoden der) Verschlüsselung von Nachrichten und Daten.

KTW (Korrektur- und Transportwesen, Correction and Transport):
Auch Transportsystem genannt; dient zur Verteilung von Korrekturen und Änderungen des R/3-Systems aus dem Entwicklungs- oder Testsystem auf das Produktivsystem. Durch die Aufzeichnung aller Änderungen (Customizing usw.) und die systematische Verwaltung (Ablage und Transport) können Schiefstände zwischen zusammengehörenden R/3-Systemen vermieden werden.

Ladestelle (Loading Point):
Die Ladestelle gehört zur Organisationseinheit Versandstelle und benennt den Ort, an dem die Ware verladen wird (z. B. Rampe21 oder Gleis2).

Lagerort (Storage Location):
Organisationseinheit der Logistik, an der Bestände logisch (und physisch) geführt werden. Ein Lagerort wird einem Werk zugeordnet.

LAN (Local Area Network):
Auf ein bestimmtes Territorium oder Gebäude begrenztes Netz. Das Local Area Network besteht aus mehreren Rechnern, die miteinander vernetzt sind.

Link:
s. Hyperlink.

LIS (Logistics Information System):
Das LIS unterstützt betriebliche Entscheidungsprozesse auf der Basis von Logistik-Kennzahlen mit Plan- und Ist-Daten.

LO (Logistics):
Das Modul LO (Logistik) umfasst im wesentlichen das Logistikinformationssystem (LIS), welches die betrieblichen Entscheidungsprozesse auf der Basis von Logistik-Kennzahlen mit Plan- und Ist-Daten unterstützt, und den Materialstamm sowie Umweltdaten und die Variantenkonfiguration.

Mandant (Client):
Die grundlegende Organisationseinheit im gesamten R/3-System ist der *Mandant*, der eine handelsrechtlich, organisatorisch und datentechnisch weitgehend abgeschlossene Einheit darstellt. Die datentechnische Abtrennung wird durch die Aufnahme des Mandanten als Schlüssel in fast alle Tabellen des R/3-Dictionarys erreicht. Der Mandant ist somit die höchste Organisationseinheit und wird häufig für die Abbildung eines Konzerns benutzt.

Manufacturing Resource Planning (MRPII):
Planungskonzept, das von einer integrierten Planung des gesamten Unternehmens ausgeht. Basierend aus einer Planung strategischer Größen wie Absatz und Ergebnis werden dabei alle davon abhängigen Parameter – bis hin zur Planung eines einzelnen Auftrages – in den nachfolgenden Planungsläufen ermittelt.

Material (Material):
Bezeichnung für jede Art von Produkt innerhalb des Systems R/3.

Materialart (Material Type):
Im Standardsystem sind mehrere Materialarten (Rohmaterial, Handelsware, Fertigerzeugnis, unbewertetes Material, konfigurierbares Material, Verpackungen usw.) enthalten. Außerdem können eigene Materialarten definiert werden.

Materials Requirements Planning (MRP):
Bedarfsplanung. Eine Planungsebene, die sowohl als integrierter Bestandteil des *MRPII*-Konzeptes, als auch eigenständig durchlaufen werden kann. Im Rahmen der Bedarfsplanung werden die durch Vorplanungen oder auch einzelne Kundenaufträge ausgelösten Bedarfe an verkaufsfähigen Erzeugnissen (*Primärbedarfe*) mit Hilfe der jeweiligen *Stückliste* aufgelöst. Damit werden die Bedarfe an Teilen, Baugruppen etc. (*Sekundärbedarfe*) ermittelt.

Materialstammsatz (Material Master Record):
Der Materialstammsatz enthält die beschreibenden und identifizierenden Attribute zum Material. Innerhalb eines Mandanten ist die Materialnummer eindeutig.

Menü Exit (Menu Exit):
Möglichkeit der kundenindividuellen Erweiterung eines R/3-Menüs zur Ansteuerung selbst realisierter Funktionsbausteine.

Meta-Daten:
S. Repository

MIS (Management Information System):
Sammelbegriff für alle entscheidungsunterstützenden Analyse- und Präsentations-Applikationen, die auf einem *Data Warehouse* aufsetzen. MIS richten sich nicht nur an das Top-Management, sondern zielen auf eine adäquate Informationsversorgung überall dort im Unternehmen, wo Personen etwas eigenverantwortlich managen, also planen, kontrollieren und (gegen-) steuern.

Mitarbeitergruppe (Employee Group):
Über diese Gruppierung wird festgelegt, in welcher Form ein Mitarbeiter dem Unternehmen seine Arbeitskraft zur Verfügung stellt, z. B. ob ein Dienstverhältnis besteht oder der Mitarbeiter im Ruhestand ist.

Mitarbeiterkreis (Employee Circle):
Der Mitarbeiterkreis erlaubt eine genauere Unterteilung der Mitarbeitergruppe, sowie die Festlegung von Steuerungsmerkmalen der Personalstruktur hinsichtlich abrechnungs- und zeitwirtschaftlich relevanter Kriterien.

MM (Materials Management):
Materialwirtschaft. Das Modul MM umfasst den Einkauf, Bestandsführung und Inventur, verbrauchsgesteuerte Disposition, Rechnungsprüfung und Materialbewertung sowie die Lagerverwaltung.

MOLAP:
OLAP auf Basis eines multidimensionalen Datenbankmanagementsystems.

mySAP Marketplace:
Produkt der SAP, das den Betrieb von kundenspezifischen *Electronic Market Places* ermöglicht.

mySAP Workplace:
Frontend-System, mit dem ein unternehmensspezifisches und individuell auf die einzelnen Mitarbeiter zugeschnittenes Portal für *Internet*, *Intranet* und *Extranet* realisiert werden kann.

mySAP.com:
Von der SAP betriebener *Electronic Market Place*.

Nebenbücher (Sub-Ledgers):
Zu den Nebenbüchern des Moduls FI gehören Anlagen-, Debitoren- und Kreditorenbücher.

NETCH:
Bedarfsplanung durch die sogenannte *Veränderungsplanung*. Es handelt sich um einen verkürzten Planungslauf, in dem nur die Materialien berücksichtigt werden, die eine dispositionsrelevante Änderung erfuhren.

NETPL:
Bedarfsplanung durch eine *Veränderungsplanung*, bei der aber nicht der gesamte Hori-

zont betrachtet wird, sondern nur die Materialien berücksichtigt werden, die eine dispositionsrelevante Änderung im *Planungshorizont* erfuhren.

NEUPL:
Bedarfsplanung durch eine *Neuplanung* aller Materialien für ein Werk, in der Regel beim ersten Planungslauf oder bei Inkonsistenzen.

News (Newsgroup):
Thematisch strukturierte elektronische Nachrichtenbörsen im Internet.

ODS (Operational Data Storage):
Auch Puffer-Datenbasis oder Staging Area genannt. Dient primär als Zwischenlager zur Aufbereitung der extrahierten Daten für die Integration in ein *Data Warehouse*. Kann nach Modifikation auch als *Informationsdatenbank* fungieren.

OLAP (Online Analytical Processing):
Anwendungen zur komfortablen interaktiven Auswertung multidimensionaler Datenbestände. *Slice & Dice* und *Drill Down/Roll Up* gestatten, Daten aus verschiedenen Perspektiven zu analysieren.

OLE (Object Linking and Embedding):
Von Microsoft entwickelter Standard, der den Datenaustausch und die Kommunikation zwischen Programmen regelt.

OLTP (Online Transaction Processing):
Anwendungen zur interaktiven Durchführung von Transaktionen. Beispiele sind *ERP*-Applikationen wie SAP R/3 und andere Datenbankanwendungen.

Online-Dienste (Online Services):
Elektronische Mehrwertdienste wie etwa AOL, T-Online oder Compuserve.

Online-Katalog (Online Catalog):
Produktkatalog, der über die neuen elektronischen Kommunikationsmedien abgefragt werden kann.

Online-Marketing:
Die Nutzung neuer elektronischer Kommunikationsmedien für Marketing- und PR-Maßnahmen.

Online-Store:
Auch Online Shop. Virtuelles Verkaufsgeschäft (Shop, Outlet) im Internet, integriert in der Regel Online-Kataloge, Online-Bestellungen und elektronische Bezahlverfahren.

Open Information Warehouse (OIW):
Data Warehouse-Lösung der SAP. Das *OIW* (auch *BW Business Information Warehouse*) enthält Subsysteme wie etwa das PIS (Personalinformationssystem) oder das FIS (Finanzinformationssystem). Es steht damit zwischen den operativen Systemen (SD, MM, PP usw.), aus denen die Daten geliefert werden, und dem *EIS* (Executive Information System).

Orderbuch (Order Book):
Im Orderbuch werden erlaubte, vorgeschriebene und gesperrte Bezugsquellen für ein Material festgelegt. Alle Einträge sind mit Gültigkeitszeiten versehen und werden bei der Beschaffung geprüft.

OSS (Online Service System):
Teil des SAP-Net, der für Kunden der SAP Service und Support über das Internet bietet.

PA (Personnel Administration):
Die Komponente PA dient der Personaladministration und -abrechung.

Partnerrollen (Partner Roles):
Um die unterschiedlichen Rollen, in denen ein Geschäftspartner auftritt, abzubilden wird das Konzept der Partnerrollen benutzt. Partnerrollen im Vertrieb sind etwa: Auftraggeber, Warenempfänger, Rechnungsempfänger und Regulierer. Bei Lieferanten werden Bestellempfänger, Warenlieferant, Rechnungssteller und Zahlungsempfänger unterschieden.

PD (Personnel Development):
Die Komponente PD von SAP R/3 beschäftigt sich mit dem strategischen Einsatz des Personals.

Personalbereich (Personnel Department):
Gruppierung innerhalb der Unternehmensstruktur zur Definition von Personalstandorten. Personalbereiche sind ein Selektionskriterium bei der Auswertung von Personaldaten und werden im SAP-Berechtigungskonzept zur Festlegung von Zugriffsrechten genutzt. Einem Buchungskreis können ein oder mehrere Personalbereiche eindeutig zugeordnet werden.

Personalteilbereich (Personnel Sub-Area):
Personalteilbereiche ermöglichen eine weitere Untergliederung der Personalbereiche und erlauben die Steuerung von personalwirtschaftlichen Teilbereichen. Außerdem können über die Personalteilbereiche Auswertungswege und Berechtigungen noch genauer spezifiziert werden.

Planungsebene (Planning Level):
Stufe, die bei einer Planung durchlaufen wird. Die Zusammenhänge, die im Rahmen des *MRPII*-Konzeptes zu berücksichtigen sind, sind sehr komplex. Um nachvollziehbare Planungsergebnisse, kurze Rechenzeiten und individuelle Einstiegsmöglichkeiten in die Planung zu haben, wird die gesamte Planung in verschiedene Ebenen unterteilt.

Planungsstrategie (Planning Strategy):
Vorgehensweise zur Steuerung von Fertigung und Montage eines verkaufsfähigen Erzeugnisses. Bedingt durch marktseitige Anforderungen einerseits und produktionstechnische und beschaffungsseitige Gegebenheiten andererseits sind einzelne Erzeugnisse unterschiedlich zu planen und zu produzieren. Das Spektrum reicht von kundenanonymer Lagerfertigung bis zur kundenspezifischer Einzelfertigung. Um eine optimale Anpassung zu gewährleisten, bietet SAP R/3 eine Vielzahl von Planungsstrategien an.

PM (Plant Maintenance):
Im Modul PM können die Instandhaltungsaktivitäten eines Unternehmens abgebildet

werden. Objekte sind dabei nicht nur die eigenen Anlagen, sondern auch die von Kunden, für die Leistungen (Wartung, Reparatur usw.) erbracht werden.

PP (Production Planning):
Das Modul PP deckt zum einen die *diskrete Fertigung* (Stücklisten) ab, zum anderen die Anforderungen der Produktionsplanung (Rezepturen) in der *Prozessindustrie*, z. B. in der Chemie, Pharmazie oder Nahrungsmittelindustrie.

Profit Center:
Das Profit Center ist eine Einheit des internen Rechnungswesens (*CO*), die das Unternehmen nach Aspekten der internen Steuerung gliedert. Es kann zum Investment Center erweitert werden. Ab Rel. 4.0 kann die Bewertung der zwischen Profit Centern erfolgten Leistungen mit Transferpreisen erfolgen.

Profit-Center-Rechnung (Profit Center Accounting):
Die Profit-Center-Rechnung dient zur Erstellung eines internen Betriebsergebnisses. Hierbei kommen zum Einsatz: das *Umsatzkostenverfahren* und das *Gesamtkostenverfahren*. Ein Profit-Center ist der organisatorischen Einheit *Kostenrechnungskreis* zugeordnet.

PS (Project System):
Die Verwaltung von Projekten erfolgt mit dem Modul PS. Hier können *Projektstrukturpläne* (PSP), die den Aufbau eines Projektes – die einzelnen Aufgaben/Arbeitspakete bzw. *Projektstrukturplanelemente* (PSP-Elemente) – zeigen, und *Netzpläne* angelegt werden, die den zeitlichen Ablauf der Aktivitäten/Vorgänge darstellen.

PSP-Element (Work Breakdown Structure Item):
Teil des Projektstrukturplanes (PSP). PSP-Elemente beschreiben konkrete Aufgaben und dienen als Kontierungsobjekt (CO).

QM (Quality Management):
Mit dem Modul QM werden wesentliche Aufgaben des *Qualitätsmanagements* (u.a. nach ISO 9000) unterstützt.

Quotierung (Quota Arrangement):
Die Quotierung gibt an, mit welcher Quote eine Bezugsquelle bei der Beschaffung berücksichtigt wird. Über die Berechnung von Quotenzahlen ermittelt das System, welcher Lieferant als nächstes beauftragt wird.

R/2:
Großrechnerbasiertes, betriebswirtschaftliches Standardsoftwaresystem der SAP AG, Vorläufer des Systems R/3.

R/3:
Auf der Basis einer *Client-Server-Architektur* erstellte betriebswirtschaftliche Standardsoftware der SAP AG mit relationaler Datenbank und grafischer Benutzeroberfläche.

Rahmenvertrag (Outline Agreement):
Der Rahmenvertrag ist eine langfristige Vereinbarung (Mengen, Werte, Konditionen)

von Geschäftspartnern über die Lieferung von Materialien/Leistungen in Form von Kontrakten oder Lieferplänen.

Ready-to-Run R/3 (RRR):
Komplettlösung des Systems R/3 insbesondere für mittelgroße Unternehmen. Enthält die notwendigen Hardwarekomponenten und ein vorinstalliertes und vorkonfiguriertes R/3-System inklusive Datenbank- und Systemsoftware.

Referenzmodell (Reference Model):
Das Referenzmodell stellt in grafischer Form das R/3-System in einer Standardausprägung dar; es enthält z. B. mögliche Geschäftsprozesse, Organisationseinheiten, Daten u. a. m.

Release:
Version. Die Release-Nummer gibt den Entwicklungsstand eines Systems an.

Report:
Ausgabe von Daten des Systems, die nach vorgegebenen Kriterien aufbereitet wurden.

Repository:
Verzeichnis mit allen betriebswirtschaftlichen und technischen Metadaten wie Definitionen der Kennzahlen, Strukturen von Dimensionen und *Info-Cubes*, Verzeichnis aller Anwender(gruppen) und deren Zugriffsrechte, Zuordnungsregeln für *ETL-Prozesse* sowie deren Verlauf über die Zeit (Logbuch).

RFC (Remote Function Call):
Form der Datenübertragung; hierbei wird im fernen System ein Funktionsbaustein (eine in sich geschlossene Programmeinheit mit fest definierten Schnittstellen) aufgerufen, der seinerseits für die Verarbeitung der übertragenen Daten im entfernten System sorgt.

ROLAP:
OLAP auf Basis eines relationalen Datenbankmanagementsystems.

Router:
Gerät, das Netze mit unterschiedlichen Topologien und Protokollen miteinander verbindet.

SAP GUI:
Software, die auf einem Arbeitsplatzrechner (PC) abläuft und die Bildschirmdarstellung (Präsentation) des Systems R/3 steuert.

SAPoffice:
Teil des Moduls BC mit Electronic Mail, Ablage und weiteren Bürofunktionen.

SAPscript:
Textverarbeitungssystem der SAP AG, u. a. für die Gestaltung der Formulare in R/3.

SCE (Sales Configuration Engine):
Die SCE erlaubt den Einsatz der Variantenkonfiguration auf einem PC oder Notebook, ohne Verbindung zu einem R/3-System.

SCOPE (Supply Chain Optimization, Planning and Execution):
Initiative der SAP zur Optimierung des *Supply Chain Management* auf Basis neuer Technologien und Konzepte. Wesentliche Bestandteile sind: *APO* (Advanced Planner and Optimizer), *BW* (Business Information Warehouse) und *BBP* (Business-to-Business Procurement).

SD (Sales & Distribution):
Das Modul SD umfasst die Funktionen zur Vertriebsunterstützung, zum Verkauf, Versand (Export) und Transport der Produkte sowie der Fakturierung.

SEM (Strategic Enterprise Management):
Produkt der SAP, das verschiedene Konzepte der strategischen Unternehmensplanung enthält und unterstützt.

Server:
Rechner, der Daten und Applikationen in einem Netzwerk für andere Rechner (*Clients*) bereitstellt.

SET (Secure Electronic Transaction):
Protokoll zur sicheren Durchführung von (Finanz-) Transaktionen im *Internet*.

Slice & Dice:
Ein beim *OLAP* eingesetzter Navigationsprozess, der eine Sichtenbildung im *Info-Cube* durch Schneiden (Slice) und Zerlegen in kleinere Info-Cubes (Dice) bewirkt, um Daten aus verschiedenen Blickwinkeln betrachten zu können.

SM (Service Management):
Mit der Komponente SM ist es möglich, Dienstleistungen – wie Garantie, Wartungs- und Reparaturarbeiten, mit oder ohne Produktbezug – im R/3-System abzubilden.

SMIS (Service Management Information System):
Das SMIS innerhalb des Systems R/3 ist ein Teil der Logistikinformationssysteme, eng verbunden mit dem Instandhaltungsinformationssystem.

Snowflake-Schema:
Erweiterung des *Star-Schemas*, in dem eine oder mehrere Dimensionstabellen wieder normalisiert werden.

SOP (Sales & Operations Planning):
Die SOP bzw. Absatz- und Produktionsgrobplanung ist Teil des LIS (Logistikinformationssystems) und dient zur Planung auf der Basis von Informationsstrukturen (Felder zur Sammlung aggregierter Daten).

Sparte (Division):
Organisationseinheit der Logistik, um im Vertrieb Materialien zusammenzufassen; ferner wird die Sparte benötigt, um die Geschäftsbereichskontierung für Erlösbuchungen (SD) festzulegen. Die Sparte wird im Materialstamm eingestellt.

SSCR (SAP Software Change Registration):
SSCR ist ein Verfahren, das alle manuellen Veränderungen an SAP-Sourcen und SAP-

Dictionary-Objekten dokumentiert. Mit deren Modifikation erlischt die Gewährleistungspflicht der SAP AG.

SSL (Secure Socket Layer):
Protokoll zur sicheren Übertragung von Daten im *Internet*.

Star-Schema:
Logisches Modell eines n-dimensionalen *Info-Cubes*, dessen Dimensionen nichtnormalisierten Relationen (Tabellen) entsprechen, in dessen Zentrum *Zellen* einer *Faktentabelle* stehen.

Stückliste (Bill of Material, BOM):
Abbildung einer Produktstruktur, in der die zur Herstellung eines Erzeugnisses notwendigen Teile und Materialien mit ihren jeweiligen Mengen aufgeführt sind.

Supply Chain Management:
Konzept für die Planung und Optimierung der gesamten Versorgungskette (vom Rohmateriallieferanten bis zum Einzelhandel). Dabei werden über die Logistik hinaus auch weitere Aspekte (z.B. Konstruktion, Qualitätssicherung etc.) berücksichtigt.

Systemorganisationseinheit (System Organization Unit):
Systemorganisationseinheiten von SAP R/3 dienen zur Abbildung der Organisation eines Unternehmens.

TCP/IP (Transport Control Protocol/Internet Protocol):
Grundlegendes Kommunikationsprotokoll des Internet. Legt fest, wie Informationen vor dem Versand im Netzwerk in Datenpakete aufgeteilt und anschließend an die Zieladresse zugestellt werden. TCP/IP ist die Grundlage aller *Internetdienste*.

TeamSAP:
Initiative der SAP zur Verbesserung der Kundenbetreuung und Kundenzufriedenheit. Definiert Prozesse zur Optimierung der Kommunikation zwischen den Kunden der SAP, ihren Partnerunternehmen, sowie der SAP selbst.

Telekooperation (Telecooperation):
Zusammenarbeit von Mitarbeitern, die an getrennten Orten sitzen. Der Austausch von Arbeitsergebnissen erfolgt elektronisch.

Teleworking:
Elektronisch unterstütztes Arbeiten außerhalb des Betriebes, beispielsweise in Heimarbeit oder als Außendiensttätigkeit. Der Anschluß an den Betrieb erfolgt elektronisch.

TIS (Treasury Information System):
Das Treasury Informationssystem (TIS) dient zur Auswertung im Modul Treasury und kann in das Führungsinformationssystem (EIS) integriert werden.

TR (Treasury):
Modul des Systems R/3, das *Cashmanagement*, die *Finanzmittelrechnung* und *-planung* sowie das *Haushaltsmanagement* umfasst.

Variantenstückliste (Variant BOM):
Stückliste, die alternative Ausprägungen eines Produktes und deren Zusammensetzung enthält.

Verkäufergruppe (Vendor Group):
Organisationseinheit des Vertriebs, wird einem Verkaufsbüro zugeordnet und enthält einen oder mehrere Vertriebsmitarbeiter; Merkmal für statistische Auswertungen im VIS.

Verkaufsbüro (Sales Office):
Organisationseinheit des Vertriebs, dient zusammen mit der Verkäufergruppe zur Abbildung der internen Organisation (z. B. Vertriebsniederlassung) und wird einem Vertriebsbereich zugeordnet; Merkmal für statistische Auswertungen im VIS.

Verkaufsorganisation (Sales Organization):
Organisationseinheit der Logistik (SD) für die (regionale) Untergliederung des Vertriebs.

Versandstelle (Shipping Point):
Organisationseinheit der Logistik (SD) für die Versandaktivitäten. Sie wird einem Werk zugeordnet und kann mehrere Ladestellen beinhalten.

Vertriebsbereich (Sales Area):
Die wichtigste organisatorische Struktur im Modul SD ist der sogenannte *Vertriebsbereich*, der an allen wichtigen Stellen (Stammdaten, Geschäftsprozesse/Belege, statistische Auswertungen und Konditionen) benötigt wird. Ein Vertriebsbereich ist eine Kombination aus den drei Attributen: *Verkaufsorganisation* (regionale Aspekte), *Vertriebsweg* (Distributionskanal) und *Sparte* (Einteilung der Artikel).

Vertriebsweg (Distribution Channel):
Organisationseinheit der Logistik (SD) für die Untergliederung des Vertriebs nach Absatzkanälen.

VIS (Vertriebsinformationssystem, Sales Information System):
Das Vertriebsinformationssystem des Systems R/3 ist ein Teil des *LIS* und bietet eine Reihe von Auswertungsmöglichkeiten, um aussagekräftige Informationen – aggregiert oder differenziert – über Kunden, Artikel, Verkaufsorganisationen, Verkaufsbüros u. a. m. zu erhalten.

Web Site:
Präsenz im *WWW*, Summe aller inhaltlich zusammengehörigen Dokumente einer Person oder Organisation im Internet.

Web:
Kurzform für *WWW*, World Wide Web.

Werk (Plant):
Im System R/3 ist das Werk die Organisationseinheit für die Logistikfunktionen (MM), d. h. für Disposition und Bestandsführung, Instandhaltung und Produktion.

Workflow:
Elektronisch unterstützte Arbeitsabläufe und Geschäftsprozesse.

WWW (World Wide Web):
Einer der *Internetdienste*. Dokumente mit multimedialen Inhalten können bereitgestellt und abgerufen werden.

XML (Extensible Markup Language):
Sprache zur Definition von Dokumenttypen. XML beschreibt Inhalt *und* Struktur eines Dokuments.

XXL (EXtended EXport of Lists):
Werkzeug zur strukturierten Übergabe von Listobjekten aus dem System R/3 an PC-Anwendungen (Spreadsheets, z. B. Excel).

Zahlungskartenabwicklung (Payment Card Processing):
Die Zahlungskartenabwicklung umfasst Kredit-, Kunden- und Einkäuferkarten, inklusive des Datenaustausches mit den Clearing-Stellen.

Zelle (Cell):
Kreuzungspunkt der den *Info-Cube* aufspannenden Dimensionen; entspricht dem Matrix-Element einer n-dimensionalen Matrix.

Index

2
24-mal-7-Betrieb 162

A
ABAP/4 193
ABAP/4® Development Workbench 53
ABAP/4-Dictionary 53
ABAP/4-Editor 53
ABAP/4-Query 54
ABAP/4-Repository 53
Abladestelle 193
Abrechnungstreiber 148
Absatz- und Produktionsgrobplanung 57
absatzsynchronen Produktion 126
Abschlussarbeiten 54
Absprache 193
Abstimmkonto 70, 193
Accelerated SAP 19, 193
Account Determination 201
Account Group 202
Account Period 195
Accounts Payable 202
Accounts Receivable 197
Activity Based Costing 28
ADABAS 54
Advanced Business Application Programming 193
Advanced Planner and Optimizer 193
AES 94
Agreement 193
Akkreditivabwicklung 94
Akquisition 85
ALE 24, 61, 92, 116, 161, 178, 193
ALE-Szenarien 163
Altsysteme 16
AM 193
Analytische Informationssysteme 14
Änderungsdienst 56
Anfrage 104
Angebot 84, 104
Anlagenbau 94
Anlagenbuchführung 114
Anlagenbuchhaltung 54, 73
Anlagevermögen 54

Anpassungsmöglichkeiten 78, 98
Anwendungsszenarien 163
Anzahlungen
   im Kundenauftrag 94
Anzahlungsanforderung 94
API 61, 193
APO 18, 193, 209
Application Link Enabling 161, 193
Application Link Enabling 61
Application Programming Interface 61, 193
Application Service Providing 177
Arbeitgeberfürsorgepflichten 147
Arbeitsbescheinigung 148
Arbeitsplan 124
Arbeitsplatz 121, 125, 152
Arbeitsrecht 141
Arbeitsteilung 22
Arbeitszeitmodellen 148
Arbeitszeitplänen 148
Archivierung 53, 61
ASAP 19, 193
ASP 177
Assets Management 193
ATP-Menge 85, 194
Aufgaben 152
Aufgabenintegration 22
Auftrag 84
Auftraggeber 81
Auftragsrückmeldung 59
Auftragsüberwachung 119
Auftragsveranlassung 119
aufwandsbezogene Fakturierung 59
Ausfuhrgenehmigung 78
Ausgabesteuerung 53
Auswertungsreports 155
Authentification 194
Authentifizierung 194
Automated Export System 94
Automatische Bestellerzeugung 116
automatische Verfahren 55
Available-to-promise 85
Available-To-Promise Quantity 194
Available-To-Promise-Menge 194
Avistreue 112

Index

B

BANF 104
BAPI 61, 92, 176
BAPI 194
Basic Components 194
Basiskomponenten 53
Basis-Services 54
Batch 195
Batch-Input 194
Bauteilkalkulation 55
BC 53, 194
Bedarfsplanung 108, 116, 128
Bedarfsübergabe 86
Bedienungskomfort 14
Beleg 194
Belegprinzip 194
Benutzerstammsatz 194
Benutzerverwaltung 53
Berechtigungskonzept 53
Berichtsheft 56
Beschaffung via Internet 116
Beschaffungselemente 128
Bescheinigungswesen 148
Best business practices 24
Bestandsarten 107
Bestandscontrolling 56, 109, 112
Bestandsführung 58, 107
Bestellanforderung 104, 128
Bestellempfänger 100
Bestellpunkt 108
Bestellpunktrechnung 108
Bestellung 104, 105
Bewegungsarten 107
Bewerberdatenbanken 144
Bewerberverwaltung 60, 150
Bewertungsebene 114, 194
Bewertungskreis 114, 194
Bewertungsplan 72, 194
Bezugsobjekt 60
Bezugsquellenermittlung 104
Bilanz 70
Bilanz/GuV 54
Bill of Material 210
BO 195
BOM 210
Branchenlösungen 62
Browser 195
Bruttoentgeltfindung 147
Bruttopreis 104
Buchungskreis 65, 80, 99, 195
Buchungsperiode 195

Budgetverfügungen 94
Business Application Program Interfaces 61
Business Application Programming Interface 176, 194
Business Area 199
Business Engineer 19
Business Engineering
  Werkzeuge 24
Business Engineering Workbench 54
Business Information Warehouse 14, 181, 195
Business Intelligence 181
Business Object 195
Business practices 26
Business process 21
Business Process 199
Business-to-Authorities 17
Business-to-Business 17, 92, 172
Business-to-Business-Procurement 177
Business-to-Consumer 17, 172
BW 195, 209

C

CA 61, 195
CAP 58
CAP-Vorgabewerte 58
CAS 84
Cashmanagement 55
CATT 54
CCMS 53, 195
Cell 212
CGI 195
Charge 195
Chargenverwaltung 56
Chart of Accounts 202
Chemie 57
Client 195, 203
Client-Server Architecture 195
Client-Server-Architektur 195
CO 196
Common Gateway Interface 195
Communication-IDOC 166
Company Code 195
Computer Aided Planning 58
Computer Aided Selling 84
Computer Aided Test Tool 54
Computer Supported Co-operative Work 196
Computing Center Management System 53, 195
Condition Method 201
Consumer-to-Business 92
Conto pro Diverse 196

Controlling 55, 73, 91, 196
Controlling Area 202
CO-Objekte 73
CO-PA 125
Correction and Transport 202
Cost Center 202
Cost Element 202
CpD 196
CPD-Konten 81, 100
CPIC-Verfahren 162
Credit Control Area 202
CRM 18
Cross Application 61, 195
Cryptography 202
CSCW 196
Customer Exits 78, 99, 196
Customer Includes 196
Customer Relationship Management 18
Customizing 27, 78, 98, 114, 196
Customizing-Handbuch 54
Cycle-Counting 107

D

Data Mart 196
Data Mining 14
Data Modeler 53
Data Warehouse 14, 181, 184, 196
Data Warehousing 196
Data-Warehouse-System 196
Datenbankfortschreibung 53
Datenbanksperreinträgen 53
Datenbankverwaltung 54
Datenextraktion 182
Datenschutzanforderungen 141
Debitor 68, 81
Debitorenbuchhaltung 54, 91, 197
Debitorenstammdaten 54
deterministische Disposition 108
Dienstleistung 58
Dienstleistungsabwicklung 97
diskrete Fertigung 57
Dispomerkmal 108
Disposition 108, 128
Dispositionsliste 138
Dispositionsverfahren 108
Distribution Channel 211
Division 210
Document 194
Document Principle 194
Dokumentenverwaltung 61
Draufgabe 93

Dreingabe 93
Drill Down 197
Drill Through 197
Drill-down 14, 87, 109, 186
Druckerverwaltung 53
DSO 72
Dummybaugruppen 131
Dynamic Program 197
Dynamische Preisermittlung in
    Einkaufsinfosätzen 117
Dynamisches Programm 197
Dynamisierung 60
Dynpro 197
Dynpro Exit 197

E

EAN 82
Easy Access 117, 140, 159
E-Business 198
EC 197
E-Commerce 198
EDI 18, 24, 116, 167, 175, 178, 197
EDI-Port 167
Effektivpreis 104
Einführungsleitfaden 54, 197
Einführungsstrategien
    internationale 26
Einkauf 58, 104
Einkäuferkarte 94
Einkaufsinformationssystem 56, 109, 110
Einkaufsinfosatz 197
Einkaufsinfosätze 102
Einkaufsorganisation 100, 101, 197
Einkaufsverhandlungsblatt 109
Einmalkunden 81, 100
Einzelbedarfe 92
EIS 56, 197
Electronic Business 16, 172, 198
Electronic Commerce 16, 172, 198
Electronic Communication Media 198
Electronic Data Interchange 167, 197
Electronic Mail 54, 198
Electronic Market Place 198
Electronic Procurement 172
Electronic Shopping Mall 173
Elektronische Kommunikationsmedien 198
Elektronische Marktplätze 18, 173
elektronischer Kontoauszug 55
E-Mail 198
E-Market Place 173, 198
Employee Circle 204

Employee Group 204
Employee Self Service 177
Enjoy R/3 Release 14, 198
EnjoySAP 198
Enterprise Controlling 197
Enterprise Resource Planning System 198
Enterprise Resource Planning, ERP 13
Entgeltnachweise 148
Entscheidungsdezentralisierung 22
E-Procurement 172
Ergebnisplanung 125
Ergebnisrechnung 55
Erlösartenrechnung 55, 91
ERP System 198
Erweiterung 198
Erzeugniskalkulation 55, 91
ESS 177
ETL 198
ETL-Prozess 184
Euro 78, 94, 98, 116, 118
Exception reporting 14
Executive Information System 56, 197
Export 94
EXtended EXport of Lists 212
Extension 198
Extraction, Transformation, Load 198
Extraktion, Transformation, Laden 198
Extranet 172, 199

F

Fact Table 199
Faktentabelle 199
Fakturaschnittstelle 93
Fälligkeitsstruktur 71
Favoritenliste 117, 159
Feldstatus 78, 98, 199
Fertigungshilfsmittel 124
Fertigungsinformationssystem 56, 135
FI 63, 90, 114, 199
FI-AA 72
Field Exits 78, 99, 199
Field Status 199
File Transfer Protocol 199
Finance and Accounting 199
Finance Area 199
Financial Accounting 54, 63
Finanzbuchhaltung 54
Finanzdisposition 55
Finanzinformationssystem 54
Finanzkreis 55, 199
Finanzmittelrechnung 55

Firewall 199
FIS 54
Fixed Assets Management 54
flexible Analysen 87, 109
Formulare 54
Frachtkostenabwicklung 94
Freigabestrategie 105
Fremdsystem 92, 116
Frühwarnsystem 87
FTP 199
Führungsinformationssystem 56
Funktionsbaustein 168
Funktionsbibliothek 53

G

G/L 200
G/L Accounting 200
Gefahrgutabwicklung 94
Gehaltsabrechnung 147
Gemeinkosten-Controlling 55
Gemeinkostenzuschlagsrechnung 55
General Ledger 200
Gesamtkostenverfahren 56
Geschäftsbereich 66
Geschäftsbereich 199
Geschäftspartner 81
Geschäftsprozess 21, 104, 199
Geschäftsprozess SD 84
Geschäftsprozesse
    Harmonisierung von 25, 27
    landesspezifische 26
    Modellierung von 24
    Standardisierung von 25
Gesellschaft 65
Graphical User Interface 199
Graphical User Interface, GUI 14
GUI 199
GuV-Rechnung 70

H

Handelsware 82, 101
Handheld-Computer 17
Hauptbuch 200
Hauptbuchhaltung 54, 68, 200
Haushaltsmanagement 55
Hochregallager 100
Homepage 200
HR 142, 200
HR-PA 144
HTML 200

Index

HTTP 200
HTTP-Server 175
Human Resources 142, 200
Hyperlink 200
Hypertext Markup Language 200
Hypertext Transfer Protocol 200

I

IAC 61, 174
IAS 64
IDES 200
IDoc 24, 165, 178, 200
IDoc-Schnittstelle 61
IM 200
IMG 54, 197
Implementation Guide 197
Industrial Solutions 62
Industriebetrieb 119
Info-Cube 185, 200
Info-Objekt 185
Information Database 201
Information pull 17
Information push 17
Informationsdatenbank 201
Informationssubtypen 145
Informationstypen 144
Informix 54
Innenaufträge 55
Inside-Out-Ansatz 175
Instandhaltung 58
Instandhaltungsinformationssystem 56
Instandhaltungsstückliste 58
Integration 97
Interessenten 81
Intermediate Document 165, 200
International Demo and Education System 200
Interne Problemmeldung 60
internes Rechnungswesen 55
Internet 24, 92, 158, 172, 201
Internet Application Components 61, 92, 174
Internet Server Application Interface 201
Internet Services 201
Internet Transaction Server 174, 201
Internet-Anwendungskomponenten 61
Internet-Browser 14
Internetdienste 201
Internet-Transaction-Server 92
Intranet 172, 201
Inventur 107
Investitionsgütern 94
Investitionsmanagement 55

Investitionsmaßnahmen 55
Investitionsprogramme 55
Investment Management 200
ISAPI 201
ISO 9000 60
ITS 92, 174, 201

J

Jahresabschluss 54, 65
Java 176, 201
JavaScript 201

K

Kaizen 28
Kalkulation 125
Kalkulationsschema 83, 84
Kalkulationsschema 201
Kanban 28, 135
Kapazitätsplanung 119
Karteikartenstruktur 117
Kennzahlen 87
Kennzahlendatenbanken 185
Klassensystem 61
Kommissionierwellen 94
Kommunikation 53
Konditionen 83, 104
Konditionentechnik 83, 104
Konditionentechnik 201
Konsignationsmaterial 107
Konsolidierung 55
Konstantmodell 108
Kontakt 85
Kontenfindung 74, 107, 201
Kontengruppe 202
Kontenplan 54, 65, 202
Kontenverzeichnis 70
Kontierungsgruppe 90
Kontierungsobjekt 106
Kontrakt 104
Konzern 99
Konzerngesellschaft 71
Kopplung von R/2 mit R/3 162
Korrektur- und Transportwesen 53, 202
Kostenart 202
Kostenartenrechnung 55
Kostenrechnungskreis 56, 99, 202
Kostenstelle 202
Kostenstellenrechung 55
Kostenträgerrechnung 91
Kostenumlageverfahren 55

217

Kreditkarte 94
Kreditkontrollbereich 66, 91, 99, 202
Kreditmanagement 54, 91
Kreditor 69
Kreditorenbuchhaltung 54, 202
Kreditorenstammdaten 54
Kryptographie 202
KTW 53, 202
Kundenanfrage 84
Kundenauftrag 85
Kundenauftragsfertigung 91
Kundenauftragsstückliste 123
Kundeneinzelfertigung 131
Kundenhierarchien 81
Kundenkarte 94
Kunden-Material-Information 82
Kundenprimärbedarfe 129
Kundenreklamation 60
Kundenverteilungsmodell 165

L

Ladestelle 202
Lagerbereich 100
Lagernummer 100
Lagerort 100, 121, 202
Lagerplätze 100
Lagertypen 100
Lagerverwaltung 58, 100
Lagerverwaltungssystems 93, 116
LAN 203
Länderspezifische Entwicklungen 61
Langfristplanung 127
Laufbahnmodelle 153
Lean Management 28
Lean-WM 94
Legacy systems 16
Leihgut 107
Leistungslohn 61, 158
Leistungsverzeichnis 58
Leitteileplanung 127
Lieferantenauswahl 104
Lieferantenbeurteilung 58, 112
Lieferarten 85
Lieferplan 104
Lieferung 84
Limitbestellung 116
Liquiditätsüberwachung 55
Liquiditätsvorschau 55
LIS 109, 203
LO 203
Loading Point 202

Local Area Network 203
Logistics 203
Logistics Data Warehouse 56
Logistics Information System 203
Logistik 56
Logistikinformationssystem 109
Logistikkette 97
Logistik-Rechnungsprüfung 116
Lohnarten 148
Losgrößenberechnung 109
Losgrößenverfahren 109
LVS 100

M

Mahnbereich 66
Make or Buy 16
Management Information System 204
Management-Informationssystem 181
Mandant 65, 99, 203
Mandantenverwaltung 53
Mängelrüge an Lieferant 60
Manufacturing Resource Planning 203
Marktsegmentrechnung 55, 77, 91
Maßnahmenarten 145
Master Production Scheduling 127
Master-IDOC 166
Material 82, 101, 203
Material Master Record 203
Material Type 203
Materialart 203
Materialarten 82, 101
Materialausschluss 83
Materialbewertung 114
Materialfindung 83
Materiallistung 83
Materialpreis 84
Materials Management 58, 204
Materials Requirements Planning 203
Materialstamm 56, 122
Materialstammsatz 203
Materialumbewertung 114
Materialwirtschaft 58, 91, 97
MATMAS 165
Mehrsprachigkeit 77, 98
Meldebestand 108
Mengenkontrakt 104
Mengenplanung 119
Mengentreue 112
Menu Exit 204
Menü Exit 204
Menü Exits 78, 99

Menu Painter 53
Meta-Daten 184
MIS 181, 204
Mitarbeiterentwicklung 142
Mitarbeitergruppe 144, 204
Mitarbeiterkreis 144, 204
Mitarbeiterqualifizierung 60
Mitbuchkontentechnik 73, 114
Mittelstand 62
MM 58, 97, 204
Modifikation 78
MOLAP 204
Montageabwicklung 56, 58
MPS 127
MRP 119, 203
MRPII 119, 203
mySAP 18
mySAP Marketplace 174, 177, 204
mySAP Workplace 177, 204
mySAP.com 174, 177, 204

N

Nachfolgeplanung 153
Nachrichtensteuerung 61
Nahrungsmittelindustrie 57
Naturalrabatt 93
Nebenbücher 204
Negativzeiterfassung 148
NETCH 116, 204
NETPL 116, 205
Nettobedarfsrechnung 108
Nettoentgeltfindung 147
Nettopreis 104
Nettopreisermittlung 104
Nettopreissimulation 104
Nettorückrechnung 148
Netzplan 59
NEUPL 116, 205
Neuplanung 116
News 205
Newsgroup 205

O

Object Browser 53
Object Linking and Embedding 205
ODS 185, 205
Offene Posten-Liste 71
Offenheit 16
OIW 56, 205
OLAP 56, 181, 205

OLAP Online Analytical Processing 14
OLAP-Engine 186
OLE 205
OLTP 205
OLTP-System 184
One-Time Account 196
Online Analytical Processing 56, 205
Online Catalog 205
Online Service System 206
Online Services 205
Online Transaction Processing 205
Online-Auktionen 173
Online-Dienste 205
Online-Katalog 173, 205
Online-Marketing 205
Online-Shop 173
Online-Store 205
Open Information Warehouse 56, 182, 205
Operational Data Storage 205
Oracle 54
Order Book 206
Orderbuch 206
Organisationseinheiten 99
Organisationsmanagement 60, 152
Organisationsstrukturen 142
Organizational Architect 165
OSS 206
Outline Agreement 208
Outside-In-Ansatz 175

P

PA 60, 206
Palmtop-Computer 17
Parametrisierung
    technische 27
Partner Roles 206
Partnerrollen 81, 100, 206
Payment Card Processing 212
PD 60, 206
PDA (Personal Digital Assistant) 17
Performance-Monitor 53
Periodische Losgrößenverfahren 109
Periodische Rechnungspläne 116
permanente Inventur 107
Personalabrechnung 147, 157
Personaladministration 60, 141, 142
Personaladministrationssystem 141
Personalarbeit 141
Personalbedarfe 150
Personalbereich 143, 206
Personalbeschaffung 60, 150

Personaleinsatzplanung 60, 154
Personalentwicklung 142
Personalinformationssystem 155
Personalkapazitätsplanung 154
Personalkostenanalyse 142
Personalkostenplanung 60, 154
Personalmaßnahmen 146
Personalplanung 141, 142, 150
Personalstammdaten 145
Personalstruktur 144
Personalteilbereich 143
Personalteilbereich 206
Personalzeitwirtschaft 61
Personnel Administration 60, 206
Personnel Department 206
Personnel Development 60, 206
Personnel Sub-Area 206
Pharmazie 57
Planauftrag 128
plangesteuerte Disposition 108
Planning Level 206
Planning Strategy 206
Planprimärbedarfe 129
Planstellen 152
Plant 212
Plant Maintenance 58, 207
Planungsebene 206
Planungshierarchien 126
Planungshorizont 116
Planungslauf 104, 108
Planungsläufe 116
Planungsrezepte 57
Planungsstrategie 127, 129, 206
Planzahlen 89
PM 58, 207
Positivzeiterfassung 148
PP 57, 92, 207
PP-PI 57, 134
PPS 119
Prämienlohn 61
Preisliste 84
Preisspiegel 105
Pricing Procedure 201
Production Planning 57, 207
Produktionsgrobplanung 126
Produktionsplanung 119
Produktionsprogramm 127
Produktionsprogrammplanung 119
Produktionssteuerung 119, 125
Produktkalkulation 55, 114
Produktkosten-Controlling 55

Profit Center 207
Profit Center Accounting 207
Profit-Center-Rechnung 56
Profit-Center-Rechnung 56, 207
Prognosemodelle 108
Prognoseprogramm 108
Programmierschnittstellen 53
Programmplanung 92, 115, 127
Project System 207
Projektinformationssystem 59
Projektstrukturpläne 59
Projektstrukturplanelemente 59
Projektsystem 59
Projektteam
    Zusammensetzung von 28
Prozessauftrag 57
Prozessbearbeitungszeit 22
Prozessindustrie 57
Prozesskoordination 57
Prozesskostenrechnung 55
Prozessorientierung 21
Prozesssteuerung 57
Prüfabwicklung 60
Prüfkataloge 60
Prüflos 60
Prüfmethoden 60
Prüfplanung 60
PS 59, 207
PSP 59
PSP-Element 59, 207
Purchasing Info Record 197
Purchasing Organization 197

Q

QAPI 162
QM 60, 207
Qualifikationsmanagement 150, 153
Qualitätsmanagement 60
Qualitätsmanagementinformationssystem 56
Qualitätsmeldungen 60
Qualitätsmeldungsarten 60
Qualitätsmeldungssystem 60
Quality Management 60, 207
Quant 100
Quota Arrangement 207
Quotierung 207

R

R/2 207
R/3 208

R/3-Referenzmodell 54
R/3-Vorgehensmodell 54
Rahmenvertrag 104, 208
Rahmenverträge 85
Ready-to-Run R/3 208
Rechnungsempfänger 81
Rechnungskorrektur 94
Rechnungsprüfung 58, 106
Rechnungssteller 100
Rechnungswesen 63
Reconciliation Account 193
Reference Model 208
Referenzmodell 208
Regulierer 81
Reisekosten 149
Reisemanagement 149
Reiseprivilegien 149
Release 208
Release 4.0 93, 116
Release 4.6 117, 140, 159, 198
Release-Fähigkeit 78, 98
Remote Function Call 93, 116, 162, 208
Reorganisation 54
Report 208
Report Painter 69
Reporting 14
Repository 208
RFC 93, 116, 162
RFC 208
Rhythmische Disposition 108
ROLAP 208
Roll Up 197
Router 208
RRR 208

S

Sachkonten 68
Sachkontenstämme 54
Saisonmodell 108
Saldenliste 70
Sales & Distribution 57, 77, 209
Sales & Operations Planning 57, 77, 115, 209
Sales Area 211
Sales Configuration Engine 94, 209
Sales Information System 211
Sales Office 211
Sales Organization 211
SAP ArchiveLink 54, 61
SAP Business Framework 61
SAP Business Workflow 54, 61
SAP Business Workplace 117

SAP Easy Access 117, 140, 159
SAP GUI 208
SAP GUI für HTML 17
SAP GUI für Java 17
SAP R/2 161
SAP R/3 118
SAP Software Change Registration 210
SAP@WEB 61
SAP-Business-Objekte 61
SAP-Grafik 53
SAPoffice 54, 208
SAP-Referenzmodell 165
SAPscript 54, 209
Satzbetten 162
SCE 209
Schnittstellen 22, 24
Schnittstellen zu Fremdsystemen 61
SCM 17
SCOPE 139, 209
SD 57, 77, 209
Secure Electronic Transaction 209
Secure Socket Layer 210
Sekundärbedarfe 108
SEM 209
Serienfertigung 134
Serienfertigungskennzeichen 122
Serienfertigungsprofil 122
Server 209
Service Management 59, 209
Service Management Information System 209
Servicemanagementinformationssystem 56
SET 209
SFC 125
Shipping Point 211
Shop Floor Control 125
Sicherheitsbestand 108
Skalierbarkeit 16
Slice & Dice 186, 209
SM 209
SMIS 209
Snowflake-Schema 209
Sonderbestandsarten 107
SOP 57, 77, 92, 115, 126, 209
Sozialversicherungsdaten 146
Sparte 79, 210
Sperrbestand 107
spezielle Ledger 55
SSCR 210
SSL 210
Staffeln 84
Stammprüfmerkmale 60

221

Standardanalyse 87, 109
Starre Plankostenrechnung 55
Star-Schema 210
Statische Losgrößenverfahren 109
Stellen 152
Steuern 84
Steuerrecht 141
Stichprobeninventur 107
Stichprobenverfahren 60
Stichtagsinventur 107
Stochastische Disposition 108
Stoffdatenbank 56
Storage Location 202
Strategiegruppen 129
Streckengeschäften 86
Stückliste 92, 123, 210
Stücklistenauflösung 108
Stücklistentypen 123
Sub-Ledgers 204
Summenbedarfe 92
Supply Chain 116
Supply Chain Management 17, 120, 139, 210
Supply Chain Optimization, Planning and Execution 209
Syslog 53
System Organization Unit 210
Systemdienste 53
Systemorganisationseinheit 210
Systemprotokolldatei 53
Systemüberwachung 53
Systemverwaltung 53

T

Tabellenpflege 53
Tagesfinanzstatus 55
Target Costing 28
TCP/IP 210
TeamSAP 210
Teilnehmerverwaltung 154
Telecooperation 210
Telekooperation 210
Teleworking 210
Terminierung 128
Terminkalender 61
Terminplanung 119
Termintreue 112
Test Workbench 54
Textverarbeitung 54
TIS 211
Total Cost of Ownership, TCO 16
Total Quality Management 28

TQM 28
TR 55, 211
Transaktionskosten 17
Transport Control Protocol/Internet Protocol 210
Transportsystem 53
Treasury 55, 91, 211
Treasury Information System 211
Trendmodell 108
Trend-Saisonmodell 108

U

Ubiquitous Computing 17
Umsatzkostenverfahren 55, 56
Umsatzsteuervoranmeldung 54
UMTS 17
Umweltdaten 56
Unloading Point 193
Unternehmenscontrolling 56
Unternehmensinformationssystems 155
Unternehmensmodellierung 61
Unternehmensumstrukturierungen 142
User Master Record 194
US-GAAP 64

V

Valuation Area 194
Valuation Level 194
Valuation Plan 194
Variant BOM 211
Variantenkonfiguration 56
Variantenstückliste 211
Vendor Group 211
Veränderungsplanung 116
Veranstaltungskatalogs 153
Veranstaltungsmanagement 60, 153
Veranstaltungsplanung 153
verbrauchsgesteuerte Disposition 108
Verbucher 53
Verdienstausfallbescheinigung 148
Verfügbarkeit 94
Verfügbarkeitsprüfung 85
Verkäufergruppe 211
Verkaufsaktionen 94
Verkaufsbüro 80, 211
Verkaufsorganisation 79, 211
Verrechnung 131
Verrechnungsstrategien 131
Versandstelle 80, 211
Versandterminierung 85

Verteilungsreferenzmodell 163
Verteilungsszenarien 163
Vertrieb 77
Vertriebsbereich 79, 211
Vertriebsinformationssystem 56, 85, 87, 211
Vertriebsweg 79, 211
Virtuelles Unternehmen 18
VIS 87, 211
Vorgang 124

W

Währungsumsetzung in Euro 116
Warehouse Management 58, 92, 100
Warenausgangs-Storno 94
Wareneingang 105
Warenempfänger 81
Warenlieferant 100
Wartungsstrategien 58
Web 212
Web Site 211
Werk 100, 121, 212
Wertkontrakte 94
Wertschöpfungskette 22
WM 58, 100

WM-Modul 92
Work Breakdown Structure Item 207
Workbench Organizer 53
Workflow 168, 212
Workflow-Komponenten 24
Workitem 168
World Wide Web 212
WWW 92, 212

X

XML 212
XXL 212
XXL-Listenexport 54

Z

Zählerstandserfassung 58
Zahlungsempfänger 100
Zahlungskarten 94
Zahlungskartenabwicklung 94, 212
Zeitwirtschaft 148
Zelle 212
Ziellagerbestand 126
Zielreichweite 126

Autorenverzeichnis

Dipl.-Ing. (FH) Gerhard Bikar

Beitrag: Planung der Einführung von SAP R/3

Gerhard Bikar studierte Nachrichtentechnik mit Schwerpunkt Informatik an der Fachhochschule Karlsruhe. Seit 1988 durchlief er verschiedene Arbeitsstationen von der Software-Entwicklung, dem Projektmanagement und Einführung von Logistiksystemen, bis hin zu Vertrieb und Marketing von Softwaresystemen. Seit 1996 ist er bei CSC PLOENZKE in der Geschäftsstelle Stuttgart und verantwortet dort den Bereich Management-Consulting, der sich u.a. mit Themen wie Business Reengineering, Entwickeln und Umsetzen von IT-Strategien, Auswahl von ERP-Systemen und Planung der unternehmensweiten Einführung befasst.

Kontakt: CSC PLOENZKE, Geschäftstelle Stuttgart, Zettachring 2, 70567 Stuttgart

Prof. Dr. rer. pol. Knut Hildebrand

Beiträge: Vorwort, SAP R/3: Module und ihre Integration im Überblick, Verkauf und Versand (SD), Materialwirtschaft und Einkauf (MM)

Knut Hildebrand studierte Volkswirtschaftslehre und Angewandte Informatik an der Universität Heidelberg. An der Universität Mannheim promovierte er in Betriebswirtschaftslehre mit einer Arbeit über Software-Tools. Er vertrat mehrere Semester die Professur für Betriebliche Datenverarbeitung an der Universität Münster. In mehrjähriger Beratertätigkeit als zertifizierter SAP-Berater für Logistik, Schwerpunkt SD und MM, implementierte er in mehreren Projekten erfolgreich SAP R/3.

1996 nahm er einen Ruf auf die Professur für BWL, insbesondere Wirtschaftsinformatik (SAP R/3, Informationsmanagement und Organisation), an die Hochschule für Wirtschaft in Ludwigshafen/Rhein an. Dort leitet er das SAP-Labor.

Seine Arbeits- und Beratungsschwerpunkte sind: SAP R/3: SD, MM, LO, speziell die Gestaltung und Abbildung von Organisationsstrukturen und Geschäftsprozessen mit SAP R/3 und Business Reengineering. Ferner ist er beratend tätig bei der Einführung von Internet-Applikationen in unterschiedlichen Geschäftsfeldern (B2B, B2C, Marketplace, Online-Marktforschung u.a.).

Kontakt: Fachhochschule Ludwigshafen, Fachbereich 3, Ernst-Boehe-Straße 4, D-67059 Ludwigshafen/Rhein, E-mail: Knut.Hildebrand@t-online.de

Dipl.-Kfm. Sabine Jachow

Beitrag: Personalwirtschaft (HR-PA, HR-PD)

Sabine Jachow ist selbständige Beraterin und arbeitet seit vielen Jahren in den Bereichen SAP R/2 und SAP R/3. Ihre Schwerpunkte sind die Module HR bzw. PA/PD und Rechnungswesen sowie die Migration von R/2 nach R/3.

Prof. Dr.-Ing. Rüdiger Lohmann

Beitrag: Produktionsplanung und –steuerung (PP)

Rüdiger Lohmann studierte Maschinenbau an der RWTH-Aachen und der NTH-Trondheim, Norwegen sowie Business Administration in den USA. Anschließend war er auf den Gebieten Produktionsplanung und –steuerung und Logistik beratend tätig. Nach der Promotion an der RWTH-Aachen auf dem Gebiet der Betriebsorganisation wechselte er zu einem namhaften deutschen Maschinenbauunternehmen, wo u.a. für die Gestaltung der Ablauforganisation verantwortlich war. 1994 erhielt Rüdiger Lohmann einen Ruf an die Fachhochschule Lübeck, wo er die Fächer Logistik, Betriebsorganisation und Produktionsplanung und -steuerung vertritt.

Seine gegenwärtigen Forschungs- und Beratungsschwerpunkte sind Business Process Reengineering und Geschäftsprozeßmodellierung in den Bereichen Verkauf, Materialwirtschaft und Produktion, insbesondere in Verbindung mit dem Einsatz der betriebswirtschaftlichen Standardsoftware SAP R/3.

Kontakt: Fachhochschule Lübeck, Fachbereich Maschinenbau und Wirtschaftsingenieurwesen, Stephensonstr. 3, 23562 Lübeck, E-mail: rudy.lohmann@t-online.de

Dipl.-Kfm. Thomas Ludewig

Beitrag: Finanzwesen (FI)

Thomas Ludewig studierte Betriebswirtschaftslehre an der Johann Wolfgang Goethe-Universität in Frankfurt am Main. Seine Studienschwerpunkte lagen im Bereich finanzorientierter Themen wie Corporate Finance, Finanzmanagement/Finanzcontrolling und Versicherungen.

Unterschiedliche berufliche Erfahrungen wie studienbegleitende Tätigkeiten bei Investmentbanken und Unternehmen der IT-Branche, sowie ein Auslandspraktikum bei einer Beratungsgesellschaft bilden die Basis seiner momentanen beruflichen Tätigkeit.

Seit Februar 1999 ist Thomas Ludewig bei der AdS Consulting GmbH in Aschaffenburg als SAP R/3-Berater für die Module FI und CO tätig.

Kontakt: AdS Consulting GmbH, Görresstr. 17, 63739 Aschaffenburg,
E-mail: ludewig@ads-consulting.com

Prof. Dr. rer. pol. Michael Rebstock

Beiträge: Vorwort, Management-Herausforderungen und der Einsatz von SAP R/3, Prozessorientierung und der Einsatz von SAP R/3, Der Einsatz von SAP R/3 im Rahmen von E-Business und E-Market Places

Michael Rebstock studierte Betriebswirtschaftslehre an der Universität Mannheim sowie in Großbritannien. Er promovierte im Fach Organisation an der Universität Mannheim. Seit 1988 ist er als Berater auf den Gebieten Einführung von SAP R/3, Projektmanagement, Vertriebsinformationssysteme, EDI, Ablaufanalyse und Unternehmensmodellierung tätig. 1995 ist Michael Rebstock zum Professor für Betriebswirtschaftslehre und betriebswirtschaftliche Informationsverarbeitung an die Fachhochschule Darmstadt berufen worden. Projekte und Workshops in Deutschland, den USA, Großbritannien, Japan, Singapur und Lateinamerika.

Seine aktuellen Forschungs- und Beratungsschwerpunkte sind Electronic Commerce, die Internet-Anbindung von SAP R/3, internationales Projektmanagement sowie Anforderungsanalyse, Unternehmensmodellierung und Prozessoptimierung.

Kontakt: Fachhochschule Darmstadt, Fachbereich Wirtschaft, Haardtring 100, 64295 Darmstadt, E-Mail: rebstock@fh-darmstadt.de

Susanne Rein

Beitrag: Planung der Einführung von SAP R/3

Nach dem Studium von Pädagogik, Psychologie und Germanistik wandte sich Susanne Rein 1981 der Informatik und Betriebswirtschaftslehre zu. Sie ist seither in vielen Branchen und zu vielen verschiedenen Themenstellungen, darunter auch die Einführung von SAP R/3, im Programm- und Projektmanagement tätig. Susanne Rein verantwortet bei CSC PLOENZKE in der Geschäftsstelle Stuttgart als Managementberaterin die Themen Programm-Management, Projektmanagement und Change Management.

Kontakt: CSC PLOENZKE, Geschäftsstelle Stuttgart, Zettachring 2, 70567 Stuttgart

Dr.-Ing. Thomas Respondek

Beitrag: ALE - Verteilung von R/3-Anwendungen

Thomas Respondek studierte an der TU Clausthal Allgemeinen Maschinenbau mit Schwerpunkt Automatisierungstechnik. Im Rahmen seiner Promotion beschäftigte er sich mit dem Einsatz wissensbasierter Systeme unter Echtzeitbedingungen in der Prozeßleittechnik. Darüber hinaus war er während dieser Zeit als wissenschaftlicher Mitarbeiter in den Fachgebieten Regelungstechnik und Modellbildung technischer Prozesse im Lehr- und Ausbildungsbereich tätig.

Im Verlauf des weiteren beruflichen Werdegangs bei einem großen deutschen Unternehmen der Elektroindustrie kam er in Kontakt mit betriebswirtschaftlicher Datenverarbeitung und lernte die SAP R/3-Software kennen. Thomas Respondek arbeitet seit Anfang 1995 bei einer Unternehmensberatung im Rhein-Main-Gebiet, wo er innerhalb verschiedener Kundenprojekte die Einführung der R/3-Software speziell im Bereich der R/3 Workbench betreut. Schwerpunkte seiner Tätigkeit sind die Schnittstellen und die Kopplung von R/3-Systemen mit Fremdsystemen. Dabei umfaßt sein Einsatzbereich gleichermaßen Projektarbeit und Konzeption sowie die Durchführung von Schulungen. Innerhalb der Unternehmensberatung ist er hauptverantwortlich für die R/3-Workbench.

Seit 1996 ist Thomas Respondek zudem in der Modulberatung im Bereich Logistik tätig. Sein Schwerpunkt liegt hierbei in der Betreuung des SD-Moduls, insbesondere in der Gestaltung und Optimierung verteilter Geschäftsprozesse des Vertriebs und des Verkaufs.

Kontakt: E-mail: thomas.respondek@t-online.de

Prof. Dr. rer. pol. Joachim Tako

Beitrag: Das Business Information Warehouse (BW) für den Aufbau von Management-Informationssystemen (MIS)

Joachim Tako studierte Betriebswirtschaftslehre an der Universität Mannheim und war dort wissenschaftlicher Mitarbeiter am Industrieseminar. Am selben Institut promovierte er mit einer Arbeit über die Einsatzpotentiale von Methoden der Künstlichen Intelligenz im Controlling. Im Zuge der Bahnreform war er anschließend bei der Deutschen Bahn AG in Frankfurt a.M. für mehrere Datenintegrationsprojekte verantwortlich, zuletzt als Leiter Erlöscontrolling der Reise&Touristik AG. Anschließend war er bei Merck KGaA in Darmstadt als Systemberater zuständig für den Bereich Data Warehouse. Heute ist er Professor an der Berufsakademie in Mannheim.

Kontakt: Prof. Dr. Joachim Tako, Waldstraße 83b, 64367 Mühltal/Traisa